Das Heimweh, Volume 4...

Johann Heinrich Jung-Stilling

sagen: denn wer hocherleuchtet ist, der kann am besten regieren, und wer hochbegnadigt ist, der weiß auch mit der Gnade am besten hauszuhalten.

Ich weiß wohl, verehrungswürdigstes Fürstenpaar: daß man an Eurem Hof seine Ehrfurcht nicht mit Worten, sondern mit der That an den Tag legt, allein ich bin noch ein Fremdling in Mesech, wo man die Früchte nach der Schaale beurtheilt und kauft; Ihr müßt mirs also nicht übel nehmen, daß ich meine Schaale etwas aufputze, wenn nur der Kern nicht darunter leidet; auch das werden mir Ew. Durchleuchtete Hoheiten zu gut halten, daß ich Euch den allerletzten Band dedicire — es geschieht darum, weil die Letzten die Ersten seyn sollen.

Damit ich aber bei der Schaale nicht zu lang verweile, so will ich sie öffnen und Euch nun den Kern vorlegen, als worauf es in dieser Zueignungsschrift eigentlich ankommt; die Sache ist die: wer einer erhabenen Person ein Buch dedicirt, der erwartet gewöhnlich eine Gnade, oder gar ein Präsent; das ist nun auch gerade bey mir der Fall, und da es immer äusserst unhöflich ist, wenn man

vornehme Personen in die Lage setzt, daß sie rathen
müssen, was man von ihnen haben will, so sage
ich unverholen, was ich mir von Ew. Durchleuchteten Hoheiten erbitte.

Theodor Josias hat mich versichert, daß
ich, wenn ich hier ausgedient habe, auch ein Plätzchen im Lande Solyma oder Yespera bekommen soll, und daß es auch meinen Freunden, wenn
sie anders treulich aushielten, dort an Beförderung
nicht fehlen würde; damit bin ich nun zwar vollkommen zufrieden, und dieser Gedanke hilft mir
durch alle meine schwere Prüfungen durch; indessen hab ich doch noch ein Anliegen bei dieser Sache:

Ich kann sehr gut sagen, was Andere thun
sollen, und wie sie es machen müssen, um sich zu
vervollkommnen, aber meine Vorschläge selber auszuführen, dazu bin ich einer der Ungeschicktesten;
ich finde also, daß ich meinem Character nach, auf
ewig zum Schulmeister bestimmt bin; habe auch in
diesem Fach so ziemlich mein Glück gemacht, indem
ich in meinem 14ten Jahr auf der Schule eines
der ärmsten und kleinsten Dörfchen Teutschlands
zu lehren anfing, und jetzt in meinem 54sten schon

15 Jahr Schulmeister auf ein paar Universitäten gewesen bin.

Meine Bitte geht also dahin, mir ein gutes Schulamt in dortigen Landen aufzuheben, damit ich, wenn ich dereinst komme, gleich Beschäftigung finde; freilich bei der Uhr und der großen Glocke auf dem schönen hohen Berge, da gefiels mir wohl, allein man muß von der Pique auf dienen.

Gott segne das Heimweh an einem Jeden, je nach seinem Verhältniß, wie Er es an Euch gesegnet hat! Ich ersterbe mit tiefster Ehrfurcht

Ew. Durchleuchteten Hoheiten

Marburg,
den 28. August 1794.

von Herzen ergebener
Heinrich Stilling.

Das erste Buch.

Es liegt mir eine Weile her schwer auf dem Herzen, wenn ich da so sitze und an meinem Heimwehbuch schreibe, was sich meine Leser während dem Lesen des ersten, zweiten und dritten Bandes nach und nach für Begriffe von der ganzen Geschichte gemacht haben, und noch machen werden? — Die Worte auf dem Titelblatt, ἀνοίξω ἐν παραβολαῖς τὸ σόμα μου, auf deutsch: ich will meinen Mund aufthun in Gleichnissen, berechtigen Jeden, das Ganze als eine Parabel zu betrachten, zugleich aber auch, den Schlüssel finden zu können, durch welchen sie in den Stand gesetzt werden, das ganze Kunststück (wenns anders diesen Ehrentitel verdient) zu öffnen, zu zerlegen und zu erklären.

Ein großer Landwirth, der viel Getreide auf seinem Fruchtspeicher liegen hat, oder auch ein herrschaftlicher Rentbeamter, der viel Korn aufschüttet, muß dieß Getreide oft rühren oder umstechen lassen; damit nun die Knechte, die er bei dieser Arbeit anstellt, nicht faullenzen mögen, so verscharrt er durch den ganzen Haufen eine gewisse Anzahl hölzerner Kugeln, die der Knecht nach gethaner Arbeit alle liefern muß; es versteht sich also wohl, daß er kein Plätzchen unaufgestört liegen lassen darf, wenn er anders alle Kugeln liefern will.

Ein solcher Getreidehaufen ist dieß Buch. — Suchet,
so werdet ihr finden! — Die Schlüssel sind versteckt;
aber wirds der Mühe lohnen? — das laß ich nun dar=
auf ankommen; wer sich die Mühe nicht geben mag,
der wird schon an der Schaale Nahrung und Zeitvertreib
finden; bei Vielen ists ja doch nur um den Zeitver=
treib und das Zungen= und Gaumenkitzeln zu thun,
und sollte hin und wieder Einer Ernst und Stätigkeit
genug besitzen, den Kern zu suchen, so suche er nur,
ich hoff: nicht, daß es ihn reuen wird.

Ohne meine Arbeit mit dem Wunder der deut=
schen Baukunst, mit dem Straßburger Münster
vergleichen zu können und zu wollen, so hat es doch
etwas Aehnliches mit diesem Gebäude; das Ganze ist
eine Kirche, indessen giebts doch überall Etwas zu
sehen, das einem gefällt, ohne daß man dabei an die
Kirche zu denken braucht.

Das Heimweh — das Heimweh ist die
Hauptsache — wer sich das an den Hals liest, der hat
sicherlich den Schlüssel gefunden; hätte ers auch an=
derswo her bekommen, so thut das nichts zur Sache:
wenns nur das rechte ist, so hat er den Schlüssel,
und so wie ihn das Heimweh weiter fördert, so
wird er auch immer besser aufschließen können, und
immer mehr finden.

Dieß gilt von jedem einzelnen Leser, aber es gilt
auch von der unsterblichen Gesellschaft, von dem gan=
zen Haufen der Nachlese in unseres HErren Weinberg;
so wie die Stillen im Lande in der, an großen und
wichtigen Vorfällen fruchtbaren Zeit fortrücken, so wer=
den sie mein Buch immer besser verstehen lernen: denn
ich habe die Winke des Geistes der Weissagung aus
den Werken der heiligen Seher ausgehoben, und sie in
die Reisegeschichte des Fürsten Eugenius eingekleidet.

Aber auch nur Winke — im Buch der künftigen Schicksale dürfen und können wir nicht lesen, und der große Uhrzeiger an der Tempelhalle auf dem Berg Gottes ist bis auf den Tag der großen Aufklärung in eine dunkle Wolke eingehüllt, Tage und Stunden soll Niemand wissen: denn sie müssen wie Diebe in der Nacht einbrechen. Selig ist der, den sie wachend finden! — Wer also voraussagt, dieß Jahr, diesen Monat, diese Woche, diesen Tag, diese Stunde kommt dieß oder jenes, der betrügt sich selbst und Alle, die ihm glauben.

Die Geschichte jedes merkwürdigen Mannes im Reich Gottes, überhaupt jedes Christen, der sich von der Vorsehung willig führen läßt, und ihr folgt, wo sie hingeht, ist ein Miniatur-Gemälde der großen und ganzen Erlösungsgeschichte der Menschheit; folglich kann auch ein Jeder, der in den Wegen Gottes geübt ist, zu jeder Zeit sehen, wo es hinaus will. Die heilige Schrift ist ein großes Ganze; sie enthält lauter einzelne Charaktere und die ihnen angemessene Führung; vom Einzelnen geht sie zu Familien, zu einem Volk, zu Völkern und endlich in majestätischen und großen Hieroglyphen zu den letzten Schicksalen der ganzen Menschheit fort.

Ueberschauen wir das Ganze von Adam bis auf den Triumph des Siegers mit den vielen Kronen, so finden wir auf der einen Seite Wachsthum an Macht und Erweiterung der Gränzen im Reich der Finsterniß, vom Brudermörder Kain an bis auf den Menschen der Sünde, den Menschgewordenen Satan am Ende der Tage; auf der andern ebenfalls Wachsthum und Erweiterung der Gränzen im Reich des Lichts vom Tod Abels an bis auf den großen Tod auf Golgatha und so fort von einem Blutzeugen auf den andern, bis endlich auf diejenigen, die das Thier aus dem Abgrund in seinen Todesconvulsionen noch zerdrücken wird.

Immer gehts im Einzelnen wie im Ganzen durchs Sterben zum Leben — durchs Verläugnen zum Genuß und durch die Finsterniß zum Licht.

Mehr kann ich für heute denen, die nach dem Schlüssel zu meinem Heimwehbuch fragen, nicht antworten.

———

Von Samarkand zog Eugenius mit der Gemeinde der Versiegelten oder Gesalbten südwärts; er zog in der Mitte der vier Abtheilungen, begleitet von seinen Ministern und Josua Abdollam, und dann einer Leibwache von dreihundert Mann. Voran gieng das Heer der Israeliten, darauf folgten die Parsen, dann der Fürst mit seiner Begleitung, dann die Japhetiten und endlich machten die Abendländer, welche Eugenius die deutsche Gemeinde nannte, den Nachtrab aus.

Auf dieser Reise von einigen Tagen fiel nichts Merkwürdiges vor; endlich gelangten sie auf eine große Ebene, wo sie gegen Mittag ein himmelhohes, erschreckliches Gebirge, welches sich in unabsehbarer Weite gegen Morgen und Abend hin erstreckte, eine Meile weit entfernt vor sich liegen sahen; hier befahl der Fürst sich zu lagern, bis Elias aus Vespera wieder gekommen, und nähere Ordre gebracht haben würde.

Es soll keine Klaue zurückbleiben.

Am dritten Tage dieses Lagerns vor den Gränzen des Friedenslandes ließ sich eine kleine Gesellschaft aus den Abendländern melden; eine warme Ahnung machte dem Fürsten Herzklopfen — er eilte, um sie vor sich zu lassen; sie traten einher und standen im Kreise vor sei-

nem Zelt; der Erste, der ihm entgegen gieng, war Lich=
tenberg von Frankfurt, sein erster Hofmeister; mit
allem Feuer der Liebe umarmte ihn Eugenius und
ordnete ihn alsofort, als einen Eingeweihten vom ersten
Rang, unter die Zahl seiner Minister; nun nahete sich
auch der hessische Offizier mit seiner Frau, der ehmali=
gen Wittwe Geroldin und ihren Kindern; über die
Ankunft dieser Familie war der Fürst entzückt; endlich
kam auch der treue Jude Levi Hildesheimer, auch
ihn bewillkommte Eugenius von ganzem Herzen, er
war nun ein Christ geworden, und hieß nach seiner
Taufe Christian Hildesheimer.

Durch diese Freunde erfuhr er, was ferner in Eu=
ropa vorgieng, auch bekam er Nachricht von den bei=
den Gesandten, die dort noch webten und lebten; Ernst
Uriel hatte dieß Blumensträuschen gewunden und es
dem Herrn Lichtenberg zum Ueberbringen eingehän=
digt; noch einige deutsche Familien waren hinzugefügt
worden, die man alsofort ins deutsche Lager brachte
und ihnen ihren Standplatz anwies.

Lichtenberg war tief gerührt, als er sich in
diesem so lang erwünschten Zirkel befand, sein Heim=
weh hatte nun ein Ende; er wurde als Minister des
geistlichen Departements dem Erzbischof Theodosius
zugeordnet, und hatte besonders die Kirchenpolizei zu
verwalten.

Um alles Grübeln und Mißdeuten zu verhüten,
will ich den hessischen Offizier nicht mit seinem wahren
Namen nennen; er war nun ein Eingeweihter gewor=
den, und hieß jetzt Philemon; der Fürst machte ihn
zu seinem General=Adjutanten, und trug ihm auf, seine
Kriegsleute in der europäischen Taktik zu üben; Abdol=
lam gieng gerne zu ihm in die Schule, und beide wur=
den bald die vertrautesten Freunde; Christian Hil=

desheimer wurde bei der General=Casse angestellt, wo er wegen seiner Geschicklichkeit, Klugheit und Recht= schaffenheit vortreffliche Dienste leistete.

Auch der Hof der Fürstin Urania bekam allmäh= lig eine ansehnliche Gestalt: denn nun waren noch Abu= kars Frau und Töchter, und jetzt noch Lichten= bergs Gattin mit ihren Töchtern, und Philemons Ehegenossin hinzu gekommen; lauter Menschen, die den Himmel mit sich brachten, wo sie erschienen.

Aber welch ein fürstlicher Hof! — ein Hof ohne Adel, und ohne die geringste Rücksicht auf Adel! —

Da haben Ihro Gnaden ganz recht; allein ich bitte zu erwägen, daß der König Himmels und der Erden, der König aller Könige und HErr aller Her= ren, an Dessen Hof alle Herrlichkeit der irdischen Höfe Staub unter den Füßen ist, ganz andere Be= griffe vom Adel hat, als Ew. Gnaden; dort be= kommt keiner einen Hofdienst, der nicht aus Gott geboren und göttlicher Natur ist — das will doch wohl etwas mehr sagen, als in gerader Linie von einem alten Ritter abstammen! — da nun Eugenius ein Vasall dieses Monarchen ist, so muß er sich auch wohl nach seiner Etiquette richten. Uebrigens bleibts jedem ritterbürtigen und stiftsfähigen Europäer frey gestellt, von diesen bürgerlichen Höfen wegzublei= ben; aber nicht so frei steht es ihm, da zu erschei= nen — dazu wird eine Ahnenprobe erfordert, die mehr zu bedeuten hat, als sechszehn oder gar zweiunddreißig Ahnen zu beweisen. Aber nun bedenken Ew. Gnaden auch noch, welch einen unendlichen Vorzug unser Adel vor dem Ihrigen hat! — der Unsrige besteht aus lauter guten wahrhaft edlen Menschen, der Ihrige keinesweges.

Unsern Adel erwirbt nur der, der ihn verdient,

den Ihrigen bekommt man durch die Geburt, man mag ihn verdienen, oder nicht.

Unsern Adel kann Jeder bekommen, der ihn auf dem rechten Wege zu erwerben weiß; den Ihrigen kann man aber nur aus Mutterleibe mitbringen: denn den neuen Adel wollen Sie nicht gelten lassen.

Ihro Gnaden werden mir also verzeihen, wenn ich Muth genug habe, alle dergleichen kleinstädtische Steifigkeiten bei Seite zu legen. Wenn von europäischen Höfen die Rede ist, da sollen Sie Recht haben, aber so bald die Frage vom Reich Gottes und seinen Ahnenproben ist, da gilt der Adel gar nichts, und wenn er auch von Karl dem Großen selbst abstammte. Da spricht auch unser Einer ein Wörtchen mit.

Alles, was recht ist: — und ohne dem teutschen Adel ein Compliment zu machen, soll das, was ich da gesagt habe, keineswegs seiner Würde und seinen Rechten nachtheilig seyn: denn es betrifft nur diejenigen, die nicht gern in den Himmel wollen, weil dort Adelige und Bürgerliche durcheinander leben, ohne daß auf den Adel im geringsten Rücksicht genommen wird.

Sie. Ich möchte doch auch gerne wissen, was für eine Art von Spiel am Hof der Urania gespielt wird? Vermuthlich L'hombre?

Ich. Nein!

Sie. Vielleicht Whist?

Ich. Auch nicht!

Sie. Doch wohl nicht Taroc *a l'hombre* oder gar Taroc?

Ich. Keines von Beiden, Ihro Gnaden!

Sie. Ey! womit vertreibt man sich denn die Zeit?

Ich. Mit Nichts, denn man hat keine Zeit übrig.

Sie. Das verstehe ich nicht; am Hof leben und keine Zeit übrig haben! Was haben denn die Damas zu thun?

Ich. Was diejenigen thaten, denen Ew. Gnaden den Adel zu verdanken haben: spinnen, nähen, sticken, die Haushaltung besorgen, und über Alles die Oberaufsicht führen; außerdem arbeitet die Fürstin Urania auch noch beständig mit ihrem Gemahl im Kabinet; dann werden in dem Zirkel der Hofdamen Armen gekleidet, Lehrerinnen für Mädchen gebildet, und was dergleichen Wohlthaten mehr sind; so bald Urania einmal in ihrem Lande in Ruhe ist, wird sie einen Orden der Wohlthätigkeit stiften.

Sie. Ich empfehle mich!

Ich. Unterthäniger Diener! —

Nach zehn Tagen Rasttag kam der Gesandte Elias wieder; er brachte eine sehr genaue Charte vom Lande Solyma mit; für jezt wohnte Niemand darinnen: denn die Vorsehung hatte es zu diesem großen Zweck, zu dem es jezt gebraucht werden sollte, aufgespart.

Die Länge dieses herrlichen Landes betrug von Mitternacht gegen Mittag, wo es durch eine nicht hohe Gebirgreihe von Yespera abgesondert wurde, 20 deutsche Meilen, und seine Breite von Morgen gegen Abend war durchgehends 15 Meilen; gegen Osten, Westen und Norden war es mit unzugänglich hohen Gebirgen umgeben.

Das Land selbst aber bestand aus lauter mäßigen Bergen, Hügeln und breiten Thälern, mit vielen klaren Bächen, die sich allenthalben von Abend und Morgen her gegen die Mitte zu in einen ziemlich großen

Fluß ergoßen, welcher von Norden gegen Süden das ganze Land durchströmte, sich dann endlich in Südwesten, an der nordwestlichen Ecke von Yespera, vor einem hohen Berge in der Erde verlor. Ob er nun draußen wieder zum Vorschein kommt, das weiß ich nicht.

Dieser Strom hat viel Aehnliches mit dem Jordan; denn dieser verliert sich auch im todten Meer, ohne einen Ausfluß zu haben; dann fließt er auch eben so von Mitternacht gegen Mittag, nur daß der Fluß in Solyma keine Seen hat. Das große Thal aber, durch welches er hinströmt, ist noch schöner, und vollkommen so fruchtbar, als das Jordansthal.

Eugenius freute sich hoch als er dies herrliche Land auf der Charte sah, und er eilte nun, das Volk hinein zu führen, und es auszutheilen. Dann brachte auch Elias noch nähere schriftliche Nachrichten und Verhaltungs = Regeln, die ihm der hohe Rath zu Yespera zu diesem Zweck mitgegeben hatte. Vorzüglich aber hatte die Sendung dieses großen und vortrefflichen Mannes noch den Nutzen, daß er nun die engen Pässe durch das Gebirge wußte, ohne deren Kenntniß kein Mensch im Stande ist, in das Land zu kommen; er diente also zum Wegweiser, indem er mit einer Compagnie Reiter voran ritt, worauf alsdann das ganze Volk, in der bestimmten Ordnung, nachfolgte.

Die ersten drei Tage gieng die Reise durch enge Thäler, und über mäßige Höhen immer aufwärts, bis daß sie am vierten oben über den Gipfel hinzogen; hier konnte nun Eugenius beinahe sein ganzes Fürstenthum übersehen, außer daß gegen Mittag, gegen Morgen und Abend sein Auge nicht weit genug reichte;

doch glaubte er die Grenzgebirge gegen Osten und Westen erkennen zu können.

Die unaussprechliche Empfindung, die jetzt den
Fürsten bei diesem Anblick durchströmte, hatte mehr
zu sagen, als das Gefühl des Mose auf dem Berge
Pisga — er rief Vater und Mutter, Basilius
und Uranien zu sich: denn sie waren seine nächsten
Begleiter, und die Erstlinge seiner Freunde; sie hatten
seinem Geiste die Richtung hieher gegeben.

Mit heißen Wonnethränen blickte er diese vier Lieb-
linge Gottes an, und sprach: Hier, meine Lieben!
hier möchte ich machen wie Samuel, und einen
Eben Ezer, einen Stein der Hülfe aufrichten.

Mit unaussprechlicher Huld fiel ihm Urania um
den Hals, und unter tausend Küssen sagte sie: Ja!
bis hieher hat uns der Herr geholfen! —
Du hast dich durch Demuth und Glauben zum Für-
stenstuhl des Landes Hephziba hinaufgeschwungen *),
dir gilt nun das geheimnißvolle Orakel des erhabenen
Sehers **), wenn er den stolzen Minister Sebna
also anredet: „Und zu der Zeit will ich rufen meinen
„Knecht Eliakim, den Sohn Hilkia, und will
„ihm deinen Rock anziehen, und mit deinem Gürtel
„gürten, und deine Gewalt in seine Hand geben, daß
„er Vater sey derer, die zu Jerusalem wohnen, und
„des Hauses Juda.“

„Und ich will die Schlüssel zum Haus Davids
„auf seine Schulter legen, daß er aufthue, und Niemand
„zuschließe, daß er zuschließe, und Niemand aufthue.“

„Und ich will ihn wie einen Nagel an einen festen
„Ort stecken, und er soll haben den Stuhl der Ehren

*) Jesai. 62, v. 4. **) Jesai. 22, v. 20 — 25.

„in seines Vaters Hause, daß man an ihn hänge alle
„Herrlichkeit seines väterlichen Hauses, seiner Kinder
„und Kindeskinder, alle kleine Geräthe, sowohl Trink=
„gefässe, als allerlei Saitenspiel."

„Zu der Zeit, spricht Jehovah Zebaoth, soll
„der alte Nagel weggenommen werden, der am festen
„Ort steckt, daß er zerbreche, und falle, und seine Last
„umkomme; denn Jehovah sagt es!"

Von nun an wird dich dein Heimweh nicht mehr
zum Reisen, sondern zum Wirken antreiben, bis
dich der König noch zu höheren Wirkungskreisen in
unser Vaterland im hohen Orient abfordert.

Vater Ost. Das ist's, was ich dir sagte, als
wir ehemals des Abends im Mondschein den schauervol=
len Gang zum Felsenmann giengen, und wir hinter den
Ruinen auf dem Rasenplaz standen; der HErr hats ge=
lingen lassen, Er werde durch uns verherrlicht!

Mutter Ost. Komm in meine Arme, mein aus=
erwählter Sohn! Nicht wahr, ich habe immer zur rech=
ten Zeit das Glöckchen gezogen?

Eug. Gelobet sey der HErr in seiner herzlichen
Barmherzigkeit, durch welche uns nun auch wieder be=
sucht der Aufgang aus der Höhe, welcher erschienen ist
denen, die in der Finsterniß und im Schatten des
Todes saßen, und der unsere Füße gerichtet hat auf den
Weg nach dem Lande des Friedens! Unendlichen Dank
bin ich Euch, vier geliebten Seelen, durch alle Ewig=
keiten durch für Eure treue Führung schuldig, — der
Allgenugsame, der selbst das höchste Gut ist, sey im
ewigen Vollgenuß Eure Vergeltung!

Bas. Jezt paßt erst recht der Hochgesang des
Propheten Jesajas auf dich, mit dessen Worten ich
dich ehemals im Lande der Dämmerung, in der Re=

bars-Hütten weckte, als ich dir zurief: Mache dich auf, werde licht!

Eug. Auch dein Geist begleite mich in meinen Geschäften, und auf meinem glänzenden Pfade, bis er sich im Sonnenwege verliert.

Noch einmal schauten sie über das Paradies Gottes, gegen Osten, Süden und Westen hin, und ihr Herz frohlockte, und im Jubel zogen sie nun die sanfthin gleitende Fläche der Gebirge, zu den Ebenen von Solyma hinab.

Aber auch das ganze Heer empfand Wonne der Seligkeit im Anblick ihres gelobten Landes — es entstand bei den Vordersten ein Getümmel der Freude, welches so anwuchs, wie die Folgenden hinten herauf die Höhe erstiegen, und sich ihnen die entzückende Aussicht eröffnete; als aber zulezt Paulus, der ehemals heimwehkranke Pfarrer, nun aber der Führer der deutschen Gemeinde auf der Höhe einherzog, und ihm nun das ganze Heer der Abendländer folgte, so hielt er am südlichen Abhange still, bis sich alle 25,000 Familien oben auf der Fläche ausgebreitet und versammelt hatten. Jetzt ließ er unter den Deutschen ausrufen, daß sie, so bald als sie seine Fahne in die Luft steigen sehen, das bekannte Lied anstimmen möchten: Lobet den HErren, den mächtigen König der Ehren! Dieß geschah — und das gesammte Freudengetöne des meilenlangen Zugs verhallte im fernen Gefilde; aber aufwärts verklang es erst im seraphinischen Harfendonner.

———————

Die Charte von Solyma, die Eugenius vom hohen Rath bekommen hatte, war sehr genau; Städte und Dörfer konnte sie nicht enthalten: denn deren wa-

ten noch keine da; aber dagegen waren alle Berge,
Hügel, Thäler, Bäche und Flüsse aufs bestimmteste
nach ihrer Größe und Figur darauf abgezeichnet, und
durch Farben, Licht und Schatten vortrefflich vorgestellt.

Nach dieser Charte nahm also nun der Fürst seine
Maasregeln: zuerst wählte er sich einen Ort, wo er
so lange lagern wollte, bis das Land durchs Loos vertheilt wäre, und er auch Anstalten zum Bauen seiner
Wohnung treffen könnte; diesen Ort fand er ungefähr
in der Mitte des Landes am Flusse, dem er den Namen
Jordan beilegte. Hier bildete die Natur am westlichen Ufer eine große halbmondförmige Fläche, die von
Süden durch Westen nach Norden mit mäßig hohen,
mit vielem Stammholz bewachsenen Hügeln umkreiset
wurde; diese Ebene stieg vom Strom bis an die Gebirge flach aufwärts, so daß das Ganze ein unvergleich-
liches Amphitheater bildete, welches vollkommen groß
genug für das ganze Lager war. Auf der östlichen Seite des Stroms aber befand sich eine Anhöhe, die etwa
300 Schuh vom Ufer steil aufwärts gieng, dann gerade
gegen der Mitte der westlichen Fläche über lag, und
am Fluß ungefähr eine halbe Stunde breit war; gegen
Osten hin aber lief sie in der Breite von einer halben
Stunde, ungefähr drei Viertelstunden lang, bis an
den Fuß eines hohen und waldigten Berges fort, und
auf der Mitternacht- und Mittagsseite dieses flachen
und breiten Berges, liefen Wiesenthäler mit starken
Bächen hin, die an Anmuth jedes Tempe hinter sich
ließen.

An diesem entzückenden Ort kam das Heer am brit-
ten Tage des Vormittags an, nachdem es das nördliche Gebirge überstiegen hatte. Hier schlug es nun nach
der festgesetzten Ordnung sein Lager auf; Eugenius
hätte sich zwar gerne sogleich auf den östlichen Berg

gelagert, allein es war noch keine Gelegenheit zur Ueber=
fahrt über den Strom da; unter der Hand aber be=
schloß er doch, dereinst seine beständige Residenz dort=
hin zu bauen.

Nachdem nun Alles in Ruhe und Ordnung war,
so wurden aus dem ganzen Lager diejenigen aufgefor=
dert, die Kenntnisse vom Schiffbau hatten; diese muß=
ten in der Eile Fahrzeuge bauen, mit denen man über
den Strom kommen, und denselben auf und ab fahren
konnte; dann fand auch Eugenius in seinen Nach=
richten, daß es in der Nähe, etwas tiefer in den west=
lichen Bergen vortreffliches Eisen in Menge gäbe, folg=
lich wurden Bergleute dahin beordert, desgleichen auch
Leute, die sich aufs Kohlenbrennen und Schmelzen
verstanden.

Noch eine Hauptsache war die Zufuhr an Lebens=
mitteln; dann auch an Rindvieh, Schafen und Pferden
zur Landwirthschaft; für dieß Alles hatte aber Fürst
Eugenius schon lange gesorgt, und desfalls mit dem
Chan Philaletha Tarmaschir die nöthige Verab=
redung getroffen, so daß die Zufuhr zum Lager in So=
lyma reichlich und hinlänglich war, und es also Nie=
mand am Nöthigen fehlte. Jetzt wurde nun das große
Geschäft der Austheilung des Landes vorgenommen.

Da das ganze Fürstenthum auf der Charte, mit
allen Bergen, Hügeln, Thälern, Bächen und Flüssen,
nach dem verjüngten Maaßstab, aufs genaueste aufge=
tragen war, so konnte er auch nach dieser Charte eine
ganz richtige und unfehlbare Abtheilung machen; hierbei
verfuhr er nun folgender Gestalt:

Er zog zwei Diagonal=Linien, eine von der süd=
östlichen Ecke bis zur nordwestlichen und die andere von
der nordöstlichen bis zur südwestlichen; da nun das
Land 20 deutsche Meilen lang und überall 15 Meilen

breit, folglich ein länglichtes Viereck war, das sich genau von Norden gegen Süden erstreckte, so wurde es durch die zwei Diagonal-Linien in vier gleich große Triangel getheilt, welche alle mit ihren vier Spitzen auf der Anhöhe an der Morgenseite des Flusses, dem Lager gegenüber, zusammenstießen; das Lager stand also an der Spitze des westlichen Viertels; wenn er nun hier die Hauptstadt, und auf der Anhöhe seine Residenz anlegte, so trafen alle vier Landschaften mit ihren Spitzen bei der Wohnung des Fürsten zusammen.

Jetzt ließ also Eugenius die vier Statthalter, den Djemschid, den Johannes Ilbar, den Petrus und den Paulus zusammenkommen, und looste nun mit ihnen; wo dann Djemschid mit der Parsengemeinde das Morgen-, Johannes mit den Israeliten das Mittags-, Petrus mit den Japhetiten das Nörd-, und Paulus mit den Deutschen das Abendviertel bekam. Dieß letztere freute den Eugenius besonders; denn nun kam die Hauptstadt auf deutschen Grund und Boden, und wurde also auch von seinen Landsleuten gebaut und bewohnt.

Das Fürstenthum Solyma enthielt 300 Quadratmeilen; folglich jedes Viertel 75; wenn man nun annimmt, daß eine Meile 1969 rheinländische Ruthen lang ist, und wenn ich 144 dieser Ruthen auf einen Morgen rechne, so enthält eine Quadratmeile 26,923 Morgen und 49 Ruthen.

Nun sezte der Fürst den Grundsatz fest, daß jede Familie, weß Standes und Berufs sie auch seyn möchte, ein Erbgut haben, und ewig behalten müßte; da nun das ganze Volk aus 100,000, folglich jede der vier Gemeinden aus 25,000 Familien oder Hausvätern bestand, so kamen auf eine deutsche Quadratmeile 333 bis 334 Haushaltungen, und auf eine Familie also 80 Morgen Landes.

Dann glaubte auch Eugenius, daß alle Hausvä= ter, so wie Kinder eines Vaters, gleiches Recht zu diesem ihnen von Gott geschenkten Erbe hätten, folg= lich wurde beschlossen, daß auch alle Landgüter gleich groß seyn sollten. Da aber die höchsten Gipfel der Berge zum Holzwuchs nöthig waren, auch man bei zunehmender Bevölkerung, oder auch für diejenigen, die noch etwa hieher gesandt werden möchten, Land zum Austheilen bedurfte, so bestimmte der Fürst 40 Mor= gen, jeden Morgen zu 144 Quadratruthen, zu einem Landgut, und machte das unwiderrufliche Gesetz, daß kein Landgut größer, und keines kleiner seyn sollte: denn in diesem höchstfruchtbaren Lande, und unter die= sem milden Himmelsstrich war ein solches Gut, bei gehörigem Fleiß, überflüssig groß genug, eine Familie zu ernähren.

Auf diese Weise wurde also vorerst die Hälfte des Landes zur Landwirthschaft bestimmt.

Die Austheilung selbst geschah nun auf folgende Art:

Alle, die sich aufs Landmessen verstanden, wur= den aufgefordert, dieß Geschäft auf herrschaftliche Ko= sten zu unternehmen; diese Landmesser theilten sich dann in vier Parthieen, um jeder Gemeinde gleich zu dem Ihrigen zu verhelfen. Die Methode, nach welcher man verfuhr, verhält sich so:

Jedes Viertel wurde in 25 gleiche Theile getheilt, folglich kamen auf einen Theil drei Quadratmeilen, die unter tausend Hausväter, doch so vertheilt wurden, daß jedes Landgut nur 40 Morgen groß wurde, das übrige aber wüst liegen bliebe. Die 25 Obervorsteher jeder Nation oder Gemeinde, verloosten sich nun in obige 25 Theile, deren jedes den Titel eines Oberamts,

und

und jeder Obervorsteher oder Stammhalter das Prädikat eines Oberamtmanns erhielt.

Nun wurde wieder jedes Oberamt in zehn gleiche Theile getheilt, ein solcher Theil wurde eine Zunft genannt, über welche der Zunftmeister oder Amtmann die Aufsicht hatte; folglich kamen, der Berechnung gemäß 333 oder 334 Haushaltungen auf eine Quadratmeile, überall aber blieb die Hälfte des Bodens zur ferneren Bevölkerung, und zur Holzcultur übrig.

Endlich wurde ein solches Zehntheil oder Zunft auch wieder in zehen gleiche Theile vermessen, und von den Zehnmännern unter sich verloost; die dann in einem solchen Zehntel, jedem unter sich habenden Hausvater, sein Landgut, wo es ihm das Loos anwies, zutheilten, so daß jedes 40 Morgen groß wurde.

Diese Landgüter mußten nun in regulären Vierecken, und so viel als möglich in den Thälern längs der Bäche angelegt werden; dann gab auch der Fürst das unwiderrufliche Gesetz, daß Jeder seine Wohnung auf sein Landgut bauen mußte, weil die so nahe Zusammenwohnung in Dörfern viel Schädliches hat.

Dieser Einrichtung zufolge, bekam jeder Hausvater das Gut, das ihm die Vorsehung durchs Loos anwies, und doch wurde er nicht von seinen neun Nachbarn getrennt, mit denen er von jeher bekannt war. Zehn Haushaltungen machten also ein Dorf aus, zehn Dörfer eine Zunft, zehn Zünfte ein Oberamt, und 25 Oberämter ein Viertel; folglich bestand das ganze Fürstenthum aus 100 Oberämtern.

Nun hatte Fürst Eugenius einen Hauptgrundsatz, der sich zwar vorzüglich für sein Land schickte, der aber auch mehr oder weniger in vielen deutschen Reichsprovinzen anwendbar wäre; nämlich

Die Landwirthschaft ist die Grundlage aller Staatswohlfahrt, folglich auch das Hauptgewerbe.

Aus dieser Quelle floßen nun alle seine Ackergesetze; es ist wohl der Mühe Werth, daß ich hier einige der vornehmsten anführe.

1. Da ein Gut von 40 Morgen eine Familie reichlich nähren kann, so darf niemals ein Hausvater mehr als ein Gut besitzen; auch soll keines zersplittert, folglich keines größer und keines kleiner werden.

2. Wenn ein Hausvater ganz ohne Erben stirbt, so soll sein Gut dem Staat, aber nicht dem Fürsten anheim fallen: denn der Regent darf durchaus keine Landgüter zu Kammergütern machen, sondern sie müßen wieder an einen Hausvater, der noch kein Landgut hat, unentgeltlich übertragen werden; das nächste Recht dazu hat ein Jüngling aus dem Dorf, in dem das verlaßene Gut liegt; sind mehrere Prätendenten da, so wird geloost, ist keiner da, so geht man zum nächsten Dorf über.

3. Im Fall des Verkaufs, des Verschreibens und überhaupt des Schuldenwesens führte Eugénius das ehmalige Israelitische Hall-Jahr-Recht ein, so daß alle fünfzig Jahre jedes Gut ganz und ungetheilt wieder unentgeltlich an seinen rechten Erben zurückfallen muß.

4. Da alle Eltern die mehreste Unterstützung von dem ältesten Kinde zu erwarten haben, folglich das Recht der Erstgeburt in der Natur gegründet ist, so erbt allemal das erstgeborne Kind das elterliche Gut; wenn es solches aber nicht selbst besitzen will, so kann es sein Erbe an das nächste fähige, aber nicht nach Willkühr, an wen es will, übertragen.

5. Kein Hausvater darf bei seinem Leben das Gut an seinen Erben übertragen, sondern die Eltern müßen es behalten, so lange sie leben.

6. Wenn irgend ein Gut fruchtbar wäre, oder so einträglich würde, daß mehr als eine Familie darauf leben könnte, so darf es der Vater höchstens unter drei Kinder vertheilen; und der Fürst behält sich vor in besondern Fällen, wo es das Wohl des Einzelnen und des Ganzen fordert, eine noch größere Zertheilung zu erlauben. In jedem Fall aber gilt das Stammgut nur für eines, und die verschiedenen Besitzer haben Alle zusammen nur Eine Stimme bei den Gemeinde-Versammlungen, die der älteste Besitzer, doch mit Beirath seiner Mitbesitzer, ertheilt. Daß diese Theile eben so wenig dürfen veräussert werden, als das Ganze und also unter eben denselbigen Gesetzen stehen, versteht sich von selbst.

7. Wenn ein Vater mehrere Söhne hat, die sich der Landwirthschaft widmen wollen, so bekommt der älteste das väterliche Gut, denen andern aber werden Güter von eben der Größe auf dem Gemeingrund angewiesen.

8. Das Weiden irgend einer Viehart auf den Gemeingründen wird schlechterdings verboten; jeder Hausvater muß sich und sein Vieh von seinem Gut unterhalten u. s. w.

Bei der jetzigen ersten Austheilung des Landes, gab es sehr viele Hausväter, die keine Bauern, sondern Gelehrte, Kaufleute, Künstler und Handwerksleute waren, und doch bekam jede Familie ihr Erbgut unter ihrer Zunft und Zehnmannschaft. Allen diesen Hausvätern stund es frei, sich auf ihrem Gut nieder zu lassen, und sich darauf zu nähren; wenn sie aber von ihrem Beruf leben wollten, so mußten sie sich in einer Stadt anbauen, deren zu diesem Behuf in jedem Oberamt Eine an einem bequemen Ort angelegt wurde, ihr Gut blieb alsdann so lange wüste liegen, bis es eines von ihren

Kindern bezog; denn kein Bauer durfte zwei Güter zugleich besitzen. Güter = Verpachtungen wurden durchaus verboten, und Niemand durfte Landwirth seyn, der nicht ein eigenes Gut hatte, fehlte es ihm daran, so wurde ihm eins gegeben.

Endlich gab es auch unter dem Volk ältere und jüngere ledige Manns = und Weibspersonen von allerlei Ständen und Würden. Diese mußten vor der vom Fürsten niedergesetzten Theilungs = Commission erscheinen; hier mußte sich nun jede ledige Mannsperson erklären, ob sie heirathen wolle, oder nicht? Im ersten Falle wurde ihr in dem Dorf, zu dem sie sich auf der Reise gehalten hatte, oder auch da, wo sie es verlangte, ein Gut zugetheilt, im letzten Falle aber nicht, sie konnte alsdann leben, wo sie wollte, nur daß sie sich durch ein Gewerbe ehrlich nährte; war sie aber arm, und konnte sie nichts arbeiten, so mußte sie durch die Armen = Anstalten erhalten werden.

Die Ausführung dieses großen und vielumfassenden Plans wurde so bald und so glücklich geendigt, daß sich Eugenius nicht genug darüber wundern und freuen konnte. Was ist aber auch bei einem Volke nicht möglich, das aus lauter tugendhaften Familien besteht, die aus allen Nationen gesammelt worden sind? — In wenigen Jahren war das Land Solyma ein blühender Garten Gottes: denn es war durchaus sehr fruchtbar, und brachte Alles hervor, was auch der Europäer nur zu seinem Unterhalt und nöthigen Bequemlichkeit wünschen konnte, wenn er anders keinen ausschweifenden Luxus verlangte; den aber verlangte Keiner. Eben aus dem Grund verbot auch Eugenius alle Einfuhr fremder Waaren: ein Gesetz, das in keinem Lande nachgeahmt werden darf, es müßte denn die nämliche Beschaffenheit haben.

Bis daher habe ich aber noch kein Wort von den Einnahmen des Fürsten, oder von den Finanzquellen geredet; Uraniens Schatz reichte freilich noch lange hin, allein eine jede Staatsverfassung muß sich doch selbst unterhalten; demzufolge gab Eugenius dem ganzen Lande auf zehn Jahre vollkommene Steuerfreiheit, nachher aber mußte Jeder jährlich von jedem Morgen Landes einen Gulden bezahlen; dieses betrug also ungefähr vier Millionen.

Dann aber behielt er sich den Ertrag der Bergwerke vor: er fand nämlich in der Beschreibung, die er vom hohen Rath zu Vespera erhalten hatte, daß in den hohen Gränzgebirgen ein unsäglicher Reichthum an Gold und Silber verborgen läge, dessen er sich nach Nothdurft bedienen könnte; Kupfer, Eisen, Blei, und alle nützliche Mineralien waren allenthalben in den Bergen und Hügeln des Landes zu finden; wer also Lust hatte, der konnte für den Fürsten in den Bergwerken arbeiten, und sich damit nähren; dann gaben auch diese Metalle zu vielen Künsten, Handwerken und Fabriken Gelegenheit, deren jede einer Familie Unterhalt verschaffte.

Jetzt fand nun der Fürst, wie wohl er gethan hatte, daß er die Europäer unter die andern Nationen vertheilt hatte: denn sie waren überall die Vorgänger, durch deren Beispiel die Uebrigen geleitet wurden.

Was aber die Organisation der ganzen Regierung betraf, so blieb es bei der Einrichtung, die Eugenius im Lager zu Samarkand getroffen hatte: jedes Dorf von zehn Familien wurde vom Vorsteher oder Dorfrichter, jede Zunft von zehn Dörfern vom Zunftamtmann, jedes Oberamt von zehn Zünften vom Oberamtmann und die 25 Oberämter eines Viertels

vom Statthalter, doch nach den festgesetzten Regeln
regiert, so daß jeder seine Schranken kannte.

In dem Kirchen=Regiment blieb es bei der ge-
troffenen Verfassung, wie sie im Lager bei Samarkand, so wie ich im dritten Band erzählt habe, war
regulirt worden; jetzt aber fieng nun auch jede Zunft
an, sich in ihrer Mitte eine Kirche zu bauen, die aber
alle von Holz und nach einem vorgeschriebenen Plan
errichtet wurden.

Nachdem auf diese Weise alle vier Viertel unter
das Volk vertheilt worden, so gab der Fürst auch jedem
Viertel, jedem Oberamt, jeder Zunft und jedem Dorf
seinen Namen: das deutsche Viertel nannte er Abend-
land, das nördliche Nordland, das östliche Morgenland und das südliche Südland. Nun blieben
aber noch dreitausend Hausväter, durchgehens Europäer und vorzüglich Deutsche bei dem Fürsten, die
ihre Güter nicht besitzen mochten, weil sie alle vermö-
gende Leute von allerlei Ständen waren; sehr viele
waren Künstler und Handwerksleute und die Uebrigen,
Adeliche, Gelehrte und Kaufleute. Alle diese Hausväter
hatten den Zweck, sich in der Haupt= und Residenzstadt
anzubauen.

Zu diesem Bau sowohl, als zur Anlage der hundert
Städte im ganzen Lande, gab der Fürst eine Verordnung heraus, die überall aufs genaueste befolgt werden
mußte; die vornehmsten Punkte dieses Gesetzes waren
folgende:

I. Alle Städte sollen mit geraden und sich win-
kelrecht durchschneidenden Gassen gebaut werden; die
Breite der Gassen soll mit der Höhe der Häuser in
einem zusammenstimmenden Verhältniß stehen, weil
breite Gassen und niedrige Häuser ein wahrer Uebel-
stand sind.

2. Jedes Haus soll rund umher frei stehen, und immer eins vom andern zwei heinländischer Ruthen entfernt seyn.

3. Keine Stadt soll mit einer Mauer, oder irgend einer Art von Bevestigung eingeschlossen werden, sondern allenthalben der Zugang frei seyn.

4. Alle Gassen sollen gepflastert, und wo möglich mit einem fließenden Bach versehen werden.

5. Kein Landwirth soll in der Stadt, sondern auf seinem Gut wohnen; Handwerksleute dürfen aber auch zugleich Bauern seyn, wenn sie ihre Güter selbst bewirthschaften.

6. Jede Stadt soll in Zehnmannschaften eingetheilt werden, deren jede ihren Vorsteher hat; so lang eine Stadt noch nicht aus dreihundert Haushaltungen bestehet, machen die Vorsteher den Magistrat aus, der jährlich aus seiner Mitte einen Bürgermeister wählt; so bald aber die Zahl der Häuser über dreihundert steigt, so wählen allemal zehn Vorsteher einen Rathsherrn, der hundert Familien mit ihren Vorstehern unter sich hat; die Rathsherren machen dann mit dem Bürgermeister den kleinen, und mit den Vorstehern den großen Rath aus, welcher jährlich den Bürgermeister wählt.

7. Keine Stadt steht unter dem Oberamtmann, sondern unmittelbar unter dem Statthalter u. s. w.

Nach diesen Regeln wollte nun auch Eugenius die Haupt- und Residenzstadt des Landes Solyma anlegen, und ihr den Namen Ostenheim geben; seine Wohnung aber, und die Häuser seiner Minister sollten vorn auf die östliche Anhöhe gebaut, und dieser schöne Wohnplatz dann Uranienburg genannt werden.

Alle Gebäude wurden von einem höchst dauerhaften und fast unverweslichen schönen Holz aufgeführt, welches in sehr dicken, geraden und erstaunlich hohen

Stämmen allenthalben wuchs, und daher am leichtesten
und geschwindesten zubereitet werden konnte; zwar fehlte
es auch an unvergleichlichen Steinen nicht, allein man
bediente sich ihrer nur zu den Grundmauern, übrigens
wurde nach den vollkommensten Regeln der Baukunst,
und im erhabensten und reinsten Geschmack gebaut.

Jezt wollen wir nun dem Bauwesen seinen Lauf las-
und etwas Anders vor die Hand nehmen; vielleicht haben
doch viele meiner Leser, und vorzüglich Leserinnen, bei
den bisher angeführten Gesetzen und Einrichtungen ge-
gähnt, oder sie gar überschlagen — das ist mir nun
zwar leid, aber ich konnte es doch nicht ändern: denn
ein Heimweh muß ja doch eine Heimath haben —
und dann giebt es auch noch ehrenhafte Leute, die gerne wissen möchten, wie ein Land, das von lauter wahren Christen bewohnt wird, regiert und eingerichtet
werden muß. Nur das bitte ich dabei zu bedenken,
daß vieles in diesem Plan nicht allenthalben, vielleicht
nirgends als in Solyma ausführbar ist.

———————

Während der Zeit, als man sich zu Ostenheim
und Uranienburg mit dem Bauen beschäftigte, und
das Volk überall mit der Ansiedelung zu thun hatte,
ließen sich eines Tages zwei Männer bei dem Fürsten
melden, die ihn gerne sprechen wollten; Eugenius
ließ sie vor sich kommen, es waren deutsche Landsleute,
deren Gesichtszüge ihm nicht ganz fremd waren; sie
brachten eine Empfehlung von Theodor, in welcher
bezeugt wurde, daß beide Ueberbringer Gesalbte und
Kreuzritter seyen.

Den Einen erkannte der Fürst gar bald, er war
ein Nachbar aus dem Ort seiner Erziehung, und zwar
der auserwählte Gottesmann, dem er ehmals das Geld

seines Vaters für den heimwehkranken Pfarrer eingehändigt hatte *); er umarmte diesen edeln Greis mit
Thränen, und freute sich höchlich seiner Ankunft.

Auch die Gesichtszüge des Andern waren ihm bekannt, allein er konnte sich doch seiner nicht mehr erinnern; er war der Pfarrer von Reinheim, der treue
Freund der Wittwe Gerolden **), auch diesen umarmte Eugenius mit Thränen, denn er hatte ihn
schon damals als einen treuen Knecht Gottes erkannt;
beide Männer hatten ihre Familien bei sich, und waren
also auch, zur größten Freude des Fürsten, dem zukünftigen Zorn entflohen.

Um seiner Gemahlin und ihren Freundinnen eine
unvermuthete Freude zu machen, führte der Fürst diese
beiden Landsleute in Uraniens Zelt; alle schauten die
Männer aufmerksam an, bald aber erhoben sich zwei
Frauen; es ist leicht zu denken, welche? — Mutter
Ostenheim eilte auf den Nachbar zu, und bewillkommte ihn aufs zärtlichste; die ehemalige Geroldin
aber fuhr mit Jubel auf, that einen lauten Schrei
und schloß den Pfarrer in ihre Arme.

Alle Fragen und Antworten, die hier vorfielen,
werden mir meine Leser erlassen, nur das will ich bemerken, daß der gottlose Amtmann auf eine schmähli-
che Art hingerichtet worden; auch dem Sekretär hatte
der Fürst den Kopf abschlagen lassen, dem Gerold's-
Mörder aber hatte er das Leben geschenkt und ihn
zum lebenslänglichen Festungsbau verdammt. Allein
der Mörder forderte sein Recht, weil er glaubte, er
könnte nicht selig werden, wenn er sein Verbrechen
nicht mit dem Leben büßte; die Sache wurde also auf
eine Universität verschickt, und das Resultat von Allem

---

*) S. 2. Band, pag. 5.   **) S. 1. Band, pag. 51.

war, daß Gerold's Mörder, so wie ers verlangte, mit dem Schwert vom Leben zum Tod gebracht wurde.

Nun schickte der Fürst seinen ehemaligen Nachbarn mit seiner Familie an den Statthalter Paulus, der seinen Wohlthäter alsobald erkannte, ihn mit tausend Thränen bewillkommte, und ihm dann sein Landgut anwies.

Der Reinheimer Pfarrer aber, der nun Eustathius hieß, blieb zu Ostenheim, und wurde vom Fürsten zum Hofprediger ernannt, und vom Erzbischof Theodosius zu diesem Amte eingeweiht.

Siehe da! der Erzengel Michael! wenn man das Wort Erzengel wörtlich versteht: denn in diesem Sinn heißt es ein Erzgesandter, im europäischen Staats = und Canzleistyl ein Ambassadeur.

Michael kam nicht, wie ehemals, mit der ernsthaften Mosismine, sondern sanft, freundlich, mit einem Gesicht, wie es Engeln geziemt und gebührt, die um derer willen, die die Seligkeit ererben sollen, gesandt werden.

Er trat mit edlem Anstand vor den Fürsten, und sagte:

Fürst Eugenius! — der Paraclete will dich sprechen! — dann kehrte er wieder um, und zog seines Weges.

Alle Schrecken der lebhaftesten Freude stürmten durch des Fürsten ganze Existenz — er war so gut Fürst, wie einer in Europa, und wenns auf den Adel ankommt, so fehlte es ihm auch daran keinesweges. Allein die Gnade eines persönlichen Umgangs mit dem Paracleten war doch so überschwenglich groß, daß er sich kaum zu fassen wußte; er trat also ungesäumt

die Reise nach Vespera an, und zwar nicht mit
fürstlichem Pomp, sondern wie es einem Vasallen Seiner orientalischen Majestät geziemt; Timotheus begleitete ihn, und ein Paar Diener folgten nach.

Die Reise gieng durch Südland, und hier sah
er, wie sich die Israeliten allenthalben anbauten;
überall, wo er durchzog, lief das Volk zusammen, um
ihn zu sehen, und ihm das Hosianna in der Höhe
entgegenzurufen.

Timotheus wurde durch diesen Jubel bis zu
Thränen gerührt, endlich fieng er an: es ist doch gut,
daß mich die Vorsehung blos zum Hausknecht gemacht
hat.

Eug. Warum? mein Bruder!

Timoth. Weil ich, wenn ich ein Fürst geworden
wäre, Lucifers Fall schwerlich würde vermieden haben.

Eug. Vermuthlich fiel Lucifer aus Neid, dazu
scheinst du mir doch keine Anlagen zu haben.

Timoth. Wer Anlagen zum Stolz hat, der hat
sie auch zum Neid; wenn mir das Volk so entgegen-
jauchzte, so könnte es mir gehen wie weiland Seiner
Majestät, dem König Herodes, daß mich ein Engel
schlüge, und ich bei lebendigem Leibe von Würmern
gefressen würde.

Eug. Glaube du mir, daß Simei's Fluch auch
viel leichter zu ertragen ist, als das Vivat= oder Ho-
sianna=Rufen; aber es giebt ein sicheres Mittel gegen alle schlimme Wirkungen der Ehrbezeugungen, nämlich: die lebendige Erkenntniß seiner eignen
vollkommenen Unwürdigkeit. Ein Mensch, dem
die beständige Prüfung seiner selbst zur andern Natur
geworden ist, der findet, daß alle Kräfte und Anlagen
schlechterdings von Gott sind, und daß er sich selbst
keine Einzige zu verdanken habe; zugleich wird er ge-

wahr, daß er durchaus keine gute Handlung hätte aus=
führen können, wenn sie ihm die Vorsehung nicht hät=
te gelingen lassen, und daß Alles blos elendes Flickwerk
sey, wo er allein wirkt; hingegen, daß Alles vortreff=
lich von Statten gehe, wo ihm die menschenliebende
Gottheit die Hand führt. Wer sich selbst kennt, der
weiß, daß der Egoismus Alles verdirbt, und daß blos
die an Gott übergebene Demuth wohlthätig wirken
könne. Nun sage mir, mein Freund! wie kann man
sich bei dieser Gesinnung am Ehren=Wein berauschen?
Ich versichere dich, so oft Jemand etwas zu meinem
Lob sagt, so kann ich mich des Rothwerdens nicht ent=
halten: denn ich weiß am besten, wem ich Alles, was
ich bin und habe, verdanken muß, gewiß mir am
wenigsten! —

Timoth. Du hast recht, mein theuerster
Fürst! ich will das, was du gesagt hast, nur einmal
auf mich anwenden: wenn da zum Beispiel einer zu
mir käme, und sagte: Ach, du bist ein vortrefflicher
Mann! welche Tugenden und welche Kräfte mußt du
haben, daß du aus einem armen Bauernknaben ein so
vornehmer Herr, der Freund eines großen Fürsten ge=
worden bist. — Gott im Himmel! wie würde ich mich
schämen: denn ich kann nichts dafür, daß mich dein
Vater zu deinem Bedienten annahm; — Alles, was
ich geworden bin, das hab' ich allein Gott und mei=
nem Fürsten zu verdanken, und wenn meine Ehrlichkeit
der Grund von Allem war, ey mein Gott! wer gab
mir denn meinen Charakter? — niemand anders, als
Der, der mich schuf, und Der, der mich erzog. Aber
erlaube mir, daß ich dir nach meiner Ueberzeugung et=
was zu Gemüth führe! — Müßtest du dir nicht alle
Ehrenbezeugungen verbitten? — allenfalls befehlen, daß
man dir nirgends Hosianna zurufen solle?

Eug. Sage mir, Timotheus! bezeugt man die nicht die allergrößte Ehre, die nur möglich ist, wenn man dich für einen sehr heiligen Mann hält?

Timoth. Das würde an meiner Sekte die allerunverdienteste Ehre seyn.

Eug. Hält man den nicht für einen sehr heiligen Mann, der mit allen übrigen christlichen Tugenden auch die herzlichste Demuth verbindet?

Timoth. Allerdings!

Eug. Würde ich nun nicht eine große und beispiellose Demuth öffentlich zur Schau stellen, wenn ich meinen Unterthanen das Vivat- oder Hosianna-Rufen verb..? — und würden sie mir dann in ihrem Schweigen nicht einen viel stärkern und edlern Weihrauch streuen, als jetzt in ihrem Rufen?

Timoth. Ja, das ist wahr! aber Paulus rühmte sich doch seiner Schwachheit.

Eug. So wie sich Paulus bei Ehrbezeugungen benahm, so muß es jeder Christ machen: man lehnt mit Bescheidenheit dergleichen ab, aber so, daß dieß Ablehnen nicht wieder Prahlerei wird, wie das gewiß bei mir der Fall seyn würde, wenn ich durch eine Verordnung meine Demuth anpriese.

Timoth. Gott sey gelobt für deine Weisheit!

Eug. Der Christ, folglich auch der christliche Fürst muß in diesem Fall ein wahrer Priester seyn; er muß alle Ehrbezeugungen auf den Rauchaltar vor das Allerheiligste bringen, und sie da dem Geber aller guten und vollkommenen Gaben im Feuer der Liebe aufopfern; sieht dann Jemand dieß Opfern, gut! wird's nicht bemerkt, auch gut! wenn nur die Leute überzeugt sind, daß man diese Gaben nicht fordert und selbst genießt,

Timotheus war ein guter Reisegefährte; er war unerschöpflich an Einfällen guter Art, darum liebte ihn auch der Fürst vorzüglich.

Er hieß zwar nicht mehr Hans, aber Ehrlich hieß er bis an sein Ende.

———————

Nach zwei angenehmen Tagreisen langte Eugenius am Fuß des südlichen Gebirges an, welches die Gränze zwischen Solyma und Vespera ausmacht; dieses Gebirge ist nicht hoch, und es besteht aus lauter waldichten Gipfeln, zwischen welchen die schönsten Wiesenthäler in angenehmen Krümmungen hin und her laufen; allenthalben rieseln Bäche zwischen grünen und Wohlgeruch duftenden Gebüschen, und die schönsten Blumen wanken im lauen Winde über dem Gemurmel des fließenden Crystalls.

Sanfte Kühlung hob dem edlen Fürsten die leicht wallenden braunen Locken, als er dem in der Abendsonne erröthenden nahen Waldhügel entgegenzog.

Erinnerst du dich, sagte er zu Timotheus, einer Scene, die dieser gegenwärtigen ähnlich ist?

Tim. Ich ahne Etwas, aber ich weiß nicht, wo ich damit hin soll.

Eug. Nun so denke an den Abend, als wir dem Dorfe entgegenritten, in welchem der Vater der Frau Forscherin starb.

Tim. Ja, das ist auch wahr! — aber wie war es uns da zu Muthe, gegen jetzt?

Eug. Wie zweien Handwerksburschen, die auf der Wanderschaft waren, und nun zu Haus sind.

Tim. Werden wir auch dort im Thal einen Pfarrer Gerhard antreffen, es sind doch Leute da geschäftig?

Eug. Wir wollen sehen — da am Wege seh ich ein Zelt, und das emporsteigende Haus darneben, da wollen wir einkehren, wir finden da wohl Nachtruhe.

Tim. Und wenigstens ein paar gute Seelen, die ihren Fürsten gerne beherbergen werden.

Eug. Das hoff' ich!

Unter solchen Gesprächen über die Vergangenheit, langten sie bei dem Zelt an; kaum waren sie abgestiegen, als eine feine reinlich gekleidete Frau aus der Nähe herbeieilte. Eugenius merkte alsofort, daß sie eine Deutsche war, er redete sie also auch in ihrer Sprache an: Sey mir gegrüßet, liebe Schwester! kann ich wohl bei Euch über Nacht bleiben?

Die Frau staunte, sie sahe bald dem Fürsten, bald seinen Begleitern freundlich lächelnd ins Gesicht, endlich antwortete sie: Wenn mich meine Einbildung nicht betrügt, so wird uns die größte Ehre wiederfahren, wenn Sie bei uns einkehren; aber wie können wir in unserer geringen Hütte unseren Fürsten bewirthen?

Indem sie so sprach, eilte auch ihr Mann mit einigen halberwachsenen Kindern, Knaben und Mädchen herzu. Mit herzlicher Freude, und Thränen in den Augen, ergriff er die Hand des Eugenius, um sie zu küssen, dieser aber zog sie weg, und sagte: Du darfst meine Hand nicht küssen, ich bin nur dein Bruder, dem Gott die Haushaltung und die Aufsicht über seine übrigen Kinder anvertraut hat; und so denk' ich, du wirst ja auch wohl deinem Bruder eine Nachtherberge verstatten?

Er. Mit tausend Freuden! Ew. Durchlaucht müßen dann aber auch vorlieb nehmen.

Eug. Höre Bruder! ist dir nicht gesagt worden, daß ich nicht anders als lieber Fürst! und mit dem Wörtchen Du angeredet seyn will?

Er. Ach ja! jetzt erinnere ich mich, aber verzeihe mir! ich dachte nicht daran, und man ist der Titel in Deutschland so gewohnt. —

Eug. Nun so laß mich nie wieder dergleichen hören! Du aber, liebe Schwester! hast weiter nichts zu thun, als das Abendessen, das du für die Deinigen bestimmt hattest, um so viele Portionen größer zu machen.

Sie. Ach! Erlauben S — Erlaube mir, lieber Fürst! daß ich es so gut mache, als es in meinem Vermögen steht.

Eug. Nein! das erlaube ich nicht; wir wollen uns diesen Abend von den Wegen Gottes unterhalten, auf denen Er uns hieher in Sicherheit gebracht hat; bei dieser Unterhaltung sollst du gegenwärtig seyn, und nicht die Zeit mit Bereitung der Speisen verderben.

Sie. Aber, lieber Fürst! Brod, Käse, getrocknetes Obst und Bier! — ist das Speis' und Trank für dich?

Eug. Ich wäre nicht werth Mensch, noch weniger Christ und am allerwenigsten christlicher Fürst zu seyn, wenn ich mich nicht von Herzen dieser großen Gaben Gottes unwürdig hielte. Bist du überzeugt, liebe Schwester! daß du genau befolgen mußt, was ich befehle?

Sie. Ich würde die strengste Strafe verdienen, wenn ich dir ungehorsam wäre.

Eug. So befehle ich ernstlich, daß nichts als Brod, Käse, getrocknetes Obst und Bier diesen Abend aufgetischt werden soll; kommt mit mir ins Zelt, ich muß euch näher kennen lernen.

Dieser Befehl wurde befolgt; die Knaben und Mädchen drängten sich schamhaft von hinten an den Fürsten, und strichen mit den Händen sanft über sein Kleid herab; der Vater bedeutete sie, sie sollten nicht so kühn seyn;

seyn; Eugenius aber sagte: laß die guten Kinder machen, sie wollen mir ihre Liebe bezeugen, und wie können sie das anders als durch Zeichen? Ich verlange, daß die Kinder mit mir essen, und mir Gesellschaft leisten, so lang ich hier bin. Dann küßte und segnete er ein Jedes von ihnen.

Als nun alle im Zelt Platz genommen hatten, so befahl der Fürst, daß das Essen gebracht werden sollte; die Frau gehorchte, sie brachte oben gemeldete Speisen, und der Mann holte einen Krug mit Bier. Der Fürst wunderte sich und fragte, wie er zu dem Bier gekommen wäre? und der Deutsche berichtete ihm, daß einer seiner Landsleute in der Nachbarschaft eine Bräuerei angelegt habe, so wie ein anderer eine Brodbeckerei, und daß ihnen aus dem Lande Yespera Getreide genug und allerlei Nahrung zugeführt würde.

Nach dem Essen verlangte nun der Fürst ihre Geschichte zu hören: denn (setzte er hinzu) die Schicksale derer, die die Vorsehung führt, sind ihre eigene Geschichte.

Der fromme Hausvater gehorchte und erzählte:

Ich heiße Peter Adam Lüdenbeck und bin in den deutschen Niederlanden zu Haus; mein Vater war dort ein reicher Wollentuchfabrikant; er fürchtete Gott nach seiner Weise, und gehörte zu der Klasse Menschen, die man die Vynen (Pietisten) nennt; er erzog mich und meine Geschwister nach seiner Denkungsart und nach den Förderungen seines Gewissens, folglich lernten wir frühe Gott und Christum kennen, lieben und verehren. Mich besonders, weil ich der älteste war, ließ er gut unterrichten: denn ich mußte alles lernen, was einem Fabrikanten und Kaufmann zu wissen nöthig ist; da wir aber auf dem Lande lebten, so mußte ich auch Ackerbau und Viehzucht kennen ler-

nen, und endlich selbst alle Arbeiten verrichten, die zum
Tuchmacher = Handwerk gehören.

Bis ins achtzehnte Jahr meines Alters gieng alles
im Segen fort, nun aber traf uns die Hand des All=
mächtigen auf eine furchtbare Weise: mein Vater hieng
mit einer Art von Eigensinn an Leuten, die seine Spra=
che redeten; wenn einer kam, der mit gebeugter sanfter
Miene und leisem Ton von der Gottseligkeit sprach, so
konnte er Alles von ihm haben; daß also diese Wölfe
im Schaafskleid sein Vermögen jämmerlich zerrissen,
ist ganz natürlich; kurz! es kam mit uns zum Concurs,
Alles wurde uns verkauft, und die Creditoren waren
unbarmherzig genug, meine Eltern mit ihren Kindern,
so nackend, als es die Gesetze erlaubten, und die erlau=
ben dort viel, auf die Straße zu werfen.

Bis in den Staub darnieder gedonnert, erhoben
sich nun meine Eltern, und flehten gebeugt zu Gott um
Gnade; wir fanden Zuflucht in einer armen Hütte,
und gute Menschen steuerten uns Nahrungsmittel, wo=
mit wir uns des Hungers erwehrten. Allein meine El=
tern überlebten den Jammer nicht; denn mein Vater
starb in ein Paar Tagen an einem Steckfluß, und mei=
ne Mutter folgte ihm bald nach; meine Geschwister
wurden von Verwandten aufgenommen, und ich, als
ein erwachsener Jüngling, mußte, wie billig, mein
Brod mit meiner Hände Arbeit verdienen.

Anfänglich konnte ich mich in dieses schreckliche Schick=
sal meines Vaters, der doch im Grund ein frommer edler
Mann war, nicht finden, allein als ich ins Heiligthum
gieng, und forschte, so fand ich bald die Spur der
göttlichen Gerechtigkeit: der HErr geht sehr genau mit
denen, die er liebt, zu Werke, besonders aber ist er un=
erbittlich strenge, in Ansehung der Unlauterkeit; Er
kann nicht dulden, daß Jemand den Schild der Fröm=

migkeit ausbängt; darum ist es auch so gefährlich, im
äussern Umgang, in Mienen, Geberden und Reden Heiligkeit zu affectiren, solche Menschen werden gewöhnlich
zu Schanden; Paulus sagt: wenn Jemand auf den
Grund der Religion Jesu bauet, Gold, Silber, Edel-
gestein, Holz, Heu, Stoppeln, so wird das Feuer
Alles probiren, wird Jemandes Werk nun verbrennen,
so wird er des Schaden leiden, er selbst aber wird, wie
durchs Feuer, selig werden *). Das war der Fall meiner lieben guten Eltern.

Nachdem sie also zu ihrer Ruhe gebracht worden,
so gieng ich, von Allem entblößt, in eine benachbarte
Stadt, um als Wollenwebergeselle Arbeit zu suchen;
hier wohnte nun ein sehr reicher und mächtiger Tuch-
fabrikant, welcher von französischen Flüchtlingen abstammte, und sich Bassiere nannte; dieser hatte viele
Tuchmacher in seinem Dienst, bei deren Einem ich alsofort Arbeit, auch Vater und Mutter wieder fand. Hier
war es mir wohl, und ich verlebte da sechs zufriedene
Jahre.

Nach und nach empfand ich nun auch das Bedürfniß und die Pflicht, mein eigener Herr zu werden, und
eine Familie zu ernähren; ich gieng mit Gott zu Rath,
und wählte nicht blos, was den Sinnen schmeichelte,
sondern ich bediente mich meiner gesunden Vernunft in
vollkommener Abhängigkeit von der Vorsehung. Auf
diesem Weg fand ich meine gegenwärtige liebe Frau;
sie ist die Tochter eines Webermeisters aus der Stadt,
in welcher ich damals arbeitete; ihr Vater war ein
frommer rechtschaffener Mann, und ich konnte erwarten,

---

*) 1 Cor. 3. Im Grund gilt diese Stelle den Lehrern des
Evangeliums, allein sie kann auch im obigen Sinn auf
jeden Christen angewendet werden.

3 *

daß sein Segen seiner Tochter ein Haus bauen würde.

Da ich nun meinen Meister als meinen Vater ehrte, so fragte ich ihn erst um seinen Rath wegen dieser Person; er billigte meine Wahl vollkommen, und erbot sich, mit meinem künftigen Schwiegervater desfalls zu reden. Mit einem Wort: die Sache kam zu Stand, und wir Beide dankten Gott, daß wir uns gefunden hatten; ehe aber unsere Verbindung vollzogen wurde, ließ mich unser Herr, der Herr Baffiere, zu sich rufen; ich fand ihn mürrisch und aufgebracht; mit einem gebieterischen Ton fieng er an: Ich höre, Ihr wollt heirathen?

Ich. Ja, Herr Baffiere!

Er. Und zwar die Tochter des David Dienslacken?

Ich. Ja!

Er. Und das ohne mir ein Wort zu sagen! — Wißt Ihr denn nicht, daß mich meine Leute erst fragen müssen, ob ichs zufrieden bin?

Diese Anmaßung des Herrn Baffiere kam mir höchst tyrannisch vor, und ich hatte mir so etwas nicht träumen lassen. Ich war so bestürzt, daß ich nicht sogleich antworten konnte, er fuhr also fort:

Das würde schöne Arbeit geben: der Dienslacken ist Werkmeister bei dem Herrn Rußberg; wenn Ihr nun seine Tochter heirathet, so könnt ihr mich und meine Fabrike verrathen und verkaufen.

Ich erwiederte: Herr Baffiere! Wenn ich zum Schurken werde, wofür mich Gott bewahren wird, so stehts Ihnen frei, mich strafen zu lassen, und dann weg zu jagen; mir aber steht indessen frei, zu heirathen, wen ich will.

Hier sprang er wüthend auf, und gab mir eine Ohrfeige, daß ich bis an die Stubenthür taumelte;

flugs wischte ich hinaus, des festen Vorsatzes, ihn zu verklagen, allein mein Meister widerrieth es mir, aus
dem sehr triftigen Grunde: daß dort ein reicher Kaufmann immer Recht behielte, und wenn ich auch an dem
Schlag gestorben wäre.

Ich nahm mir also nun fest vor, von meinem Meister, und überhaupt aus Bassiere's Diensten weg und
bei Herrn Rußberg in Arbeit zu geben, allein die
Sache nahm eine günstigere Wendung, als ich dachte.
Noch ehe es Abend war, ließ Bassiere meinen Meister
rufen; er blieb lange, endlich aber kam er mit heiterer
Miene wieder und sagte: Peter Adam! Eure Sache
geht gut! — der Herr Bassiere hat nicht nur in
Eure Heirath gewilligt, sondern er will Euch auch un-
terstüzen und Euch forthelfen.

Diese plözliche Sinnesänderung konnten wir nun
nicht begreifen, am Ende dachten wir, er habe sich
vielleicht besonnen, und da ihn nun die Ohrfeige reue,
so wolle er sie durch Wohlthaten wieder gut machen.
Dabei blieb's, ich heirathete meine Frau, Bassiere
unterstützte uns mit Geld, schaffte uns eine hübsche
Wohnung, und nun glaubten wir dem Glück recht im
Schooß zu sitzen.

Bald aber begann ich zu merken, was der gottlose
Mann im Schild führe: er wollte mich durch meinen
Schwiegervater zum Spion in der Rußbergischen
Fabrike und Handlung brauchen, wogegen ich mich aber
gleich bei dem ersten Versuch feierlich erklärte. Frei-
lich fiel Bassiere nicht gleich mit der Thür ins Haus,
sondern er fieng so gelinde an, daß ich leicht hätte be-
rückt werden können, allein ich hatte in meines Vaters
Erziehung das Recht und Unrecht bis auf die feinsten
Nüanzen kennen lernen, und war daher auf meiner Hut.

Kein Baum fällt gleich auf den ersten Hieb. Basfiere verdoppelte seine Wohlthaten und Unterstützungen, und wenn ich mir in dieser Sache etwas vorzuwerfen habe, so war es dieß, daß ich sie annahm, allein ich merkte zu der Zeit den Kunstgriff noch nicht.

Noch ein paarmal machte er Versuche von einer andern Seite, die aber auf den nämlichen Zweck hinausliefen, allein sie waren eben so fruchtlos wie der erste. Nun fieng er an zu drohen, in dem er mir durch einen Comptoirdiener andeuten ließ, er müße innerhalb sechs Wochen die 250 Thaler haben, die er mir zu meiner Einrichtung vorgeschossen hatte.

Bisher war meine Frömmigkeit blos Erziehungsgewohnheit gewesen, und mein Gebet, das ich regelmäßig verrichtete, war blos ein Compliment, das ich dem lieben Gott machte; jetzt aber suchte ich sein Angesicht ernstlich, meine Frau vereinigte ihr Flehen mit dem meinigen, und so erwarteten wir mit Seelenruhe den Termin, in welchem es uns gerade so gehen sollte, wie meinen seligen Eltern; denn woher sollte ich die 250 Thaler nehmen?

Indessen wurde der Termin verlängert; denn der älteste Sohn des Herrn Bassiere kam aus Frankreich zurück; wo er einige Jahre auf einem Comptoir gewesen war; er hatte viel gelernt, denn er war in allen Geheimnissen der französischen Lebensweise unterrichtet. Die Ankunft dieses jungen Herrn machte dem Vater so viel zu thun, daß er mich darüber vergaß; er hatte nämlich den Plan, ihn an die älteste Tochter des Herrn Rußberg zu kuppeln; das Ding gieng auch nach Wunsch, indem beide Handelsleute bei dem Handel zu gewinnen hofften.

Was die jungen Leute betrifft, so hatten sie auch nichts dagegen einzuwenden: denn der junge Bassiere betrachtete die Sache als eine französische Allianz, wo auf die Braut selbst so viel nicht ankommt: denn man hält sich auf andere Weise schadlos; die Jungfer Rußberg aber wußte von Jugend auf nicht anders, als daß die Heirathen der Kaufmanns = Töchter weiter nichts als eine Handlungs = Spekulation seyen, worein sich ein Mädchen schicken müße; vom ehelichen Glück hatte sie weder Begriffe noch Erfahrung.

Aus diesem Allem ist nun begreiflich, daß ich in Ruhe blieb, weil Bassiere jezt keinen Spion mehr brauchte; so lebte ich einige Jahre zufrieden; es ist bekannt, daß ein Handwerksmann, der in einer kaufmännischen Fabrike arbeitet, nicht reich werden kann, besonders wenn ein Bassiere dirigirt, das war also auch mein Fall, ich hatte nichts übrig, aber mir fehlte auch nichts.

Während der Zeit starb nun Bassiere an einem Schlagfluß, und sein ältester Sohn trat die Regierung an; zum Unglück gefiel meine Frau der seinigen, so daß sie öfters zu ihr kommen, und ihr in ihren Geschäften helfen mußte; bei dieser Gelegenheit hatte der Wolf zu meinem armen SchafAppetit bekommen; Bassiere versuchte, sie in die Falle zu locken, welches ihm natürlicher Weise nicht gelang; da nun dadurch sein Stolz, und auch seine verbotene Begierden immer heftiger wurden, so verdoppelte er seine Anfälle, und nun fieng meine Frau an, mir ihre Noth zu klagen; ich tröstete sie, so gut ich konnte, und wir nahmen, so wie ehemals, unsre Zuflucht wieder zum gemeinschaftlichen Gebet, und sezten unser Vertrauen auf Gott, der uns gewiß nicht verlassen würde.

Indessen befolgten wir doch alle mögliche Regeln der Vorsicht; denn das Beten hilft nichts, wenn man nicht auch das Seinige thut; ich hätte zwar gerne gesehen, daß meine Frau das Haus gänzlich vermieden

hätte, allein dann hätten wir der Madam Baſſiere
die Urſache ſagen müßen, und das wäre unchriſtlich geweſen; meine Frau gieng alſo hin, ſo oft ſie gefordert
wurde, jedesmal aber empfahl ſie ſich Gott und ſeiner Bewahrung.

Endlich mochte aber doch die Frau Baſſiere Unrath merken, ſie gab alſo Acht auf ihren Mann, und
ertappte ihn auch wirklich, als er Anfälle auf meine
Frau wagte; jezt wurde das Weib wüthend, ſie ſchalt
zwar auch ihren Mann, aber ihre thätliche Rache ergoß
ſich auf meine Frau, indem ſie ſie ſchlug, krazte und
zum Haus hinaus prügelte; ich weiß nicht, wie mir
war, als ſie ſo zu Grund gerichtet nach Haus kam;
doch faßte ich mich: denn verklagen konnte ich ihn nicht,
weil er doch immer Recht behalten hätte, und bezahlen
konnt' ich ihn auch nicht, wie doch in dem Fall nothwendig geweſen wäre, wenn ich nicht nackend und von
Allem entblößt weggejagt werden wollte. Wir wendeten
uns alſo wieder zu Gott, überließen Ihm unſere Sache,
und verſchmerzten unſer Unglück, ſo gut wir konnten.
Das Beſte dabei war, daß nun meine Frau nicht mehr
gerufen wurde, und alſo Ruhe hatte.

So vergiengen wieder ein paar Jahre, bis ſich Etwas zutrug, das uns nun vollends ins Feuer der Prüfung brachte, wo wir wie Silber gereiniget und bewährt werden ſollten: Baſſiere hatte einen verhei-
ratheten Weber in ſeinen Dienſten, der doch bei ihm
angeſchrieben war, weil er ihm ſehr verächtliche und
verbotene Dienſte leiſtete; nun war die Frau dieſes
Webers, auch eine Freundin unſeres Herrn, in den
Wochen; der Mann kam alſo zu uns, und bat meine
Frau ſo freundlich, ſeiner Frau einen gewiſſen Liebes-
dienſt zu erzeigen, daß wir dieſe Bitte unmöglich ab-
ſchlagen konnten; meine Frau gieng alſo mit dem

Manne, in der späten Dämmerung des Abends, in sein Haus.

Nachdem sie nun dort ihre Sache verrichtet hatte, so führte sie der Weber, unter dem Vorwand, Etwas zu suchen, auf ein abgelegenes Zimmer; kaum ist sie daselbst angelangt, so springt Bassiere aus einem Winkel hervor, der Weber läuft hinaus, und jener riegelt nun die Thür zu.

Jetzt bediente sich der abscheuliche Mensch aller möglichen Reizungen und Ueberredungen; da aber Alles nicht half, so fieng er an Gewalt zu brauchen, die ihm auch als einem starken Mann endlich gelungen seyn möchte, wenn ihn nicht ein ganz außerordentlicher Vorfall gehindert, und meine arme Frau gerettet hätte; denn indem er anfieng, mit meiner Frau zu ringen, und diese erbärmlich schrie, so erscholl draußen vor der Thüre eine furchtbare Donnerstimme: Ich bin gekommen, dich vor den Richterstuhl Dessen zu citiren, der Augen hat wie Feuerflammen, und der Jedem vergilt nach seinen Werken.

Der Weber, der draußen vor der Thür stand, rief jämmerlich um Gnade, und bat flehentlich, daß doch Bassiere die Thür aufmachen möchte! — allein dazu hatte dieser keine Lust, denn er zitterte am ganzen Leibe wie ein Espenlaub, und war eben im Begriff, einen Sprung durchs Fenster zu wagen, als die Thür aufsprang, und ein schrecklicher grau gekleideter Mann hineintrat, der ihn im Fenster ergriff, zurück riß, und ihn dann wie einen Frosch, mit den Worten hinaus schleuderte: Fahre hin, du Verfluchter, bis deine unreine Brunst zur ewigen Glut wird! Nun nahm er freundlich meine Frau an der Hand, und führte sie hinaus, bis vor meine Thür, wo er in sanftem Ton zu ihr sagte: Sey getrost, du Kämpferin Gottes! und grüße deinen Mann von mir! — Ihr habt Beide noch eine schwere Prüfung vor Euch, werdet Ihr da glaubig ausharren, so werdet ihr mich wiedersehen, und Ihr sollt vor dem zukünftigen Zorn errettet werden, und dann von ihr schied.

Meine arme Frau trat, blaß und entstellt, zu mir in die Stube, wo sie mir nun Alles erzählte. Wir dankten Gott auf den Knien für seine gnädige Hülfe, und wir glaubten fest, Gott habe einen Engel gesandt, uns zu erretten. Das Schrecklichste bei dieser Sache war: daß der Weber von der Stunde an den Verstand verlor, und sich wenige Tage hernach erhängte.

Vom Herrn Bassiere hörten und sahen wir einige Tage nichts; das Gerücht gieng, er sey krank, doch erschien er nach und nach wieder, und war noch immer der Vorige, wo nicht noch schlimmer geworden. Daß er ein Freigeist war, versteht sich — und wenn ihm unser HErr Gott selbst erschienen wäre, so würde er einige Wochen später die Sache ganz natürlich haben erklären können.

Nun hatte ich gerade um diese Zeit ein kostbares Stück Wollentuch auf einem Stuhl, woran ich mit einem Gesellen webte; als es fertig war, so maß ichs, und fand, daß es nach dem Verhältniß der Länge des Zettels ganz richtig war; ich zeigte dem Herrn Bassiere die Vollendung des Stücks an, und dieser schickte nun einen Mann, der es abholen und in die Walke bringen mußte. Aber wie erschrack ich, als nach ein paar Stunden der Büttel kam, und mich mit meiner Frau öffentlich am hellen Tage, vor den Augen der ganzen Stadt, ins Criminal-Gefängniß führte! Wir glaubten vor Schaam und tiefem Jammer des Todes zu

seyn; wir waren Leute von Ehre, und solchen ist so
etwas unerträglich; doch fiel mir unser Erlöser ein,
ich sagte also unterwegs zu meiner Frau: Liebes Kind!
sey getrost! jezt sind wir unserem Erlöser ähnlich, als
Er nach Golgatha geführt wurde, wir werden ihm
auch ähnlich werden in seiner Herrlichkeit. Sie faßte
das, befahl unsere Kinder zu Haus dem lieben Gott,
und gieng diesen schweren Gang freudig mit mir.

Nun folgte aber wieder ein neuer Jammer: denn
wir wurden getrennt, und jedes von uns in einen
abscheulichen Kerker geführt; hier saßen wir drei Tage,
ehe wir vor Gericht gefordert wurden; allein wie ward
uns, als man uns beschuldigte, wir hätten zehn Ehlen
von dem Tuch gestohlen? — wir vertheidigten uns so,
daß auch ein Halbvernünftiger von unserer Unschuld
überzeugt seyn mußte, aber bestochene und vor einem so
mächtigen Kaufmann furchtsame Richter sind nicht halb
vernünftig. Kurz! wir brachten drei fürchterliche Wochen theils im Gefängniß und theils vor dem Gericht
zu, und das Ende vom Lied war, daß wir auf öffent-
licher Straße ausgepeitscht und dann des Landes verwiesen wurden.

Jezt hatten wir den Kelch der Leiden bis auf die
Hefen ausgetrunken; über den ganzen Rücken blutrün-
stig, krank und elend kamen wir eine Stunde von der
Stadt an ein einsames Wirthshaus, wo wir uns zu
erquicken hofften, allein wie konnten wir das, indem
wir keinen Heller Geld und nichts von Werth bei uns
hatten? — als wir nun so im stummen Schmerz und
tauben Hinbrüten da saßen, so erschien auf einmal
mein Schwiegervater, mit unsern sämtlichen Kindern,
nebst noch ein paar guten Freunden; daß wir vollkommen unschuldig waren, darüber entstand bei ihnen nicht
der geringste Zweifel, alle hatten ihre Augen roth

geweint, und wir fiengen an ihrem Halse aufs neue
an zu weinen und zu schluchzen, ob wir gleich geglaubt
hatten, daß wir nicht mehr weinen könnten.

Mein Schwiegervater ließ uns zu essen geben,
und erzählte uns, daß Bassiere Alles, was in mei=
nem Haus wäre, auf Rechnung seiner an mich haben=
den Forderung zu sich genommen hätte, um es nächs=
stens an den Meistbietenden verkaufen zu lassen; diese
Nachricht rührte uns so wenig, als wenn sie uns gar
nicht angegangen hätte; dann gab uns der rechtschaffene
Mann so viel Zehrgeld, als er entbehren konnte, em=
pfahl uns Gott, und kehrte mit lauten Thränen wie=
der um.

Jezt sezten wir auch mit unsern Kinderchen unsern
Stab weiter, es war ein schöner Sommertag, und un=
geachtet meiner äußerst traurigen Lage, war mirs
doch so innig wohl, und so leicht ums Herz, daß ich
laut folgende Strophe sang:

Drum scheu' ich nicht des Leidens bittre Myrrhen,
   In Myrrhen liegt die beste Balsamkraft;
Dabei kann mich des Fleisches Schmerz nicht irren,
   Weil mir das Kreuz in Christo Ruhe schäfft.
    Die Liebe gieng den schmalen Steg,
Aus Liebe wähl ich mir, der Liebe Kreuzesweg.

Meine Frau sang aus lauter Kehle mit, wir faß=
ten uns an der Hand, und waren so innig froh, als
wenn wir dem Glück mitten im Schooß gesessen hätten.

Indessen mußten wir doch nun überlegen, wohin
wir uns wenden, und wo wir wiederum Broderwerb
suchen wollten, indem wir mit unserem Zehrgeld nicht
weit reisen konnten; kaum hatte ich aber angefangen,
davon zu reden, so fielen meiner Frau die Abschieds=
worte jenes furchtbaren, grau gekleideten Mannes ein:

Ihr habt beide noch eine schwere Prüfung vor euch, werdet ihr da glaubig ausharren, so werdet ihr mich wiedersehen,
und ihr sollt vor dem zukünftigen Zorn
errettet werden.

Ich glaube also, lieber Mann! setzte sie hinzu, der
Engel Gottes wird sich zur rechten Zeit bei uns einfin-
den, denn wir haben ja glaubig ausgeharret; diese Erinnerung machte uns aufs neue muthig; da aber unsere kleinen Kinder des Gehens nicht gewohnt waren,
so wurden sie müde, und wir beschlossen daher, nur
noch eine Stunde fortzuschlendern, und in einem Dorf,
das hinter dem vor uns liegenden Wald lag, zu über-
nachten.

Als wir nun in den Wald kamen, so waren die
Kinder so müde, daß sie nicht wohl mehr fort kommen konnten, wir setzten uns also am Wege auf
den Rasen nieder; kaum hatten wir eine halbe Viertelstunde geruhet, als sich uns ein langer ansehnlicher
Mann nahte: er kam des Weges her, den wir auch
gekommen waren, er hatte einen runden und niederge-
schlagenen Hut auf, und ein graues Kleid an. Meine
Frau bemerkte ihn zuerst, und mit einer Art von freu-
digem Schrecken sagte sie: Siehe dort kommt ein Mann,
der gerade so aussieht, als der Engel, der mich rettete,
gewiß weiß ichs nicht; denn ich kann ihn in der Dämmerung nicht genau erkennen; das wird sich nun zeigen,
antwortete ich, wollte Gott, er wär' es!

Und wirklich er war es, er kam gerade auf uns
zu, grüßte uns freundlich und sagte: Wie gehts Euch?
Kinder!

Ich. Gott Lob, recht gut! mit dem Kreuz gehts
nicht wie mit dem Buch in der Offenbarung Johannis,
das im Munde süß war, aber hernach Bauchgrimmen

machte, sondern es schmeckt anfänglich gallenbitter, aber der Nachgeschmack ist vortrefflich.

Er. Da hast du recht, mein Bruder! es kommt nur hier darauf an, ob der Magen gut verdaut. Hieher gehört der Spruch Pauli: Alle Züchtigung, wenn sie da ist, dünket sie uns nicht Freude, sondern Traurigkeit zu seyn, aber darnach wird sie geben eine friedsame Frucht der Gerechtigkeit, denen, die dadurch geübet sind.

Damit wir aber keine Zeit verlieren, meine Lieben! so will ich euch nun eure Bestimmung sagen, und euch anzeigen, was ihr thun sollt: wißt demnach, daß es in hiesigen Gegenden zuerst, und nach und nach auch in ganz Deutschland, bald große Veränderungen geben wird, es stehen den Abendländern trübselige Zeiten bevor; damit ihr nun für solcher Trübsal bewahrt werden möget, so will ich euch zu einem Mann schicken, der euch in Sicherheit bringen und für euren Unterhalt sorgen wird.

Nach diesen Worten setzte er sich nieder, zog dann ein Schreibzeug aus der Tasche und schrieb auf seinem Knie ein Briefchen, welches er mit einer Oblate zusiegelte, und dann eine Addresse an einen gewissen Mann in Frankfurt darauf machte, wohin ich nun reisen und dort das Briefchen abgeben sollte.

Als ich nun eben fragen wollte, wie ich nach Frankfurt kommen sollte, indem ich kein Zehrgeld hätte, so reichte er mir schon ein Röllchen holländischer Dukaten, und sagte: halte weise damit Haus, damit du würdig werdest, mehr zu empfangen: denn wenn du jetzt noch unserem HErrn untreu würdest, so würde dein Elend unübersehbar werden. Reise glücklich! — Flugs sprang der Engel auf und eilte fort.

Hab' ich dir's nicht gesagt? — rief jetzt meine

Frau mit hoher Freude; ich aber zerschmolz für lauter Dank vor Gott: denn nun waren wir gänzlich gerettet.

Diese erste Nacht blieben wir in vorhin bemerktem Dorf; hier miethete ich eine Karre, mit der ich bis nach Kölln fuhr; dort setzten wir uns in ein Schiff und fuhren den Rhein herauf bis Mainz, und von da giengen wir mit dem Marktschiff nach Frankfurt.

In Frankfurt suchte ich den Mann auf, an den mein Briefchen gerichtet war, und dieser führte mich zum Herrn Theodor, der sich in Geheim hinten in seinem Hause aufhielt; da nun der große Gottesmann schon von allen meinen Umständen unterrichtet war, so hatte er auch schon Anstalten zu meiner weiteren Beförderung gemacht; er schickte uns also nach Augsburg an einen Freund, der mir so lang Arbeit verschaffte, und uns in dem Einzigen, das Noth ist, ferner und so lang unterrichtete, bis die Gesellschaft, mit der wir nach Smyrna reisen sollten, auf ihrem Sammelplatz beisammen war; unsere fernere Reise bis daher ist dir, mein lieber und theuerster Fürst! bekannt.

Eugenius hatte die Erzählung des frommen Lüdenbecks aufmerksam angehört; als sie nun zu Ende war, so sprach er: deine Leiden waren ein hitziges Fieber, in welchem alles geschwind und regelmäßig zugeht; wenn nun nur die critische Ausleerung deiner natürlichen Verdorbenheit vollständig gewesen ist, so wirst du hier in der reinen Luft und bei der guten Nahrung gesund bleiben. Aber ich fürchte nichts so sehr, als daß mein Volk in diesem Paradies abermal seine Hand zum Baum der Erkenntniß des Guten und Bösen ausstrecken könnte: denn wir Menschen bleiben dazu geneigt, so lange wir mit dieser sterblichen Hülle bekleidet sind.

Lüdenb. Verzäune den gefährlichen Baum, theurer Fürst! so sehr du kannst.

Eug. Das bin ich auch Willens; aber wie glücklich würden wir doch seyn, wenns dieses Zäunens nicht bedürfte!

Lüdenb. Von dem gegenwärtigen Geschlecht ist wohl nichts zu befürchten, denn es besteht aus lauter bewährten Menschen; aber wohl von den Kindern und Kindskindern.

Eug. Du hast recht; gute Erziehungsanstalten sind also die Hauptsache für mich.

So wurden die wenigen Stunden vor dem Schlafengehen benuzt, und nun schlief Eugenius ruhig in Lüdenbecks Hütte.

———————

Des folgenden Morgens machte sich Eugenius mit den Seinigen früh auf; sein Herz trieb ihn, nach Hespera zu kommen, denn da fühlte er sich noch mehr zu Haus, als zu Ostenheim.

Als sie nun durch das schöne Thal hinauf zogen, und die ganze Natur um sie her mit frohem Dank ihrem Schöpfer ihr reines Morgenopfer brachte, so stimmten unsere Reisenden mit ein; der Fürst und Timotheus sangen das schöne Morgenlied: Wie lieblich winkt sie mir, die holde Morgenröthe! und wurden so tief dadurch gerührt, daß sie Thränen des Danks mit ihren Tönen vermischten.

Als der Gesang geendigt war, so fieng Timotheus an: mir ist bei Lüdenbecks Erzählung Etwas eingefallen: als ich noch ein Kind war, so las ich so gerne die Lebensgeschichten frommer Leute; ich konnte mich mit Reizens Historie der Wiedergebornen ganze Stunden lang in eine Ecke setzen, und mich am Lesen ergötzen; nun

glaub'

glaub' ich, es geht andern Leuten auch so; dann hab' ich auch erfahren, daß nichts so sehr erbaut, als wenn man solche Geschichten liest; wenn nun unsre Geistlichen sich die Lebensgeschichten ihrer Gemeindsglieder erzählen ließen, und dann die vornehmsten aufschrieben, so würde das Bücher geben, an denen man sich nicht satt lesen könnte, und sie würden viele Erbauung stiften.

Eug. Möchtest du wohl gerne sehen, daß dein Lebenslauf von Jedermann gelesen würde?

Tim. Das ist ein Umstand, liebster Fürst! den ich nicht bedacht habe.

Eug. Der rechtschaffene Christ, der mit Weisheit wirkt, sucht zwar nicht geflissentlich alle seine edle Handlungen zu verstecken; aber er wirkt doch lieber im Verborgenen, theils aus Demuth, theils auch deswegen, weil ihm dann Alles besser gelingt; wenn nun sein Lebenslauf öffentlich bekannt gemacht würde, so könnte ihm das mancherlei Leiden zuziehen.

Tim. Aber doch sind die Lebensgeschichten sehr erbaulich und nützlich zu lesen; könnte man sie denn nicht nach dem Tode herausgeben?

Eug. Allerdings! und ich danke dir, daß du mich auf den Gedanken geleitet hast! Ich will eine Verordnung ergehen lassen, daß jeder Geistliche den Lebenslauf jedes merkwürdigen Menschen seiner Gemeinde nach und nach aufschreiben, diese Schrift alsdann versiegelt ins Archiv seiner Kirche niederlegen, und sie nach dem Tod des Lebensläufers herausgeben soll.

Tim. Da werden manchmal wunderbare Sachen herauskommen — Geheiligt werde dein Name! — diese Bitte schwebt immer vor meiner Seele, wenn ich die wunderbaren Wege Gottes bedenke, die er die Seinigen gehen läßt.

Unter solchen Gesprächen erreichten endlich die Beiden einen Hügel, von welchem sie das Land Hespera größtentheils übersehen könnten; Timotheus ward tief gerührt bei diesem Anblick; Ey, mein Gott! — rief er laut: welch' ein Paradies!

Eug. Unser Solyma kann eben so zum Paradies werden, wenn wir alle das Unsrige thun.

Tim. Ich will dir nicht widersprechen, theuerster Fürst! aber mir dünkt doch, daß auch das allervollkommenste Volk Berg und Thal nicht ausebenen, und der Natur gebieten könne; — Solyma ist ein herrliches Land, aber ich zweifle doch, daß es je so schön werden kann wie dieses.

Eug. Jetzt hast du nicht hinlänglich überlegt, was du sagen wolltest. Wenn ein Fürst keinen andern Zweck hat, als Glück und Wohlstand jedes seiner Unterthanen — wenn all sein Dichten und Trachten dahin geht, sie Alle vor dem Luxus zu bewahren, und sie auf den Weg ihrer wahren Bestimmung, auf den Pfad der Heiligung zu leiten, und wenn ihm nun jeder seiner Unterthanen folgt, werden sie dann nicht Alle glücklich und wohlhabend werden?

Tim. Das ist gewiß! — daraus muß ein Himmel auf Erden entstehen.

Eug. Wenn der Landmann glücklich, wohlhabend, fromm und über seinen Beruf hinlänglich aufgeklärt wird, welches leztere der Regent auch nicht vernachläßigen darf, so verschönert er sein Plätzchen auf Gottes Erdboden, ohne daß er den Zweck der Schönheit im Auge hat: denn sage mir, lieber Freund! was ist gefälliger und reizender fürs Auge, als ein fruchtbares Landgut, wo die friedliche reinliche Wohnung, halb gesehen, zwischen blühenden oder Frucht tragenden Obstbäumen hervor guckt; wo Aecker, Wiesen und Gärten mit dem lebhaftesten Grün prangen, oder die Saaten im lauen

Winde wie eine See einher wallen? — wenn du das
Ganze der Schönheit, die wir hier vor Augen haben,
in seine Theile zergliederst, so findest du nichts anders
als die Frucht des Fleißes, freier, und im Wohlstand
lebender Landleute; die Ebene machts nicht aus, im
Gegentheil ist ein gebirgichtes, aber wohl cultivirtes
Land in seiner Mannigfaltigkeit schöner als ein ebenes.

Tim. Ach! wenn doch die Regenten wüßten, was
sie können! — und was es ihnen für eine Freude gewähren würde, wenn sie thäten, was sie können?

Eug. Ja wohl; indessen will ich thun, was Andere unterlassen, damit ich zu seiner Zeit nicht verur-
theilet werden möge, indem ich über Andere urtheile.

Allmählig kamen sie nun in die Ebene hinab;
Timotheus konnte sich über den Wohlstand dieser glücklichen Gefilde nicht genug freuen, und der Fürst sahe
jeden Augenblick etwas Lehrreiches, das er nachzuahmen
beschloß; auch nahm er sich vor, so oft als es sein Amt
erlaubte, hieher zu reisen um zu lernen.

Wohl dem, der überall lernen mag! — wer nicht
lernen mag, der kann auch nicht lehren; wer lehrt,
ohne gelernt zu haben, der lehrt Andere seine Unwissenheit, er verkauft Spreuer für Korn, und wehe ihm,
wenn der HErr kommt, seine Tenne zu fegen!

Man kann im wildesten Felsenthal, wo kein Blüm-
chen keimt, oder auch in der Wüsten, wo man nichts
als Himmel und Sand sieht, Vieles, sehr Vieles lernen.
Wenn du die Sprache der Natur lesen kannst, so wirst
du ihr großes Buch inwendig und auswendig, mit eitel
wichtigen Wahrheiten, für dich beschrieben finden.

Die Natur ist der erste Band der Offenbarung Gottes an die Menschen, und die Bibel der zweite; aber
eben in diesem zweiten findet man erst die Buchstaben-
Kunde und Grammatik für den ersten. Salomo soll

4 *

die Sprache der Ceder auf dem Libanon, so wie
des Isops, der an der Wand wächst, verstanden haben; er hatte aber auch um Weisheit, und nicht um
Ehre, Sieg und Reichthum gebeten. Trachtet am
Ersten nach dem Reich Gottes und nach seiner
Gerechtigkeit, so wird euch das Andere alles zufallen! Salomo betete nur um Weisheit,
und siehe! er erhielt aller Welt Güter zur Zugabe; aber
eben diese Zugabe ward ihm hernach zum Fallstrick.

Der Luxus tödtet, aber der sparsame Genuß macht
lebendig. Salomo fand am Ende, daß Alles eitel
ist unter der Sonne; wohl ihm, daß er das fand! —
aber selig und heilig ist der, der es schon weiß, ehe
er es aus Erfahrung lernt! — in diesem Fall ist die
Erfahrung nicht der beste Lehrmeister.

Eugenius war ein Salomo im ersten Theil
seiner Lebensgeschichte, aber Gott Lob und Dank nicht
im zweiten!

Freund Gajus empfieng den Fürsten und seinen
treuen Timotheus sehr freundlich; Eugenius kam
wie in sein Eigenthum, aber doch fühlte er, daß er
da nicht zu Haus war; nur der quietistische Mystiker
will immer anschauen, aber nicht wirken. Kaum war
er wieder auf dem Zimmer, wo ihm ehmals bang war
vor den Dingen, die da kommen sollen, jetzt aber Friede
und Freude im heiligen Geist erwartete, so lief Timotheus von einem Fenster ans andere, er konnte sich
nicht satt sehen; auch ihm fiel bald die Wunder = Pyramide auf jenem Berge ins Auge, und des Fragens
war kein Ende. Herr! hier ist gut seyn! rief er
einmal um das andere.

Eugenius beantwortete ihm jede Frage kurz, so

daß der gute junge Mann endlich verlegen war, indem er nicht begreifen konnte, womit er das ernste und kurze Abfertigen verdiene. Theurer Fürst! fieng er daher an, ich merke, daß ich irgendwo fehle.

Eug. Der Genuß der Schönheit berauscht dich, mein Freund! und das ist gefährlich; ich fühle, daß deine Seele hier ermatten wird, wenn du dich nicht sehr in Acht nimmst.

Timoth. Du sagst mir da Etwas, das mir zu hoch ist, und das ich nicht fassen kann.

Eug. Nun so will ichs dir erklären: wenn wir das Vergnügen, sey es auch das reinste und geistigste, sey es auch gar das Anschauen des höchsten Guts, von ganzer Seele und so genießen, daß es über die Gränzen des Empfindungs = Organs auch in den Willen übergeht, so wird es Zweck unseres Wirkens, und wir werden Lohn = und Miethknechte, ohne es zu wollen.

Timoth. Ich sehe wohl ein, daß du Wahrheit sagst, aber mein Gott! was wird dazu erfordert, um nicht um des Seligwerdens willen fromm zu seyn?

Eug. Erinnere dich dabei, mein Freund! der Worte Pauli: nicht daß ichs schon ergriffen habe, oder schon vollkommen sey, ich jage ihm aber nach — der Trieb zum Genuß des Vergnügens ist unserer Seele wesentlich, aber doch dem Trieb zur Vollkommenheit oder zur Heiligung untergeordnet; wir sollen nicht heilig werden, um zu genießen, sondern weil es unbedingte, in unserer Natur gegründete Pflicht ist; der Genuß ist ein Gnadengeschenk Gottes; jede Seligkeit ist blos Stärkungsmittel zum mächtigeren, immer wachsenden Bewirken unserer Heiligung; dieses ist blos Zweck unseres Daseyns.

Tim. Das ist eine sehr schwere Lection! — wie mach ich's, um sie zu lernen?

Eug. Das will ich dir sagen: Suche nie irgend ein Vergnügen zu genießen, außer wenn es dir zur Stärkung und Erholung nöthig ist, und dann bediene dich seiner, wie sich der Vernünftige der Speise und des Tranks bedient, nicht um des Wohlgeschmacks, sondern um des Ernährens willen, und entziehe dich dann dem Genuß, wenn er dir noch angenehm ist: denn so bald du das Vergnügen zum Zweck machst, so bekommst du ein falsches Heimweh, so bald der Genuß vorbei ist; du fühlst dann eine Leere, einen Mangel, der dich zum Wirken edler Handlungen träge und verdrossen macht, und du haschest wieder nach Freude, folglich wirst du unvermerkt immer sinnlicher und endlich ungeschickt zum Reich Gottes.

Tim. Aber wie schwer und freudenleer wird dann das Leben, und woher nehm' ich Kraft zur Heiligung?

Eug. Du sollst und darfst die Vergnügen, die dir an die Hand gegeben werden, genießen, du mußt sie nur nicht zum Zweck machen; und dann muß ich dich noch auf etwas aufmerksam machen, das du zwar weißt, aber dir noch nicht anschaulich genug ist: Wenn du etwas Gutes bewirkt hast, dir eine edle Handlung gelungen ist, so fühlst du immer einen tiefen Frieden in deiner Seele, eine so angenehme Beruhigung, die alle andere Vergnügen übertrifft; an diesen Genuß gewöhne dein Empfindungs = Organ, so hast du immer die Quelle der erhabensten Seligkeit in dir, und je mehr du dann Gutes wirkest, desto glückseliger wirst du werden.

Tim. Das ist wahr! — und ich sehe ein, daß ich bisher nicht aufmerksam genug darauf war; aber verzeihe mir, daß ich dir hier einen Einwurf mache: Wenn ich nun meine Aufmerksamkeit auf das Vergnügen richte, das ich nach der Erfüllung einer Pflicht ge=

nieße, so ist mir bange, ich möchte es ebenfalls wieder
zum Zweck machen; und das wäre ja auch nicht recht.

Eug. Freund! den Einwurf hab ich von dir nicht
erwartet; aber er ist wahr, und ich muß dir gründlich
darauf antworten: der Christ steigt von einer Stufe
zur andern: wenn der Mensch zuerst seinen Sinn än-
dert, so muß die Verläugnung des äußern groben sinnlichen Uebergenusses seine größte Pflicht seyn; wenn er
nun darin treu ist, und beharrt, so gewährt ihm sein
himmlischer Führer an deren Stelle höhere sittliche
Vergnügen, innere Erquickungen, Lust und Freude an
sittlichen Schönheiten und dergleichen; macht er
nun diese zum Zweck, wie gar leicht geschieht, so bleibt
er nicht nur nicht stehen, sondern er geräth in den geistlichen Stolz, in einen feinen geistlichen Pharisäismus,
der noch weit schlimmer ist, als die rohe Sinnlichkeit;
wenn er aber nun das hohe geistige Vergnügen der
Pflichterfüllung jenen Gnadengaben vorzieht, so steigt
er wieder eine beträchtliche Stufe Gott näher, und er
wächst mit Macht in der Heiligung, jetzt muß er aber
nun auch seinen Blick allmählig von diesem hohen
Gottesfrieden abwenden, und zwar so, daß er nicht
die Handlungen ausübt, die ihm nach seiner Meinung
das größte Vergnügen gewähren, sondern die im Reich
Gottes am gemeinnützigsten sind; dieser Kampf mit
dem Glückseligkeits = Trieb ist unter allen der schwerste,
erhabenste und anhaltendste. Wenn man aber auch darin treu ist, wenn man seinen Geist einmal daran gewöhnt hat, daß er ohne Unruhe und Widerstreben
immer das Gemeinnützigste wählt, ohne auf das innere
hohe und geistige Vergnügen Rücksicht zu nehmen, so
ist man erst reines Herzens, und man genießt alsdann im geistigen Anschauen des höchsten Wesens eine
unaussprechliche Fülle, ohne daß sie der Wille sucht, —

und eben diese Willenlosheit ists, wornach wir ewig ringen müßen.

Tim. Wie schön und wie wahr ist das! — und dazu gab ich durch meine ausgelassene Freude Anlaß — aber doch begreif ich noch nicht, wie dieser an sich so geringe Umstand dich zu einer so hohen Betrachtung stimmen konnte.

Eug. Begreifst du das nicht? — wenn ich dich an dich selbst überlaßen hätte, so würdest du dich ins Land Yespera verliebt und nach unserer Rückreise in Solyma ein bitteres Heimweh empfunden haben, das dir in deinen Geschäften sehr nachtheilig gewesen seyn würde; Solyma wäre dir zur Einöde geworden und die unaussprechliche Gnade Gottes, daß Er uns errettet und dieses Land des Segens geschenkt hat, hätteft du verachtet, und dich also bis zum strafbaren Verächter seiner so überschwenglichen, ganz unverdienten Güte herabgewürdigt. Jetzt aber hoffe ich, du werdest das Vergnügen der Pflichterfüllung dem hiesigen Genuß vorziehen, und also das Deinige dazu beitragen, unser herrliches Land dem hiesigen immer ähnlicher zu machen.

Tim. Tausend Dank! edler, lieber Fürst! für diese Belehrung, sie ist mir mehr werth, als alles, was ich bisher von dir gelernt habe, und du sollst sehen, daß dieser Saame keimen und Früchte tragen wird zum ewigen Leben.

———

Einige Minuten nach dieser Unterredung trat ein wunderschöner Jüngling ins Zimmer, der Präsident sandte ihn auf die Anmeldung des Gajus, daß Fürst Eugenius gekommen wäre; das Erhabene dieses männlichen Wesens stimmte den Fürsten zur Ehrfurcht und den Timotheus zum Staunen.

Lieber Fürst! sagte der Jüngling mit bescheidenem frohen Lächeln, ich werde nun deine Ankunft Seiner orientalischen Hoheit, dem Paracleten melden, und morgen wirst du zu ihm reisen: bereite dich auf diesen hohen Besuch durch Abgeschiedenheit von Allem, was deine Seele beschäftigt, und sammle deine Aufmerksamkeit, damit du kein Wort verlieren mögest.

Eugenius neigte sich tief, und antwortete: ich werde Alles thun, was du mir gesagt hast; aber muß ich allein kommen, oder darf ich diesen Freund mitnehmen?

Er. Du mußt allein kommen.

Eug. Wer wird mir den Weg zeigen?

Er. Siehst du den schmalen und geraden Fußsteig, der dort gegen Osten zu läuft?

Eug. Ja, ich sehe ihn!

Er. Diesem folgst du, und weichst weder zur Rechten noch zur Linken; wenn du nun endlich an ein Thor kommst, so wird man dich fragen, wer du seyst? und auf deine Antwort wird man dich einlassen, dann wird sich das Weitere von selbst finden. Ziehe aber nur ein einfaches Kleid an, und mache den Weg zu Fuß; Reinlichkeit und Einfachheit ist die wahre Hofuniform bei uns.

Eug. Darf ich wohl den Präsidenten oder sonst Jemand besuchen?

Er. Nein! wenn der Paraclete Jemanden zur Audienz läßt, so ist es gebräuchlich, daß man weder vorher noch nachher Jemand anders spricht, sondern man verfügt sich still und ruhig auf seinen Posten; am wenigsten aber darf man sich einer solchen Gnade rühmen; je verschwiegener man ist, desto öfter kann man sich dieses höchsten Glücks, das man auf Erden nur erwarten kann, freuen.

Nach diesen Worten eilte der Jüngling wieder fort, und ließ den Fürsten mit seinem Timotheus allein.

Eugenius dachte dem Auftrag des Jünglings nach, und erstaunte über die sittliche Genauigkeit des Paracleten: denn er konnte sich die Ursachen, aus denen die Regeln, die ihm vorgeschrieben worden, herflossen, sehr gut erklären: er empfahl also seinen Timotheus dem Gajus, schloß sich dann in sein Cabinet ein, und beschäftigte sich mit keinen andern Betrachtungen, als solchen, die auf seine morgende Audienz Bezug hatten. Er speiste auch des Mittags und des Abends ganz allein auf seinem Zimmer, und zwar sehr mäßig, um des andern Tages desto heiterer zu seyn.

Des andern Morgens früh zog er sich sehr einfach aber sauber an, nahm dann einen Stab in die Hand, und begab sich auf den vorhin gedachten Fußpfad, der zur Wohnung des Paracleten führte. Seine Reise betrug sechs Stunden, und er trat sie etwa eine halbe Stunde vor Sonnenaufgang an.

Die Seelenstimmung, in der er sich befand, war eine sanfte zufriedene Ruhe und Ergebenheit; wie eine eben aufgeblühte Rose, die von keinem Lüftchen bewegt wird, den ersten Strahl der aufgehenden Sonne empfängt, so empfieng er den Eindruck des Ganzen, der auf ihn wirkenden friedlichen Natur dieser Gegend. Seine Empfindung war blos leidend, nicht wirkend; so wanderte er schleunig in der Morgenkühlung fort. Dieser Weg war einsam, er führte zu keinem bewohnten Ort, aber in der Nähe von vielen vorbei, übrigens war dieser Fußpfad einer der anmuthigsten und schönsten, die je ein menschlicher Fuß betreten hat; Blumen und Kräuter von unzählbaren Gattungen und Arten säumten ihn auf beiden Seiten, und ließen in

der Mitte so vielen Raum zwischen sich, daß ihr Thau
seinen Fuß nicht benetzen konnte.

Eugenius fühlte sich selig auf diesem Wege: ent-
lastet von allen Berufsgeschäften, einsam in sich ge-
kehrt und froh in der nahen großen Erwartung, verdoppelte er seine Schritte, ohne daß er eilen wollte,
und die feierliche Stille, die um ihn her thronte, stimmte seine Seele zur hohen Feier.

Nachdem er etwa vier Stunden zurückgelegt hatte,
so sah er eine halbe Stunde vor sich hin einen Wald,
und vor dem Wald her eine hohe Mauer, die in der
Mitte ein großes prächtiges Thor hatte, auf welches
sein Weg gerade zuführte. Der Wald war eine
Strecke hin eben, dann ward er hügelicht, und erhob sich
immer mehr, bis er sich endlich hoch oben an den Gipfeln des fernen östlichen Gebirges verlor. Der Fürst
schritt schneller und war bald an der Pforte.

So wie er sich dem Thor näherte, erschien über
demselben auf einem Balcon ein sehr vornehmer Mann,
der sich freundlich gegen ihn bückte, ihn grüßte, und
dann höflich nach seinem Namen fragte; Eugenius
sagte ihm seinen Namen, und bald darauf öffnete sich
das Thor von selbst, und schloß sich auch hinter ihm
wieder zu.

Jetzt befand sich nun unser Wanderer im dunklen
Wald, kaum konnte ein Sonnenstrahl durchbrechen,
und ihm wehte von allen Seiten eine sanfte Kühlung
entgegen. Der ganze Hain ertönte von lieblichem Vö-
gelgezwitscher, aber außerdem sahe er weder Thiere noch
Menschen. Immer gieng noch sein Weg einsam und gerade fort gegen Osten, und er verfolgte ihn, ohne sich
bei irgend einem Gegenstand nur im Geringsten aufzuhalten.

Endlich, nachdem er vom Thor an etwa anderthalb

Stunden zurückgelegt hatte, bemerkte er im Dunkel des Waldes vor sich hin eine Auslichtung, die immer heller ward, je mehr er sich ihr näherte; zugleich begann auch sein Weg aufwärts zu gehen; als er nun dahin kam, so fand er eine ziemlich weite Ebene, die rund umher mit himmelhohen Bäumen umgeben war. Auf dieser Ebene, welche über und über ein lebhaft grüner Rasen bedeckte, standen allenthalben die schönsten Gruppen blühender Sträuche und Pflanzen in bezaubernder Unordnung durcheinander; hier hatte die Kunst Nichts, die Natur aber Alles gethan. Unsern Wanderer drückte auch hier keine Hitze, sondern Kühlung wehte vom Gebirge her durch seine Locken. Hier stand er denn doch ein paar Minuten, um sich an diesem paradiesischen Anblick zu ergötzen.

Als er aber nun seinen Stab weiter setzen wollte, so bemerkte er erst, daß hier der Weg aufhörte; dies machte ihn etwas verlegen, doch besann er sich bald, und beschloß, gerade über die Ebene hinzugehen, in der Hoffnung, auf der andern Seite den Fußpfad wieder zu finden.

Nicht wahr! lieber Leser! hier hättest du wohl ein klein wenig botanisirt, und den Wohlgeruch und die Schönheit dieser lieblichen Einöde genossen? —

Ich meines Orts hätte es aber nicht gethan, und Fürst Eugenius that es auch nicht, sondern er gieng schnurgerad durch alle die Schönheiten hindurch, und dachte an nichts, als an seinen Zweck. Er war aber auch nicht an dem gegenüberstehenden Wald angelangt, als ihm von der Seite her ein sehr ansehnlicher Mann entgegenwandelte, der ihn mit freundlich ernstem Blick grüßte, und ihn bei seinem Namen nannte; der Fürst grüßte ihn wieder, und bat ihn, ihm doch den Weg zur Wohnung des Paracleten zu zeigen.

Er. Hat dich keine Lust angewandelt, hier etwas auszuruhen, und von den Früchten der Pflanzen in diesem Garten zu genießen?

Eug. Nein! meine ganze Seele ist erfüllt von dem Zweck meiner Reise. Der Mann lächelte freundlich und versetzte: nun komm in diese Laube, und erquicke dich ein wenig, dann sollst du weiter gehn.

Eug. Halte mich nicht auf, mein Freund! ich bedarf keiner Erquickung.

Er. Hier hast du keine Versuchung zu befürchten, nachdem kein Versucher in dir selbst ist; komm in meine Laube, und genieße meiner Früchte! das ist bald geschehen, und dann setzest du deinen Stab weiter!

Eug. Ich danke dir in allem Ernst für jeden Genuß, jetzt bedarf ich sein nicht, zeige mir nur den Weg.

Der Mann wunderte sich aus der Maßen, und antwortete: du hast deine Prüfungen vortrefflich benutzt, indessen ist es der Wille des Allerheiligsten, daß hier den Kommenden Erfrischungen gegeben werden sollen; wer sie genießt, der sündigt nicht, und wer sie nicht genießt, der sündigt auch nicht, doch wird Ihm deine Genauigkeit sehr angenehm seyn. Komm, ich will dich an Ort und Stelle bringen.

Hier gab es aber nun keinen Weg mehr, sondern der Mann führte den Fürsten zwischen den Bäumen des dunkeln Waldes immer gerad gegen Osten hin.

Eug. Sage mir, mein Freund! wie heißest du?

Er. Ich heiße Eljoenai, und mein Geschäft ist, die Eingeladenen zur Audienz zu führen.

Eug. Hat denn der Allerheiligste hier keinen Pallast, keine königliche Wohnung? — Ich sehe nicht das Geringste von Kunst, sondern nur edle und einfache Natur.

Er. Giebts eine schönere, erhabenere, seiner Würde angemessenere Wohnung?

Eug. Du hast recht! wir Erdensöhne haben den wahren Geschmack verloren. Gott wohnet auch nicht in Tempeln, die mit Händen gemacht sind.

Er. Du wirst aber doch finden, daß sich der Paraclete nach den Sitten des Landes bequemt, er hat allerdings einen Pallast, der sich mit der Zeit deinem Auge enthüllen wird.

Eug. Aber sage mir, mein Bruder! wie kommt es, daß kein betretener Weg zu diesem Heiligthum führt?

Er. Die Ursache ist sehr begreiflich, weil äußerst selten Einer der Gnade gewürdigt wird, dem Allerheiligsten in seinem Cabinet aufzuwarten.

Eugenius beugte sich tief im Geist vor seinem Gott, und dankte Ihm für diese hohe Gnade.

Während dem langsamen Fortwandeln wurden nun der Bäume immer weniger, der Wald wurde lichter, und der Boden glich allenthalben einem hellgrünen Sammet; herzstärkende Wohlgerüche dufteten den Kommenden entgegen; und aus der lichteren Ferne begegneten die lebhaftesten Blüthen-Farben ihren Blicken.

Endlich kamen sie aus dem Walde wieder auf eine Ebene, die wie die vorige voller Gruppen vom prächtigsten Gesträuche stand, an welchen Blüthen und Früchte mit einander abwechselten.

Hier fiel nun alsofort rechter Hand gegen Süden der Pallast des Paracleten ins Auge; er stand auf einem schönen, mit eben solchen Gruppen von blühenden Gebüschen bepflanzten Hügel, und war ganz im erhabensten und einfachsten orientalischen Geschmack gebaut. Eugenius prägte seiner Einbildungskraft die

Bauart recht ein, um zu Ostenheim auch seine Wohnung dieser ähnlich aufführen zu können.

Das Ganze war ein großes Oval mit einer Kuppel,
die mit Gold gedeckt zu seyn schien, und im Sonnenlicht einen blendenden Glanz von sich strahlte; der Stein,
aus dem das Gebäude bestand, sahe schön himmelblau
aus, und Säulen vom schönsten und richtigsten Eben-
maaß trugen rund umher das Dach, und oben andere
kleinere die Kuppel, aber Fenster bemerkte man nirgends.

Indem nun beide ihre Schritte gegen den Pallast hinrichteten, so erschienen zwei engelschöne Jungfrauen, die ihnen entgegen wandelten; sie waren vom
Haupt bis zu Fuß in ein weites Gewand von weißer
Seide gekleidet, das mit einem himmelblauen Band
umgürtet war, und ihre blonden Locken wallten über
den Nacken und über die Schultern hinab.

Wer sind diese Fürstinnen? fragte Eugenius seinen Begleiter.

Er. Das sind die beiden Töchter des Paracleten;
die älteste zur Rechten heißt Sulamith und die jüngere Philanthropine.

Lächelnd nahten sich beide Fürstinnen dem Eug-
nius, sie bewillkommten ihn mit freundschaftlichen
Umarmungen, und nannten ihn Bruder! — dann
nahmen sie ihn zwischen sich, und führten ihn weiter,
Elsoenai aber blieb nun zurück.

Unaussprechliche Empfindungen durchströmten jetzt
das Herz des guten Fürsten, und er empfand den
Vorgeschmack des Himmels in seiner ganzen Fülle.
Die Ruhe, der Frieden, das so ganz Geräuschlose
dieser feierlichen Einöde war dazu gemacht, den Geist
über alles Irdische zu erheben, und ihn zu hohen
Betrachtungen zu stimmen. Hier sprach die Natur nicht

im epischen, sondern im Odenstyl, es war als hörte man Selims Harfen-Gesäusel von Ferne her wehen; selbst die Sonne blitzte hier nicht Ermattung in das Reich der Pflanzen, sondern sie strahlte Kraft und Leben ins Veilchen wie in die Zeder, sie machte nicht lechzen, sondern nur nectardurstig.

Was macht denn unsere Schwester Urania? fragte Philanthropine mit sanfter melodischer Stimme.

Eug. Sie wirkt Gutes, so viel in ihren Kräften steht.

Sulamith. Wir freuen uns, sie bald einmal zu sehen: denn wir sind Willens, dich zu besuchen, so bald du eingerichtet und in Ruhe bist.

Eug. Dieser Besuch wird uns unaussprechlich angenehm und eine desto größere Ehre seyn, weil ihrer so wenig Fürsten gewürdigt werden.

Philant. Das ist aber doch nicht unsere, sondern der Fürsten eigene Schuld: denn die Mehresten verlangen unseren Besuch nicht, und wir mögen uns auch Niemand aufdringen.

Eug. Desto willkommener werdet Ihr bei uns seyn, liebe Schwestern!

Sulam. Davon sind wir überzeugt, deswegen kommen wir auch gern; du glaubst aber auch nicht, wie werth du uns bist. Denn wir wissen deine Geschichte von deiner Geburt an bis daher.

Eug. Alles, was etwas Gutes an mir ist, das gehört nicht mein, sondern denen zu, die mich führten, aber alles Mangelhafte und alle Gebrechen, die mir bis auf diesen Augenblick anhangen, die gehören mir eigen.

Philant. Du redest unsre Sprache so rein und so fließend, als wenn du unter uns erzogen wärest, dieser Umstand nähert uns einander noch mehr.

Eug.

Eug. Es war doch wohl nichts anständiger, als
daß ich mich in der Sprache des Monarchen übte, dessen
Diener ich bin; aber seyd so gütig, liebe Schwestern!
und sagt mir treulich, wo ich in der Aussprache fehle;
es kommt mir so vor, als wenn ich affectirte.

Sulam. Wenn du mit uns sprichst, so affectirst
du wenigstens nicht, gewöhnlich geschieht das aber,
wenn man zu Jemand redet, der nicht zu unsern Unterthanen gehört; aber du scheinst mir nicht mit deiner
Landsmannschaft zu prahlen.

Unter diesen Reden gelangten sie an die Pforte
des Pallasts, allwo die Fürstinnen nun den Eugenius hineinführten.

Das Innere dieser Wohnung des Statthalters Seiner orientalischen Majestät hatte von dem Allen nichts,
womit sonst königliche Residenzen ausgeschmückt sind;
aber der Styl des Ganzen gieng in Ansehung des Erhabenen über alle Beschreibung; vom Eingang an waren
rechts und links Gemächer, aber in der Tiefe geradaus,
mitten unter der Kuppel, befand sich das Cabinet Dessen, vor dem alle Erdenkönige nur gemeine Menschen
sind.

Vor der goldnen Thür dieses Eingangs zum Aller-
heiligsten verließen den Eugenius auch die beiden
Schwestern, doch öffneten sie erst leise diese goldene
Thür, und hießen ihn dahin eintreten.

Der Fürst war der Ohnmacht nahe, doch erman-
nete er sich, und gieng hinein; alsbald fiel er zur Erde nieder, und sprach: Ich danke dir Allerheiligster!
daß du mich des Zutritts zu dir gewürdigt hast!

In dem Augenblick empfand er, daß ihn Jemand
aufrichtete; er erkühnte sich, diesen Jemand anzuschauen,
und sahe einen unaussprechlich schönen und majestätischen Mann vor sich stehen, sonst aber Niemand —

dieser war der Paraclete; auch Er war sehr einfach in weiße Seide gekleidet, und auf seiner Brust strahlte das große Ordenskreuz von Gold und kostbaren orientalischen Rubinen.

Man macht sonst gewöhnlich die Bemerkung, daß man großen Herren den Charakter der Größe in ihrem Angesicht und Betragen ansieht; allein sehr oft ist das Täuschung, die aus dem Glanz, der sie umgiebt, entsteht. Hier aber bedurfte es keines Glanzes. Die Person des Allerheiligsten war so übermenschlich characterisirt, daß Eugenius seiner Fürstenwürde ganz vergaß: denn die verschwand hier wie ein Tropfen im Ocean; — aber seine Menschenwürde fühlte er: weil der Hochwürdige, der vor ihm stand, das höchste Ideal der menschlichen Form, der übermenschlichste Mensch war.

Nun redete ihn der Paraclete mit der freundlichsten und herablassendsten Miene an, und sprach:

Ich bin zufrieden mit dir, mein Sohn! mein Wohlgefallen wird dich ewig begleiten, wenn du so fortfährst; komm, setz dich zu mir!

Der Paraclete setzte sich auf einen goldenen Sessel, und Eugenius auf einen gegenüberstehenden Stuhl; dann antwortete er:

Ich bin vom Schauer der Ehrfurcht, und von Wonnegefühl über die unaussprechliche Gnade, die mir jetzt wiederfährt, so erfüllt, daß ich nicht reden kann; — habe Geduld mit mir, Allerheiligster! bis ich mich erholt habe.

Der Paracl. Du wirst hier vor meinem Angesicht bald Kräfte sammlen, ruhe ein wenig aus, dann wollen wir ferner zusammen reden.

Das Zimmer, in welchem sich Eugenius jetzt befand, war so wie der ganze Pallast länglich rund, und die Wand umher schneeweiß, wie von hellpolirtem parischen Marmor; sonst aber fand sich weder Verzierung noch irgend eine Malerei, und von oben herab strahlte ein wunderschönes siebenfarbiges Licht auf den Thron herab.

Nach und nach war dem Fürsten wohl, und er blickte mit bescheidenem Lächeln um sich her.

Der Paracl. Freue dich, mein Sohn! deiner überstandenen Prüfung, und sey nun treu in deinem Amt, so wirst du dereinst Theil haben an der Regierung des Reichs Gottes.

Eug. Daß ich in aller meiner Schwachheit meine Prüfungen überstanden habe, das hab ich allein der göttlichen Gnade, die überschwenglich mitwirkte, zu verdanken, und die Treue in meinem Beruf wird davon abhangen, wenn du, Allerheiligster! mich mit deinen Augen leitest. Ich werde nichts thun ohne dich, und mich ganz und unbedingt von dir führen lassen.

Der Paracl. Wende dich in allen deinen Angelegenheiten gerade zu an mich; an Rath und Beistand soll es dir nie fehlen, und so oft es deine Geschäfte erlauben, komme hieher zu mir! hier weht vaterländische Luft, in der du dich stärken und erquicken, und mich so oft sprechen kannst, als du willst.

Eug. Ich erkenne diese höchste Gnade mit dem innigsten Gefühl der Dankbarkeit; verzeihe mir nur, daß ich nicht Worte genug finden kann, mich nach Würden auszudrücken!

Der Paracl. Dies Gefühl, und die Erfüllung deiner Pflichten, ist der würdigste Dank, den du mir bringen kannst. Die Hauptsache aber, warum ich dich hieher habe kommen lassen, betrifft die Einigkeit des Geistes, und den Fortschritt deines Volkes in der Heiligung.

Die ganze Heerde, die dir zur Führung anvertraut ist, besteht aus 100,000 Familien, in welchen zwar die Hausväter und Hausmütter, nebst den mehrsten ihrer Hausgenossen, theils mehr, theils weniger dem Grade nach in der Heiligung fortgerückt sind; allein, da man sie aus so vielen Nationen, Gemeinden und Religionsparteien gesammelt hat, so ist die Verschiedenheit ihrer Meinungen und Gesinnungen so groß, daß sich doch kein übereinstimmendes Ganzes, kein allgemeines einmüthiges Wirken zum Besten deines Staats und des Reichs Gottes denken läßt, bis die Einigkeit des Geistes, so sehr als in diesem Erdenleben möglich ist, bewerkstelligt wird.

Dann giebt es aber auch noch eine Menge blos gutwilliger Seelen, die von jedem Wind der Lehre können hingerissen und verführt werden, und endlich werden ja täglich Kinder gebören, die ebenfalls zu wahren Christen erzogen werden müßen, wenn es in Solyma nicht eben so gehen soll, wie in allen Provinzen der Christenheit; jene und diese, und überhaupt dein ganzes Volk muß also mit einem unüberwindlichen Geist der Heiligung beseelt und durchdrungen werden, wenn anders dem Rathschluß Gottes gemäß dein Volk den Grund zum künftigen Reich Christi auf Erden legen soll.

Eug. Ehrwürdigster! du hast recht, lehre mich nur, was ich thun muß, um dies große Werk zu Stande zu bringen!

Der Paracl. Sey aufmerksam! ich will dich unterrichten:

In den Augen Gottes machen alle Glieder seines Reichs ein harmonisches Ganzes, eine moralische Person aus; jedes Glied ist ein Organ dieses Körpers, das seiner Anlage und seinem Charakter gemäß gerade an dem Ort, wohin es die Vorsehung stellt, wirken muß. So wie aber alle Organe eines Körpers, durch die Lebensgeister, die sie vermittelst der Nerven aus dem Haupt empfangen, belebt und wirksam gemacht werden müssen, so muß auch diese große moralische Person alle ihre Kräfte aus ihrem Haupt, das ist aus Gott, erhalten.

Zu einem solchen Meisterstück des Schöpfers, zu einem solchen geistlichen Staatskörper war auch die Menschheit bestimmt; allein ihr Stammvater hemmte diesen Einfluß der göttlichen Kraft durch seinen lüsternen Eigenwillen, und dieser Geist pflanzte sich auf alle seine Nachkommen fort. Wenn nun jedes einzelne Glied einer bürgerlichen Gesellschaft, losgerissen von seinem Oberhaupt, blos nach seinen individuellen Neigungen handelt, so entsteht die nämliche Zerrüttung in einer moralischen Person, die in einem physischen Körper entsteht, in welchem kein Glied mehr von den Lebensgeistern aus dem Haupt bewirkt wird; jedes Organ gährt da in sich selbst, je nach der physischen Kraft seiner Organisation, folglich hört alles Zusammenwirken zum allgemeinen Zweck auf, und der ganze Körper geht endlich in Fäulniß, Tod und Verwesung über.

Zu diesem Zustand war die Menschheit herabgesunken, als die erbarmende Liebe Gottes ein Mittel ausfindig machte, wodurch sie gerettet werden konnte: Der Logos, wodurch sich der Unendliche den endlichen vernünftigen Wesen mittheilt, beseelte ein noch gesundes Organ dieses Körpers, und verband sich unzertrennlich mit ihm; aus diesem Organ bildete er eine Lebensquelle, und ließ nun den mächtigen und unüberwindlichen Geist der göttlichen Liebe durch die ganze erstorbene Masse wirken. Dadurch wuchs aber auch der Widerstand der schrecklichen Todeskraft, es entstand ein heftiger Kampf im Körper, gleich einem hitzigen Fieber; jedes Organ gieng zwar in Vereiterung über,

aber eben dadurch genaß es, und wurde nun zum
Haupt, zur Lebensquelle einer neuen moralischen Per=
son, nämlich der wiedergebornen Menschheit, oder des
geistigen Leibes Christi.

Der Erlöser hat jenen göttlichen Geist der Liebe
mit seinem menschlichen Geist unzertrennlich vereiniget,
und dadurch mit der menschlichen Natur verähnlicht
und unüberwindlich gemacht, daß er durch sein heili=
ges Leben, Leiden, Sterben und Auferstehung die ganze
Macht des Todes, die im ganzen Körper der Menschheit
herrschend war, besiegte. Jedes Glied, das sich nun
nur vom Geist Christi willig bewirken läßt, wird gesund,
und ein Organ an seinem Leibe.

Du siehst also, mein Sohn! daß die Einigkeit
des Geistes darin besteht, wenn sich jedes Glied
willig von diesem siegreichen Geiste Christi ganz und
völlig durchdringen, und seine eigene individuellen Kräf=
te, durch ihn sich selbst verähnlichen läßt, so daß überall
nichts wirkt, als Alles und im Allem Christus.

Wenn nun auf diese Weise das Wirken der eigenen
individuellen Kräfte durch den Liebesgeist des Erlösers
bestimmt wird, so giebt es auch keinen Widerstand
mehr; folglich entsteht dann aus der Einigkeit des Gei=
stes auch der ungehinderte Fortschritt in der
Heiligung.

Da nun kein anderes Mittel zur Erlösung des Men=
schen mehr übrig ist, so ist auch für alle, die Christum
verwerfen, keine Rettung zu hoffen, folglich wird
das Schicksal der europäischen Christenheit erschrecklich,
und ihr Gericht, der Sieg des menschgewordenen Kö=
nigs des Lichts, über den menschgewordenen Fürsten
der Finsterniß seyn.

Eug. Jetzt begreif ich auch die Versöhnung des
Sünders mit Gott: so lang ein Glied an diesem mo=

ralischen Staatskörper noch keine Lebenskraft vom Haupte erhält, so lang ist es krank, und in den Augen Gottes ein Gräuel; so wie es aber von jenem Geiste bewirkt wird, so wird es der göttlichen Natur immer ähnlicher, folglich nach und nach mit ihr versühnt. Aber unterrichte mich doch, Allerheiligster! wie und durch welche Mittel ich die Einigkeit des Geistes und den immerwachsenden Fortschritt in der Heiligung zu Stande bringen und immer mehr befördern kann.

Der Paracl. Gott zwingt keinen Menschen, Er bietet jedem seine Gnade an, und dann kommt's auf den freien Willen an, ob er sie will oder nicht. Je stärker nun dieser Wille ist, desto stärker ist auch das Sehnen nach Hülfe; nun hat aber derjenige den stärksten Willen, der sein Verderben am stärksten fühlt; folglich ist die Erkenntniß des eigenen grundlosen Elends das Erste, was deinem Volk, vom Kinde an bis zum Greisen, beständig muß vorgetragen und worin es unaufhörlich muß geübt werden. Damit aber nun auch der durch diese Erkenntniß zum höchsten Grad des Sehnens nach Hülfe gebrachte Geist alsofort zur rechten Kraftquelle geleitet werden möge, so muß dem Volke die unaussprechliche Liebe Gottes in Christo, vermittelst anhaltender Betrachtung des Lebens, Leidens und Sterbens und der Auferstehung des Erlösers, immer anschaulicher gemacht, und es so zur innigen Liebe, zum immerwährenden Gebet und anhaltenden Glauben gebracht werden. Du siehst also, mein Sohn! daß hier Alles auf guten Kirchenlehrern beruht; stifte daher eine Hoheschule, berufe dahin solche Männer zu Professoren, die in der Lehre vom Kreuz durch Erkenntniß und Erfahrung am gründlichsten und durch Uebung am frömmsten geworden sind;

dann wähle eine zweckgemäße Anzahl Jünglinge aus, die sich den Lehrämtern widmen; diese Jünglinge unterhalte, und vertheile sie unter die Lehrer zur väterlichen Aufsicht und ferneren Erziehung, und besetze hernach immer die Aemter mit den Würdigsten, so wirst du deinen Zweck erreichen.

Eug. Ich will genau befolgen, was du mir befohlen hast: denn ich erkenne das unfehlbare Gelingen deines Vorschlags im Licht der Wahrheit.

Der Paracl. Wenn du auch Lehrstühle anderer Wissenschaften mit deiner Schule verbindest, so gieb das Gesetz, daß jeder auch zugleich die praktische Religionslehre mit seinem Studium verbinden muß, und wer kein wahrer Christ ist, der darf auch auf deiner Universität durchaus nicht Lehrer irgend einer Wissenschaft werden.

Ueberhaupt siehe bei der Besetzung aller Aemter in deinem Staat auf wahre Gottesfurcht! — Ein blos fähiger kann in Solyma so wenig ein Amt bekommen, als ein blos gottesfürchtiger Mann, — Heiligkeit und Berufskenntniß gehören da unbedingt zusammen.

Jetzt stand der Hochwürdigste auf, küßte und umarmte den Eugenius, und sprach zu ihm: Mein Friede und meine Gnade sey mit dir! Diese Thüre führt dich zu meinen Kindern, genieße, was sie dir anbieten, und morgen früh begieb dich wieder in deinen Wirkungskreis.

Der gute Fürst empfand Seligkeit; er gieng mit tiefer Verbeugung rückwärts bis an die Thüre und dann vollends hinaus.

Hier befand er sich nun in einem Vorzimmer, woselbst er aber nicht zu warten brauchte: denn in dem nämlichen Augenblick kam ihm Philanthropine

entgegen, und führte ihn hinter dem Pallast an die
Seite des Hügels, wo in einem offenen Pavillon die
Mahlzeit bereitet war, und wo schon Sulamith ihrer wartete. Jetzt nahmen ihn beide Schwestern wieder zwischen sich, und unter den herzerhebendsten und
seelenvollen Gesprächen genoßen sie die einfache aber
stärkende Nahrung, so wie sie die Gesetze und die Ordnung des orientalischen Hofs vorschrieben.

Während der Mittagstafel ergötzte sich Eugenius
an der so ganz besonders characterisirten Aussicht gegen
Süden hin: von dem Hügel an schlängelte sich ein nicht
sehr breites Wiesenthal ein paar Stunden weit fort;
ein mäßig großer und ruhig fortfließender Bach kam
von oben herab, und bog sich bald rechts bald links
bis an den Fuß des westlichen oder östlichen Berges,
wo das dicke Gebüsche sich überall über das Grün der
Wiese hinneigte; das Ganze prägte den Eindruck der
Ruhe und der Stille ein; und man bemerkte auch nirgends das Daseyn eines empfindenden Wesens; es schien
vielmehr, als wenn sich die Natur hier selbst und allein
in der Einsamkeit genießen wollte.

Kaum war die Mahlzeit geendigt, als sich der
Donner der großen Glocke über das so eben beschrie-
bene Thal her hören ließ; ein waldigter Hügel, der
ziemlich hoch im Hintergrunde des Thals die Aussicht
begränzte, verhinderte, daß man den Tempel der Weisheit nicht sehen konnte, den ich im dritten Band beschrieben habe.

So wie der Schall zu den Ohren der drei Spei-
senden drang, so wendeten sich die Jungfrauen zum
Gebet, und Eugenius, der aus seiner ersten Reisegeschichte nach Yespera wußte, daß dieses ihm galt,
betete ebenfalls inbrünstig um Gnade und Stärke.

Nach diesem Gebet nahte sich Sulamith dem

Fürsten, und steckte ihm einen prächtigen saphir-
nen Ring an seinen Finger, und sagte: nimm dieses
Andenken von der besonderen Gnade meines Vaters!
— und diesen, fügte Philanthropine hinzu, indem
sie einen andern von dem nämlichen Gehalt und Werth
hervorzog, bringe unserer lieben Schwester Urania.
Eugenius dankte mit innigster Rührung, und wünschte, daß er ihnen dagegen ein Präsent von einigem
Werth machen könnte. Deine Liebe und die treue Befolgung dessen, was dir unser Vater gesagt hat, erwie-
derten sie mit Einem Munde, ist Alles und auch das
Einzige Angenehme, was du uns geben kannst, indem
Alles, was die Natur Schönes hat, ohnehin in unserem Besitz ist.

Nun wurde der Nachmittag mit Gesprächen und
Spazierengehen zugebracht; Eugenius schlief die folgende Nacht im Pallaste des Paracleten, und des
Morgens früh trat er seinen Rückweg wieder an. Die
Jungfrauen begleiteten ihn durch den Garten, wo ihn
Eljoenai in Empfang nahm, und ihn wieder bis auf
den Fußpfad begleitete. Unser guter Fürst eilte mit
beflügelten Füßen davon, seine ganze Seele war wie zu
den Sphären der Seligen emporgehoben, und die ganze
Natur um ihn her schien in den friedsamen Jubel seines Geistes mit einzustimmen; immer stiegen die Worte des heiligen Sängers aus dem Innersten seiner Seele bis zu den Sternen empor: Was ist der Mensch,
daß du seiner gedenkest, und des Menschen
Sohn, daß du dich seiner annimmst? Er fühlte sich stark genug, eben so wie sein HErr für seine
Brüder zu sterben, und er machte sich auf diesem Wege
das bekannte Bild von einem brennenden Licht, mit
der Devise: aliis inserviendo consumor *), zu seinem

---

*) Ich werde im Dienst Anderer aufgezehrt.

Wahlspruch. Unaufhörlich jeden Augenblick seines Lebens dem Wohl seiner ihm anvertrauten Brüder aufzuopfern, das war jetzt sein heiligster und unwiderruflichster Vorsatz; zugleich beschloß er felsenfest, außer Uranien, Niemandem auch nur das Geringste von dem Vorgefallenen zu erzählen.

Zu dieser Stufe erhöht, traf er seinen Timotheus froh und ebenfalls emporgehoben an, Beide speisten zusammen bei Gajus, und reisten dann ab, um noch diesen Abend bei Freund Lüdenbeck ankommen zu können.

Die erste Bemerkung, die Timotheus machte, war, daß er seinen Fürsten im Gesicht so verändert fände; ich brauche zwar keiner Decke wie die Kinder Israel, als Moses vom Berg kam, fügte der Edle hinzu, aber lang an einander kann ich dich doch nicht ansehen, es ist etwas Himmlisches in deinem Gesicht, und wenn du mehr solcher Reisen machst, lieber Fürst! so wirst du den großen Theodor in seiner Majestät erreichen. Der Fürst antwortete darauf nichts, sondern fragte nur, ob er gestern Mittag die große Glocke gehört und für ihn gebetet habe?

Ach ja! antwortete er, und es war mir dabei zu Muth, als wenn ich mit meinem Fürsten schon den Einzug ins neue Jerusalem hielte.

Eugenius war innerlich zu sehr beschäftigt, um viel reden zu können, und Timotheus hätte gern immer gesprochen, sie verglichen sich also dahin, wenig zu reden.

Des Abends bei Sonnenuntergang kamen sie froh und heiter bei Lüdenbeck's Hütte an, wo sie übernachteten, und des andern Tages ihre Reise bis nach Ostenheim fortsetzten.

Das zweite Buch.

Es gieng den Freunden des Fürsten Eugenius genau so, wie dem Timotheus; denn ob sie gleich lichtgewohntere Augen hatten, so fanden sie ihn doch noch fürstlicher als vorher; Urania war besonders heiter, froh und zärtlich gegen ihn, ihre Seele vereinigte sich immer inniger mit der seinigen, ihre Ehe wuchs, und das Wachsen der Ehe ist immer eine herrliche Sache.

Jetzt berief nun Eugenius seinen geheimen Rath zusammen, und machte zuerst den Antrag, daß diejenigen Gelehrten und Prediger, die die Versöhnungslehre am eifrigsten trieben und die mehresten praktischen Erfahrungen mit einer gründlichen Gelehrsamkeit verbänden, ausgesucht werden müßten.

Diese Aufgabe war schwer aufzulösen; man rathschlagte lange darüber, endlich aber ward beschlossen, eine Preisfrage zur allgemeinen Beantwortung der gesammten Geistlichkeit vorzulegen, und dann sechs derjenigen, die sie am besten erläutert haben würden, und deren Leben und Wandel am vollkommensten ihrer Kenntniß entspräche, auszuwählen.

Die Frage lautete so:

Welches ist das einzige wahre Mittel, die sittlichen Kräfte des gefallenen Menschen zu entwickeln, und wie wird es erlangt?

Nun wurde ein Generaledict an die gesammte Geistlichkeit erlassen, und ihr darin aufgetragen, diese Frage kurz und bündig zu beantworten.

Hernach trug der Fürst noch andere Sachen vor, nämlich:

1) Die Anlegung einer Münze, in welcher Gold-

und Silbergeld, an welchen Metallen es hier nicht fehlte, geprägt werden sollte. Die Abtheilung geschah nach Zehnern: z. B. die geringste Scheidemünze war Eins wie bei uns ein Heller, zehn Heller machten die geringste Silbermünze aus, zehn dieser Silbermünzen die geringste Goldmünze, und zehn dieser Goldmünzen bestimmten eine größere Goldmünze, die unseren Dukaten gleich kam; durch diese Dezimal=Eintheilung entstand eine Leichtigkeit im Rechnen und eine Bequemlichkeit in der Ausgabe und Einnahme, daß auch ein Kind damit zurecht kommen konnte.

2) Die Anlegung einer Buchdruckerei für das ganze Land; diese machte der Fürst zum Regal, und verordnete eine Censur=Commission, die genau nach den Regeln verfahren mußte, die ich im dritten Band aus der Verantwortung des Fürsten vor dem hohen Rath zu Yespera erzählt habe.

3) Entwickelte Eugenius seinen Plan, wie er Uranienburg gebaut haben wollte, denn bis dahin war man nur noch mit Holzfällen und Reinigung der Plätze beschäftigt. Er hatte sich einen Entwurf nach dem Muster gemacht, das er jetzt in Yespera gesehen hatte, und dem zufolge sollte erst die östliche Anhöhe ganz bis hinten an den Berg mit einer hohen Mauer umgeben werden. Diese Mauer bekam nur zwei, aber sehr schöne Thore: das erste oder große Thor kam der Stadt Ostenheim gerade gegenüber, vorn in die Mitte der Mauer auf dem Berg; dahin führte dann eine große und breite Treppe, die unten am Ufer des Stroms anfieng, und oben im Thor endigte; von dieser Treppe gegenüber an die Stadt wurde eine hölzerne Brücke angelegt, die ein Meisterstück der Kunst war: denn sie bestand nur aus einem hohen und großen Bogen, und war ein bedecktes Hängewerk.

Gegen Osten, am Fuß des im Hintergrund liegenden Berges befand sich das zweite Thor; von der Treppe an bis dahin hatte man drei Viertelstunden zu gehen.

Dieser ganze mit einer Mauer eingeschlossene Raum
wurde nun nach dem Geschmack der Gärten des Paracleten eingerichtet, und da die Mauer nicht ganz auf
der Höhe, sondern in der Mitte des Abhangs aufgeführt
wurde, so verhinderte sie die Aussicht nicht, die hier
entzückend war.

An Arbeitern und Künstlern von aller Art fehlte
es hier nicht, folglich konnte Alles mit unglaublicher
Geschwindigkeit und in höchster Vollkommenheit vollendet werden.

4) Aeußerte Eugenius den Wunsch, einen großen
und prächtigen Tempel, eine Cathedralkirche für das
ganze Fürstenthum zu bauen, und zum Platz dieses Tempels schlug er den Berg vor, der Uranienburg gegen
Morgen lag. Von diesem Berge konnte man fast ganz
Solyma übersehen, und da sein Gipfel völlig eine
Viertelstunde lang und breit war, so war auch Platz
genug da. Dieser Vorschlag fand allgemeinen Beifall,
und man beschloß, daß bei diesem Tempel auch die
hohe Schule angelegt werden sollte.

Da nun auch die Einweihung in die höheren Myste-
rien, welche vorhin in Egypten war, hier wieder
fortgesetzt werden sollte, und diese Einweihung die Methode des Studirens ausmachte, so wurde der Wald,
der diesen Berg umgab, dazu bestimmt; er wurde also
auch am ganzen Fuß rund um mit einer hohen Mauer
eingeschlossen, die an beiden Enden an die Mauer des
Uranienburger Bergs stieß, und in welcher jenseits,
ostwärts, vermittelst eines Thors, der Eingang für
die Einweihungscandidaten war.

Die Prüfungsanstalten bekamen ihre, durch den

ganzen Wald zerstreute, zweckgemäßen Gebäude, und
der Weg von dem einen zum andern wurde, je nachdem es die Absicht erfoderte, labyrinthisch, bald mit
gewölbten Gängen, bald mit Mauern und bald mit
Hecken eingefaßt. Unterirdische Anstalten waren hier
nicht nöthig, weil keine Nachstellung zu befürchten war,
sondern alles unter der Autorität des Staats geschahe.

5) Und zum Beschluß dieser wichtigen Sitzung
wurde die Militärverfassung folgendergestalt eingerichtet:
Alle gesunde und starke Mannspersonen mußten vom
20sten bis ins 25ste Jahr Kriegsdienste thun, die im
Lande des Friedens nur in der Behauptung der inneren
Ruhe und Sicherheit bestanden; sie wurden aber doch
wöchentlich Einmal in der Europäischen Tactik geübt,
um sie im Nothfall auch gegen auswärtige Feinde
brauchen zu können.

Ihre Dienste bestanden außer dem wöchentlichen
Exercitium, in den gehörigen Wachen und Straßen-
patrouillen, die unter der jungen Mannschaft Reihe
um giengen, und diejenigen, welche im Dienst standen,
wurden Tageweis besoldet.

Verheirathete Leute durften nicht gemeine Soldaten
seyn, wollte aber einer vor dem 25sten Jahr heirathen,
so mußte er bis zu diesem Alter fort dienen.

Diese ganze Armee der Landmiliz commandirte
Josua Abdollam, als Generalissimus, und
Philemon, der ehmalige hessische Offizier, war Ob-
rister, Generaladjutant und Commandant zu Uranienburg.

Von Ostenheim und Uranienburg an bis
an die äußersten Gränzen des Landes lebte und webte
Alles im Austheilen der Erdoberfläche, des Baueus,

des Säens und Pflanzens, und überhaupt in der ge=
sammten Cultur. Das treffendste Bild des Ganzen ist
ein junger Bienenschwarm, der im Brachmonat, in
den schönsten Sommertagen, seine neue Wohnung bezieht,
und nun mit rastloser Thätigkeit aus der Blumenfülle
Wachs und Honig einträgt.

Die ganze Natur war diesem auserwählten Volk
Gottes günstig, und beförderte Alles — und die müt=
terliche Vorsehung schwebte mit ausgebreiteten Flügeln
über diesem Adlersneste, um es gegen jeden Unfall zu
schützen.

Aber unter seinen Heiligen ist keiner ohne Tadel,
und die Himmel sind nicht rein vor Ihm! — dißseits
des Grabes trägt auch der Beste seinen Erbfeind im=
mer im Kopf oder im Busen oder gar an beiden
Orten mit sich herum. Wenn nun dieser Satan vol=
lends die Priesterkleidung anzieht, sich mit einer heili=
gen Amtsmiene zum Räuchaltar schleicht, und seine Asa
fötida ins Opferfeuer wirft, dann stinkt es im Hei=
ligthum, und dieser letzte Betrug ist weit schlimmer als
der erste.

Offenbare Laster sind in den Augen des Allerhei=
ligsten bei weitem nicht so abscheulich, als vergoldete
Sünden; diese sind Spionen am himmlischen Hofe, und
falsche Münzen in der Kasse des Wechslers.

Nun folgt ein Bericht vom Statthalter Paulus=

Verehrungswürdigster und theuerster Fürst!

Es heißt dort im Evangelischen Gleichniß: da
aber die Leute schliefen, kam der Feind,
und säete Unkraut zwischen den Waizen, und
schlich dann wieder fort; so ist es mir und mei=
nen Mitknechten auch ergangen, ungeachtet wir nicht

ge=

geschlafen, sondern gewacht haben, so viel als mensch-
möglich war.

Ich will dir den Vorfall berichten, und zugleich
Gott bitten, daß Er sein Licht in deine Seele strahlen
lasse, und dich mit Weisheit erfülle, um durch sanfte
und liebevolle, und doch zugleich wirksame Gesetze
dem weitaussehenden Uebel zu steuern, damit es nicht
weiter um sich greifen möge.

Ein gewisser junger, noch unverheiratheter Mann,
Namens Justus Reiling, ein Deutscher von Geburt,
hatte sich von jeher als ein vorzüglicher, rechtschaffener
und christlicher Mensch ausgezeichnet, so daß er seinen
Eltern und seiner ganzen Familie zum Trost und zur
Freude war; sein Character war empfindsam, er fühlte
sowohl das Sinnlich-Schöne der Natur, als
auch das Sittliche der Gnade mit gleicher Stärke;
Alles machte einen tiefen Eindruck auf ihn, doch mischte
sich unter Alles eine gewisse sanfte Schwermuth; das
Hinscheidende rührte ihn tiefer als das Hervor-
blühende. Der Frühling härtete seine Seele, aber
der Herbst thauete sie auf, und die schief hinstrahlende
Octobersonne, nebst dem Herabknistern der gelben
Baumblätter, erregte in ihm die Wonne der Wehmuth.
— Lieber Fürst! Justus Reiling hatte von jeher
das Heimweh, und behielt es auch in Solyma.

Nun traf es sich, daß seinem Vater durchs Loos
ein unvergleichlich schönes Erbgut zufiel; es hat eine
paradiesische, aber doch zur sanften Schwermuth ein-
ladende Lage; ein Thälchen, das der untergehenden
Sonne offen steht, wird gegen Osten von einem Wald
und gegen Süden und Norden von sanften Hügeln
umschlossen, und gegen Westen ist die Aussicht weithin
geöffnet; zu oberst in diesem Thälchen liegt das Rei-
lingsche Landgut. Hier fühlte sich Justus recht zu-

frieden, er half seinem Vater aufroden, bauen, säen und pflanzen, und seine ganze Existenz floß über von Dank und Lob Gottes.

Diese süßschwärmende und mit Frömmigkeit untermischte Seelenstimmung wurde nun noch dadurch erhöht, daß er Schriften las, die das hohe Lied Salomonis auf dergleichen Empfindungen anwenden: Quirsfelds geistlicher Myrrhengarten, Gottfried Arnolds göttliche Liebesfunken, dessen Geheimniß der göttlichen Sophia, und dann alle die Lieder, die im Hallischen und andern Gesangbüchern aus diesem Geiste geflossen sind, erhitzten seine Einbildungskraft dergestalt, daß er diese Fülle der göttlichen Gnade und seines hohen Friedens, wofür er alles hielt, was in ihm vorgieng, nicht mehr für sich allein behalten konnte; er fieng also an, in Gesellschaften mit Feuer und Leben zu reden, und Alle, die ihm zuhörten, wurden so hingerissen, daß sie mit eben dem Geiste erfüllt, laut zu rufen anfiengen: wo sollen wir hin, du hast Worte des ewigen Lebens!

Der Ruf von diesem außerordentlichen Lehrer verbreitete sich bald durch den größten Theil des Abendviertels; man lief zusammen, um ihn zu hören, und dieser Zulauf spannte ihn noch höher, so daß er vor dem Reden anfieng gelinde Zuckungen zu bekommen. Was ihm aber noch besonders Credit verschaffte, das war die allgemeine Idee, die er auch selbst bekräftigte, daß hier in Solyma das tausendjährige Reich angefangen hätte, wo die Brautliebe Christi und seiner Kirche nun recht in Erfüllung gehen sollte.

Die allgemeine Bewegung, die diese Sache durch das ganze Land machte, läßt sich nicht beschreiben; anfänglich blieb der Vorstand nebst den Kirchenlehrern ruhig; man sahe das Ding als eine Kinder

freude an, die man dem Volk wohl gönnen könnte,
nach und nach aber suchte man sanften Einhalt zu thun,
und Alles in einer vernünftigen Ordnung zu erhalten,
allein dieß machte das Volk schwierig; es konnte ohnehin schon nicht ertragen, daß seine Lehrer nicht nur
nicht vorn an der Spitze standen und am meisten ju-
belten, sondern kaltblütig blieben; jetzt aber, da es sogar fand, daß man seine selige Freude in Gott und
Christo stören wollte, fieng es an, geistliche und weltliche Vorsteher laut zu tadeln; die kirchlichen Versammlungen blieben leer, und es fanden sich hie und da
mehrere, die in Reiling's Fußstapfen traten, und
zum Volk redeten.

Während der Zeit nun, wo ich mit den Ober- und
Unterbeamten und der Geistlichkeit berathschlagte, wie
man dem Verderben am füglichsten steuern könne, nahm
die Sache eine Wendung, die mich veranlaßt, Deine
gesetzgebende Macht um Hülfe anzusprechen.

Justus Reiling war ein bildschöner Mann,
seine Gestalt und seine hochbegeisterte Miene machten
schon Eindruck, ehe er zu reden anfieng; besonders wirkte
er stark auf das weibliche Geschlecht, und eben diese
Wirkung war desto gefährlicher, weil sie für religiös
angesehen wurde, und man ihr also kei en Widerstand
that, sondern sie gerne Besitz vom Herzen nehmen
ließ. Nun war Reiling aber, ehe er von dieser See-
lenkrankheit befallen wurde, mit einem vortrefflichen,
frommen und sanften Mädchen in der Nachbarschaft
versprochen, das er heirathen wollte, so bald seines
Vaters Hauswesen eingerichtet seyn würde: denn da
sein Vater ein alter Mann ist, so wollte er ihn vor
seinem Ende noch bei sich verheirathen; der gute Alte
freute sich von Herzen auf seine künftige Schwiegertochter, und die Vorstellung, wie die holde sanfte Seele

6 *

mit ihrer lächelnden Miene seiner pflegen würde, erheiterte die trüben Stunden des Alters.

Adelgunde trauerte bei der Veränderung ihres geliebten Bräutigams; seine Brautliebe zur göttlichen Sophia war ihr mißfällig; sie glaubte ungetheilten Anspruch auf seine Brautliebe zu haben, die sie auch sogar mit der himmlischen Weisheit, so bald sie verjungfräulicht würde, nicht theilen mochte; sie schwieg aber und duldete. Reiling besuchte sie noch wohl zuweilen, allein sein Herz hieng nicht mehr an ihr, sie fühlte das tief, und allmählig bemeisterte sich ihrer schwarze Schwermuth.

Dabei bliebs aber noch nicht, sondern Reiling stieg weiter auf dem schroffen Felsen am Abgrund.

Unter seinen wärmsten Anhängern befand sich ein bisher sehr fromm und tugendhaft gewesenes Mädchen ebenfalls aus seiner Nachbarschaft; auch diese war die Verlobte eines braven Jünglings, der es auch mit Reiling hielt, und sein warmer Freund war.

Bernhard und seine Braut Mathilde besuchten also immer Reiling's Versammlungen, und giengen immer wärmer und erhitzter wieder heraus, als sie hineingegangen waren.

Nach und nach aber merkte auch Bernhard eine Erkältung seiner Braut gegen ihn; sie hatte ihre Brautliebe Christo zugewandt, und Bernhard' empfand das mit eben dem Jammer, als Reiling's Braut, Adelgunde. Man hat angemerkt, daß diese Erkältung in mehreren Ehen Unordnung angerichtet, und Saamen zur Zwietracht ausgestreut hat.

So wie aber jeder Platonismus allmählig immer fleischlicher wird, und endlich sehr oft grobsinnlich endigt, so giengs auch hier: Mathilde war sehr empfindsam und lebhaft, also aufgelegt hysterisch zu

werden, wenn sie es noch nicht war; oft sahe sie den
schönen jungen Mann, und hörte ihn so verliebt reden,
daß endlich ihre Natur unterlag; nun gab sie zwar
dem Gedanken und der Vorstellung nicht Raum, in
Reiling verliebt zu werden, sondern sie war es in
ihren Erlöser; allein daß sich doch in ihrem Herzen
das Bild von Reiling selbst versteckt hatte, ohne daß
sie es wußte, oder wissen wollte, das war gewiß.
Sie bekam also nach und nach Visionen oder sogenannte Entzückungen, sie sah dann Christum als
Bräutigam, der zwar züchtig und heilig, aber doch
gleichsam verliebt mit ihr redete.

Endlich kam es so weit mit ihr, daß sie in den
öffentlichen Versammlungen solche Ecstasen bekam, und
dann in denselben die rührendsten und zusammenhän-
gendsten Reden hielt, so daß Reiling selbst weit hinter
ihr zurück blieb. Dies war nun ein neues Wunder,
und das arme betrogene Volk war fest überzeugt, daß
sich der Geist Gottes jetzt sinnlich unter ihnen zeige,
und so wieder wie ehemals, durch Propheten zu ihnen
rede.

Reiling glaubte dieses Wunder am stärksten, und
ihm ebenfalls unwissend, schlich sich das Bild des schönen Mädchens in seine Seele. Nun war seine männliche Natur zwar zu stark, und sein Nervenbau nicht
zu Entzückungen organisirt, aber zum Träumen war
er doch immer schwach genug: die göttliche Sophia
erschien ihm im Traum, und zwar in der Gestalt der
Mathilde, aber freilich verklärt, und in himmlischer
Bildung, und befahl ihm, die Mathilde als ihr ir-
disches Ebenbild zu heirathen.

Mit dem ganzen Jubel, dessen eine hochschwär-
mende Seele nur fähig ist, gieng er des Morgens zu
Mathilden, und erzählte ihr ohne Rückhalt seinen

Traum. Dies war dem armen Mädchen zu stark, sie
gerieth im Augenblick in die stärksten Convulsionen, und
bekam eine merkwürdigere Entzückung, als sie noch bis
dahin gehabt hatte: sie sahe den Erlöser gegenwärtig,
er erschien ihr in Reiling's verhimmlischter Lichts=
gestalt, und befahl ihr ebenfalls den Reiling zu heira=
then. Beide versprachen sich also nach der Entzückung
sehr feierlich, und man fieng allgemein an, zu glauben,
daß aus dieser von Gott selbst gestifteten Ehe der wah=
re und eigentliche König des neuen herrlichen Reichs,
oder Christus zum zweitenmal als Mensch geboren
werden sollte.

Nach diesem Eheverspruch verfügte sich nun Rei =
ling zur armen Adelgunde, und trug ihr ohne Rück=
halt den Befehl Gottes vor; Adelgunde sagte sehr gelas=
sen: es ist gut — und schwieg dann.

Mathilde begab sich ebenfalls zu Bernhard
und sagte ihm das nämliche; Bernhard seufzte tief
und antwortete ihr kein Wort.

Als aber Reiling diese neue Heirath den Ge=
meindevorstehern und dem Amtmann meldete, um die
Bekräftigung dieser neuen Ehe zu erhalten, und sogar
verlangte, schleunig mit Mathilden copulirt zu werden,
so wurde ihm sein Gesuch rundaus abgeschlagen, und
man erinnerte ihn, daß er auf einem gefährlicher Irr=
weg wandele, und daß man sich an den Fürsten wen=
den würde, um seiner Schwärmerei Einhalt zu thun;
Reiling sahe bei dieser Aeußerung hoch auf seine Vor=
gesetzten herab; wenn Gott befiehlt, antwortete er:
dann hören Menschen= auch Fürstenbefehle auf. Dann
gieng er weg, und in der nächsten Versammlung traute
er sich selbst die Mathilde an; diese Trauung hielt das
Volk auch für sehr gültig: denn es sahe den Reiling

als einen Lehrer an, den nicht Menschen, sondern Gott selbst ordinirt habe.

Kaum war diese Hochzeit vollzogen, als das Gerücht erscholl, Bernhard habe sich verloren, und Adelgunde seye auch verschwunden; — beiderseitige Eltern wollten vor Kummer vergehen, und doch, da sie ebenfalls glaubten, Reiling's Heirath gründe sich auf den unmittelbaren Befehl Gottes, so schwiegen sie und erhoben keine Klage, sondern sie trugen ihr unsägliches Leid in der Stille. Was dieser Vorfall bei Reiling und Mathilden gewirkt hat, das wurde nicht bekannt; sein Vater mochte auch das Seinige bei der ganzen Geschichte empfunden haben, allein, da nach seiner Meinung die Sache von Gott war, so gab er sich willig in sein Schicksal, und nahm Mathilden von Herzen als Schwiegertochter an.

Indessen wurden Leute ausgeschickt, die die beiden Verlornen suchen mußten: Bernhard wurde nicht gefunden, aber von Adelgunde erhielt man folgende traurige Nachricht:

Vier Stunden von Reiling's Wohnung gegen Westen befindet sich ein tiefer grundloser See oder vielmehr Weiher: denn er hat kaum drei Viertelstunden im Umkreis, am Fuß des westlichen Gebirges: drei Bäche laufen hinein, ohne wieder heraus zu fließen; an der Morgenseite dieses Abgrundes voll Wassers erstreckt sich eine Ebene weit und breit, die unter viele Hausväter vertheilt ist. Zunächst an diesem See hat ein Sachse, Namens Gottfried Warner sein Landgut; nun saß dieser gute Mann vor einigen Wochen nach dem Abendessen in seiner Hütte, und verbrachte die Stunde vor dem Schlafengehen mit den Seinigen in vertraulichen Gesprächen. Endlich geht einer seiner Söhne hinaus, und hört nicht gar weit entfernt eine

Frauensperson singen; er horcht etwa eine Minute
den kläglichen Tönen zu, läuft dann wieder hinein,
und erzählt den Seinigen diesen sonderbaren Vorfall.

Gottfried vermuthete mit Grund, daß Jemand
Nothleidendes in der Nähe sey; er forderte die Seinigen
auf, und sie liefen alle mit einander, im schwachen
Mondesschimmer des ersten Viertels, welches sanft und
schwermüthig vom westlichen Gebirge daher strahlte,
der Gegend zu, woher die Klagetöne gekommen waren.
Kaum waren sie hundert Schritte von der Hütte entfernt, so sahen sie gegen den See zu eine weiße Gestalt,
welche langsam hin= und herwandelte; sie stunden still
und horchten; bald erscholl wieder die klägliche Stimme,
und sie vernahmen deutlich die Worte:

Müde! Müde! Müde! des Pilgerwallens
müde!

Warner vermuthete mit Grund, daß diese Nacht=
wandlerin (denn sie hörten eine weibliche Stimme)
im Sinn habe, sich zu ertränken; er beorderte also seinen ältesten Sohn, in einem weiten Bogen links gegen
den See zu laufen, er wollte dann mit dem jüngern
den rechten Bogen machen, um so zwischen sie und
den See zu kommen; flugs ward dieser Plan ausge=
führt, und sie schnitten die arme Adelgunde glücklich
vom See ab.

Adelgunde ward nicht bestürzt, als sie die Leute
auf sich zu kommen sah, sie stand still und erwartete
sie. Als nun Gottfried zu ihr kam, so redete er sie
mit den Worten an: Wer bist du?

Sie. Adelgunde,
  Geh zu Grunde!
  Sprach der mit dem Rosenmunde,
  Ja sie fällt, die Rosenblüthe!
  Müde! Müde! Müde! des Pilgerwallens müde!

Er. Armes Mädchen! — wo bist du her? und
wem gehörst du an?

Sie. Ach ich bin so durstig, so durstig!

Er. Komm mit mir in meine Hütte, du arme
durstige Seele! — komm, wir wollen dich laben!

Sie schwieg und wandelte langsam mit; als sie
aber Gottfried am Arm faßte, und führen wollte,
so riß sie sich mit wilder Miene los, stampfte auf den
Boden, und sang mit kreischender Stimme abermals
obige Strophe. Jetzt ließ sie Gottfried gehen, und
sie schlenderten langsam mit ihr fort. Oft stand sie,
schaute in den scheidenden Mond, und dann sah man,
daß ihre Augen voller Thränen waren.

Endlich aber nahm sie auf Einmal eine majestätische Positur an, schaute mit unbeschreiblicher Würde
nach den Sternen empor, reckte die rechte Hand hinauf, und sprach: — Du dort oben hast recht! Reiling's Rosenmund sprach nie dein Wort aus — jetzt
trau ich dir wieder; aber nun muß ich auch getauft
werden, und dann zu dir kommen. Ja! ja! taufen
und meinen ewigen Durst stillen! wie ein Pfeil lief
sie fort, und sprang in einem hohen Bogen in den
See. Gottfried und seine Leute liefen, was sie laufen konnten, allein sie holten sie nicht mehr ein, und
an Rettung war hier nicht zu denken.

Dieses Alles berichtete der Amtmann, dem Warner diese traurige Geschichte zu Protokoll gegeben hat.

Des anderen Tages erscholl dieser Vorfall durch
die ganze umliegende Gegend, und Adelgundens
Eltern erfuhren sie allzutrübe; sie sitzen in taubem Hinbrüten, und aller Trost haftet nicht. Reiling aber
erstarrte bei dieser Nachricht, das Herz im Leibe erstarb
ihm, wild schaute er um sich her, und die Decke fiel
ihm auf Einmal von den Augen: denn da nun den

Forderungen der sinnlichen Natur Genüge geschehen war, so fiel auch nun die Täuschung weg, er ward wieder vernünftig, und starrte in den Abgrund hin, in den er gefallen war. Jetzt trat ihm auch sein Vater unter die Augen, Thränen zwängten sich aus den verschrumpften Augenwinkeln hervor: Ach mein Sohn! rief er mit heiserer Stimme, mein Sohn! was will daraus werden? — auch seine Mutter und Geschwister kamen um ihn her, weinten, klagten und machten ihm sanfte Vorwürfe. Aber nun Mathilde! — das arme Geschöpf hörte diese Geschichte, sie that einen lauten Schrei, sank dann zu Boden, bekam die schrecklichsten Convulsionen, und nachdem man sie durch die gewöhnlichen Mittel wieder zurecht gebracht hatte, so war sie ganz verrückt, sie redete kein vernünftiges Wort mehr, und man mußte sie bewachen, damit sie sich nicht auch ein Leid zufügte.

Reiling weinte und klagte nicht, sondern er schlich stille umher, wie ein Mensch, dem die Welt zu eng ist. Zuweilen gieng er einige Stunden fort, so daß seine Leute um ihn sorgten, und ihm darüber Vorwürfe machten, wenn er wieder nach Haus kam; allein er beruhigte sie dann, und sagte: er gehe nur spazieren, um sich zu zerstreuen.

Allein dieses Spazieren dauerte immer länger, bis er endlich gar ausblieb. Jetzt fieng man an, ihn zu suchen, man fand ihn auch, aber leider! an einem Baum hängen. Diese schreckliche Nachricht drückte seine Eltern und Geschwister fast zu Boden, auch sie schwiegen im endlosen Jammer, so wie Adelgundens Verwandte.

Zwei Tage, nachdem man den armen Reiling gefunden hatte, kam ein junger Mann zu seinem Vater; dieser Trauerbote war von jeher des Verstorbenen ver-

trautester Freund gewesen, und an diesen hatte er kurz
vor seinem schrecklichen Ende noch folgenden Brief geschrieben, den jener nun der leidtragenden Familie einhändigte:

Gott sey mit dir! mit mir ist Er nicht mehr!

Wenn du in deinem Leben nicht geglaubt hast, daß
man bei lebendigem Leibe könne verdammt werden,
so glaub es nun: denn ich bins. Sonst sahe ich des
Paradieses Flur im Traume, ich sahe die lieblichen
Hügel Zions, wenn ich betete; ich hörte die süßen
Reden der göttlichen Sophia, und ich empfand mit
himmlischem Entzücken, wie sie mich an ihre Brust
drückte, aber sie hat mich getäuscht. Gott im Himmel!
wie war das möglich? — ich folgte ihrem Rath, und
du weißt, wie es ergangen ist, ich hab geträumt — Geträumt hab ich im Wachen! — warum hat das Gott
nun zugelassen? Du weißt kein Wort davon, und es
ist auch in deine Seele nie gekommen, wie es einem
zu Muth ist, wenn man lebendig in der Hölle ist. Da
sehe ich sie immer hinter mir heran schleichen, als
wenn sie mich kriegen wollte; — O sie ist so naß! —
es trieft an ihrem Leibe herab, und dann macht sie mir
ein dräuend Gesicht. Blutroth sind ihre Augen, sie
hat auch wohl Blut geweint über mich. Sterben muß
ich, denn ich habe sie gemordet, mir klebte zwar ihr
Blut nicht an den Fingern, sie hat auch wohl nicht
geblutet, ich will auch nicht bluten, aber ich sehe alles
durch Blut, wie durch einen rothen Flor. Hast du
wohl dein Lebtag solche Wunderdinge gehört? aber du
sollst noch mehr hören. Das Blut Jesu Christi des
Sohnes Gottes macht uns rein von allen Sünden. Ach
ja! von allen, allen, allen Sünden! — aber dann muß
ich auch leiden, wie Er — mein Leib muß sterben,
damit die Seele errettet werde. Glaubst du das auch?

— zuweilen ists mir, als wenn ich schon verdammt wär'; ich höre dann schon den ewigen Donner brüllen, und das Drachengezische und das wilde Geblöcke um mich her. Darnach schleiche ich wieder einsam im Dunkel, und Alles ist stille; dann winkt das bis über den Kopf getaufte, in den Tod getaufte Mädchen von ferne; — ja ich komme, aber dann mache mir auch keine solche Blutgeflchter!

Jetzt ist gut Wetter zum Sterben, gestern auch, aber es hielt mich ein Unsichtbarer zurück, jetzt hält er mich nicht, sondern er treibt mich sogar, er wird mir auch wohl bald hinüber helfen.

Ich gehe den Todesgang, und es ist mir, als wenn ich Blei an den Füßen hätte, aber es muß seyn, damit meine Seele errettet wird; da kommen sie wieder, aber ich eile. —

Der junge Mann bekam diesen Brief durch einen Knaben, er lief, und der Knabe mußte ihn führen, aber er fand den armen Reiling nicht, er hatte sich nachher wieder in eine andere Gegend gewendet.

Nun wirst du wünschen zu wissen, theuerster Fürst! wie sich das arme betrogene Volk bei diesem schrecklichen Ende seiner Schwärmerei beträgt? — was man sagt und urtheilt? — Lieber Fürst! der Erfolg ist wie immer: Betäubung, Erkaltung in allem Guten, Unglauben und Zweifel. Man sieht, daß man geirrt hat, und glaubt nun in Allem zu irren.

War das in Solyma und unter lauter wahren Christen möglich? Ach Gott! ich hab' nie so tief erkannt, wie nöthig Symbolen sind, und wie sehr man wachen müße, daß das Volk dabei bleibt! — Wie schädlich kann eine unumschränkte Glaubensfreiheit, besonders unter wahren Christen werden! — Nein, man muß sie führen, die armen Seelen, wie ein Kind am

Gängelbande, sonst ist am Ende doch Alles verloren!
— deine Weisheit, theurer Fürst! wird uns erretten.

Ich bin mit fester Treue 2c.

Eugenius weinte über diesen Bericht, und tiefes
Schweigen und Trauern herrschte allenthalben im ge-
heimen Rath; in jedem Auge zitterte eine Thräne. Der
Schluß aber gieng dahin: daß Theodosius diesen
Bericht durchs ganze Land bekannt machen und mit
den nöthigen Warnungen begleiten sollte. Dann wollten
Eugenius und Urania unverzüglich dorthin reisen,
und die Sache wiederum in Ordnung zu bringen suchen.

Diese Geschichte machte im ganzen Lande Solyma
einen erstaunlichen Eindruck; Jedermann trauerte, und
die allgemeine Empfindung war wie bei einem schrecklichen Luftzeichen, das Gefahr und Verheerung droht;
daher traf auch der Hirtenbrief des Erzbischofs Theodosius wohl vorbereitete Gemüther an, und that also
vortreffliche Wirkung.

Eugenius aber und Urania machten sich auch
unverzüglich auf den Weg, und reisten zum Statthalter Paulus, der sie dann an Ort und Stelle brachte.

Hier ließ er nun alle geistliche und weltliche Vorsteher des Oberamts vor sich kommen, und sprach zu
ihnen mit trauriger Miene, und rothgeweinten Augen:

Brüder! Ihr habt nicht gewacht, wie es eure
Pflicht erforderte — Ihr schliefet nicht, als der Feind
kam, und Unkraut unter den Waitzen säete, sondern
Ihr habt es wachend geschehen lassen. Wie wenn ich
nun die verlornen und verirrten Seelen von Euren
Händen fordern wollte, was würde dann aus Euch
werden?

Dies sagte Eugenius mit glühendem Zorn; Alle wurden blaß vor Bestürzung, und antworteten keine Sylbe, nur Urania wagte es, Gegenvorstellung zu thun. Lieber theurer Fürst! — erwiederte sie, indem sie ihre Hand sanft auf seine Schuldern legte, du hast Recht, unwillig zu seyn, aber höre doch erst die Vertheidigung unserer Brüder, ehe du vollends ein Urtheil über sie aussprichst! —

Eugenius schwieg, aber seine Augen funkelten. Endlich erkühnte sich der Bischoff Wolkenheim zu antworten; er trat also ein Paar Schritte vorwärts, bückte sich tief und sprach:

Verehrungswürdigster Fürst! und hochbegnadigte Fürstin! wenn Ihr hier an Gottes Statt mit uns rechten wollt, so können wir freilich auf Tausend nicht Eins antworten; allein geruhe doch, du Erhabener! dasjenige anzuhören, was wir zu unserer Entschuldigung etwa sagen können: wir haben noch keine genaue Vorschrift, wie wir uns im Practischen der Seelenführung zu verhalten haben; daher blieb es, so wie es in unserm ehemaligen Vaterland gebräuchlich ist, bei dem öffentlichen Lehrunterricht, und bei Privatermahnungen; daß es in dem bewußten traurigen Vorfall an beiden nicht gefehlt habe, das zeugt unser Gewissen, und das ganze Volk kann es bezeugen. Nun kann aber auch die Bemerkung deinem Scharfblick nicht entgangen seyn, daß allemal die Schwärmerei durch Widerstand heftiger und erhizter wird; wir thaten sanfte Vorstellungen, allein dadurch machten wir übel ärger. Laß also für diesmal Gnade für Recht ergehen, und sage uns, was wir hinführo in ähnlichen Fällen thun sollen?

Schleunig und gleich im ersten Entstehen berichten! — versetzte der Fürst, noch immer mit Hize und mit

Thränen in den Augen; stellt Euch nur den Jammer der Familien der Verunglückten und alle die schrecklichen Folgen der Verirrung vor! —

Hierauf wagte Niemand zu antworten, Urania aber besänftigte ihn allmählig, so daß er den Vorstehern verziehe, doch mit dem Beding, hinführo wachsamer zu seyn.

Jetzt ließ nun Eugenius das ganze Oberamt zusammenberufen, und er bestimmte einen Tag, an welchem das Volk auf der Irrwiese (so nannte er die Wiese, wo Adelgunde verunglückte) zusammenkommen sollte; dann wurde hier ein Gerüst aufgerichtet, auf welchem er von weitem gesehen und gehört werden konnte.

Viele tausend Menschen strömten an diesem Tag am bestimmten Ort zusammen, Eugenius und Urania bestiegen das Gerüste, und nun redete der Fürst folgender Gestalt:

Bürger von Solyma, theuere und geliebte Brüder und Schwestern!

Kaum vermag ichs, ohne durch heiße Thränen unterbrochen zu werden, zu Euch zu reden, aber Gott wird mich stärken. Mit sanftem und stillem Geist, auf dem Pfade des ruhigen, lauteren und einfachen Glaubens, seyd ihr in diese frohen paradiesischen Gefilde gezogen, und Gott hat Euch gleichsam auf Adlersflügeln hieher getragen; während der Zeit, in welcher Euere ehemaligen Freunde, Nachbarn und Verwandten, jedem Sturm und allen Pfeilen des schrecklichen Gerichts Gottes über seine und seines Worts Verächter ausgesetzt sind, lebt Ihr hier in vollkommener Sicherheit und stolzer Ruhe. Sind nun alle Euere Kräfte, wenn Ihr sie auch jeden Augenblick Eueres Lebens zum Lobe Eures unendlich gütigen Gottes angewendet, ver-

mögend, diese unaussprechliche Wohlthat zu vergelten?
— Ihr werdet Alle fühlen, daß dieser Trauersee, der
das unschuldige Opferlamm verschlang, eher mit den
Fingern eines Kindes ausgetröpfelt, eher von einem
Vögelein ausgetrunken werden kann, als daß wir die
unermeßliche Vaterliebe Gottes gegen uns sollten mit
unsern Gedanken erschöpfen können. Und nun, bedenket
— wie Ihr Ihm, dem ewig Liebenden, seine so ganz
unverdiente Huld und Gnade vergolten habt! — Nicht
zufrieden mit dem ruhigen stillen Glaubenssinn, mit
der lautern Milch des Worts Gottes, die uns diesseits
des Grabes, hienieden, allein sättigen und ernähren soll,
trachtet Ihr nach hohen Dingen. Ihr sucht Euch mit
Eurem trägen Fleische, mit der sinnlichen irdischen Kör-
permasse in die überirdischen Sphären, in die höhere
Luftregionen hinauf zu arbeiten, und bedenkt nicht die
schreckliche Gefahr, in welcher Ihr schwebt, in den
ungeheuern Abgrund unter Euern Füßen hinabzustürzen,
und ohne Rettung verloren zu gehen. Brüder! bedenkt
doch nur einmal ruhig, ist denn die göttliche Weisheit
ein Weib, das man wie eine Ehegattin lieben kann —
und Ihr Schwestern! ist unser theuerster Erlöser ein
Mann, der Brautliebe von Euch fordert? — darf man
so die sinnliche Liebe in den Tempel, dieß unreine thie-
rische Feuer auf den Altar Gottes bringen? — Wenn
die heiligen Verfasser der Bibel sich des Bildes eines
Bräutigams und einer Braut in Beziehung auf Christum und seine Gemeine bedienen, so kann ja ein
Kind begreifen, daß das gleichnißweise und nicht eigentlich zu verstehen sey. Wenn ich zu Euch sage, ich liebe
Euch, wie ein Bräutigam seine Braut liebt, wollt Ihr
Eheweiber dann alle kalt gegen Eure Männer werden,
und Euch in mich verlieben? oder wenn meine Gemahlin zu Euch Allen spräche: ich liebe Euch wie eine Braut
ihren

ihren Bräutigam, wollt Ihr Männer dann alle Eure
Weiber verlassen, und Euch mit Uranien fleischlich verbinden? — Prüft Euch, ob Ihr nicht Alle auf diesem
Wege des abscheulichsten Unsinns gewesen seyd, oder
gar noch seyd? — Könnt Ihr Euch nicht davon überzeugen, so werft einen Blick auf Euren bedauernswür-
digen Führer. — Er verließ seine Braut, die ihm Gott
zugeführt hatte, und wählte die, womit ihn seine erhitzte
und glühende Einbildungskraft betrog; was ist nun
aus allen Dreien und aus dem unglückseligen Bräutigam geworden, der nicht aus eigener Schuld seine künftige theure Gattin verlor, und dessen gegenwärtiges
Schicksal wir noch nicht wissen? — Sollte das der
rechte Weg zu Gott seyn, der die heiligsten Bande der
Menschheit auflöst? und der gute Menschen unglücklich
macht? — O betrügt Euch selbst nicht, meine Lieben!
und laßt Euch auch nicht betrügen! Nicht Eure Empfindungen sind Eures Lebens Richtschnur, sondern die
Gebote Gottes; — wenn Ihr glaubt, es sey Euch so
recht wohl in Gott und Christo, so traut nicht: denn
wenn dem Fleische und der Sinnlichkeit in dem Verstand wohl ist, so verstehen sich der innere und der
äußere Mensch mit einander, und das ist immer eine
gefährliche Sache; dann ist entweder der Geist betäubt,
und das taugt gar nicht, oder das Fleisch, das ist
aber ein sehr seltener Fall, der ohnehin nicht lang
dauert, sondern nur vorübergehend ist. So lang wir
im Fleisch wallen, müssen wir kämpfen, und wir bekommen nur soviel zu genießen, als zur Stärkung
nöthig ist. Kinder dürfen nicht heirathen, bis sie erwachsen und mündig sind, und Christen können nicht
zur Hochzeit des Lamms zugelassen werden, bis sie den
befleckten Rock des Fleisches ausgezogen, und ihr Hochzeitskleid angezogen haben. Drum kehret nun wieder,

Ihr abtrünnigen Kinder! bekennet dem Sündentilger
Eure Abweichungen, nahet Euch täglich im Gebet zu
Ihm, und bringt in Demuth, Glauben und Selbst-
verläugnung rechtschaffene Früchte der Buße! liebt Gott
als ein geistiges Wesen, als das höchste Gut, aber
nicht durch sinnliche Triebe und unreine Begierden,
sondern durch Befolgung seiner Gebote, und liebt auch
Euch unter einander, aber nicht mit Weiber- oder
Brautliebe, sondern dadurch, daß Ihr Euch unter einander unterstützt, das allgemeine Beste befördert und
Euch im Geistlichen und Leiblichen hülfreiche Hand bietet.

Traut nie einem Lehrer, der nicht von Eurer
Obrigkeit verordnet ist! dies ist der ordentliche Weg,
durch den Euch Gott Lehrer schenken will: außerordent-
liche Lehrer müßen erst beweisen, daß sie von Gott
sind, ehe man ihnen glauben kann, und diesen Beweis
hat Euch Euer unglücklicher Führer nie gegeben, sondern
das hat er auf die schrecklichste Art bewiesen, daß sein
Amt nicht von Gott war. Laßt Euch sein Ende eine
Warnung seyn, nie wieder vom richtigen Wege der
Wahrheit abzuweichen, und urtheilt nicht über das un-
glückliche Schicksal Eurer vier Mitchristen, sie sind noch
immer in der Hand Gottes, und unser Auge ist zu trübe,
in die andere Welt hinüber zu schauen. O könnte ich
für Euch alle büßen! — könnte ich Euch Alle auf meinen Schultern —

Nein! rief Einer mit mächtiger Stimme, Nein!
lieber Fürst! wir wollen durch die Gnade Gottes selbst
den verlornen Weg wieder suchen. Dieses Signal hatte
nur gefehlt: denn nun hob das ganze Volk seine Stimme auf und weinte. Erst knieten einige nieder, nach
und nach knieten Alle, endlich auch der Fürst und
Urania, und nun herrschte eine allgemeine Stille; —
die der Fürst endlich dadurch unterbrach, daß er rief:

Gehet hin im Frieden, Eure Sünden sind Euch vergeben, wenn Ihr in diesem Geist beharret!

Nun erhob sich das Volk wieder aus dem Staube,
und das Hosianna = Getümmel stieg bis zu den Wolken
empor.

Jetzt besuchte der Fürst mit Uranien auch alle
vier leidtragende Familien. Schon dieser Besuch richtete sie auf, als er aber nun vollends redete, und die
Fülle seines edlen Herzens über sie ausgoß, so wurden
sie ganz beruhiget und getröstet.

An den beiden Oertern, wo Reiling und Adelgunde ihr Leben aufgeopfert hatten, ließ er steinerne
Denkmäler aufrichten: auf Adelgundens Pyramide
bestimmte er folgende Aufschrift:

Wanderer! bewahre . deine . Leuchte.
auf . deinem . finstern . Pfade.
Einer . guten . Seele . verlosch . sie
ungerufen.
Schwang . sich . hier . ihr . verirrter . Geist.
hinüber.
Ins . Reich . der . Geister.

Auf Reiling's Sterbestelle kam ebenfalls eine
Pyramide mit der Aufschrift:

Wanderer!
hüte . dich . für . dem . Irrlicht.
auf . deinem . finstern . Pfade.
Eine . gute . Seele . folgte . ihm.
Schwindelnd.
am . Rande . des . Abgrundes.
Ungerufen.
Stürzte . sich . hier . der . verarmte . Geist.
In . die . Tiefe . der . göttlichen . Erbarmung.

Dann gab auch endlich Eugenius Befehl, daß
verschiedene starke Männer die arme verrückte Mathilde
mit ihm nach Ostenheim führen sollten, dort wollte

7 *

er sie versorgen, und dann Anstalten treffen, daß sie wieder zurecht gebracht würde.

Nun reisten die beiden auserwählten Personen, der Fürst und die Fürstin wieder fort, und vieles Volk mit den Vorstehern begleitete sie. Segen und Wohlwollen strömte auf beiden Seiten aus den vollen Seelen wechselseitig hinüber, und der Vater der Menschen erbarmte sich ihrer Aller. Alle giengen gerechtfertigt nach Haus, und schafften nun ihre Seligkeit mit Furcht und Zittern.

———

Die Preisfrage, die der Geistlichkeit in Solyma wegen der Versöhnungslehre war aufgegeben worden, wurde nach und nach beantwortet. Alle Lehrer schickten vortreffliche Aufsätze; einer war noch schöner als der andere.

Welches ist das einzige wahre Mittel, die sittlichen Kräfte des gefallenen Menschen zu entwickeln, und wie wird es erlangt?

Selig ist der und heilig, der diese Aufgabe aus eigener Erfahrung auflösen kann! — und dies konnten die Prediger in Solyma Alle. — Sollte man nicht nach einem solchen Lande das Heimweh bekommen? — besonders jetzt, da in der Kirche Gottes der October angeht, und nur noch hie und da etwas Genießbares im Felde und in den Gärten steht, und das gelbe Laub von den Bäumen rieselt.

O Ihr lieben deutschen Landsleute! verseht Euch mit Brod, warmer Kleidung, und mit Feuernahrung auf den Winter! der Winter wird sehr kalt werden, — wenn die Hähne des Abends krähen, so giebts rauh Wetter, sagt der Bauer, und die Wetter = Regeln der Bauern treffen gewöhnlich ein. Ich meine, daß sie krähen!

Kaum darf man noch von der Erlösung durch Christum, dem einzigen zuverlässigen Mittel zur Heiligung,
folglich auch zur Seligkeit, den Mund aufthun. Das
Alles erkläret man für pure Schwärmerei; und doch
kann Niemand dem höchsten Urbild der vollkommenen
Menschheit ähnlich werden, er werde denn in seinen Tod
getauft. Ich und meine Freunde wollen bei der wohl-
thätigen Schwärmerei bleiben, das Blatt wird sich einmal wenden, und dann werden sie sehen, in wen sie
gestochen haben.

Doch was hab ich mit Euch zu schaffen? Ihr Kinder Zeruja! Ihr seyd groß im Hause Gottes, aber
Ihr werdet klein werden; Ihr werdet dereinst vor den
Thüren der Schwärmer betteln, und froh seyn, wenn
sie Euch ein Krümchen vom Brod des Lebens zukommen
lassen. Doch das Heimweh treibt, ich eile von binnen.

Alle Kirchenlehrer in Solyma hatten den heiligen Geist, wie billig und recht ist, als das einzige
Mittel die sittlichen Kräfte zu erhöhen, angegeben, und
seine Erlangung in dem Glauben an den Versöhnungs-
tod Jesu gefunden; aber Viele hatten sich mit besonderer
Kraft über diesen letzten Punkt geäußert. Von diesen
ließ Eugenius zwanzig nach Ostenheim kommen, diese
wurden nun einzeln vor den geheimen Rath gefordert,
und theoretisch und practisch examinirt, dann wählte
man sechs der Geschicktesten und Frömmsten aus, die
dann zu Professoren der Uranienburger Universität
ernannt wurden.

Dann wurden auch zum Anfang 200 der edelsten
und fähigsten Jünglinge ausgesucht, die sich der Gottes-
gelahrtheit widmen mußten.

Während der Zeit vergaß aber auch der Fürst keineswegs, für die Verhütung alles Schadens der Schwärmerei auf die Zukunft zu sorgen; wozu ihm Reiling's

schreckliche Geschichte die Veranlassung gab. Es wurde also eine allgemeine Verordnung bekannt gemacht, deren wesentliche Punkte folgende waren:

1. Obgleich die gemeinschaftliche Privaterbauung in den Wohnhäusern der Christen keineswegs getadelt, sondern vielmehr empfohlen wird, so sollen doch nie ledige Personen beiderlei Geschlechts zu solchem Zweck zusammen kommen, es sey denn, daß sie Geschwister sind.

2. Wenn sich irgendwo Jemand findet, der sich gedrungen fühlt, öffentlich zu lehren, so sollen die Kirchenlehrer des Orts mit Zuziehung des weltlichen Vorstands, den Trieb eines solchen Menschen prüfen. Wenn sie nun, wie das gewöhnlich der Fall ist, finden, daß ein geheimer geistlicher Stolz zum Grunde liegt, so sollen sie ihm alles Lehren bei hoher Strafe verbieten, und sorgfältig wachen, daß er nicht gegen das Verbot handelt.

3. Sollte aber Jemand neue Lehren vortragen wollen, besonders wenn er in der Meinung stände, Gott habe sie ihm offenbart, und er sey also verpflichtet, sie öffentlich bekannt zu machen, so sollen seine Grundsätze geprüft, und untersucht werden, in wiefern sie mit den vier Symbolen übereinstimmen. Sind sie diesen gemäß, so bedarfs keiner ferneren göttlichen Offenbarung, und sind sie ihnen nicht gemäß, so ist die Offenbarung nicht von Gott. Von dieser Wahrheit muß er überzeugt, und zur Ruhe verwiesen werden; hilft das nicht, so verfahre man nach dem vorhergehenden Paragraphen.

4. Da man aber keinesweges gesonnen ist, den Fortgang der Erleuchtung und der Offenbarungen Gottes an die Menschen zu hemmen, so soll man, wenn sich irgend Jemand fände, der neue Lehren vortragen wollte, die den Symbolen keinesweges zuwider laufen, son-

dern sie vielmehr erklären, und die Heiligung befördern, einen solchen Mann, an die theologische Fakultät nach Ostenheim schicken, wo er dann genauer
geprüft, zum Lehramt eingeweiht, und befördert werden soll.

5. Damit sich auch bei den Bürgern von Solyma keine heimlichen falschen Grundsätze einschleichen
mögen, so soll jeder Aelteste des Sonnabends Abends
alle Mannspersonen der zehen Haushaltungen seiner
Gemeinde zusammenkommen lassen, und sich mit ihnen
von Religionsmaterien unterreden, auch Jeden in seinen Glaubensgrundsätzen prüfen.

6. Dann soll auch von nun an in jeder Gemeine
eine Aeltestin angeordnet, und dazu eine ältliche, ver-
ständige und in den Religionswahrheiten erfahrne Frau
gewählt werden, die ebenfalls solche Uebungen mit dem
weiblichen Geschlecht anstellt.

7. Die Prediger sollen jede Woche, und zwar der
Reihe nach, einer solchen Erbauungsstunde beiwohnen,
den Wachsthum in der Erkenntniß prüfen, und wohl
untersuchen, ob sich auch falsche Religionsbegriffe einschleichen; — dann sollen sie mit Kraft und Gnade
die Unterredung beleben, und besonders allenthalben
die evangelische Lehre von der Versöhnung durchs Leiden und Sterben Christi zum wahren Gesichtspunkt
machen. Hierbei müßen sie aber wohl bemerken, daß
keine Vergebung der Sünden durch das Verdienst JEsu
anders statt finde, als durch unermüdeten Kampf gegen
die Sünde.

8. Sollen die Kirchenlehrer alle Familien der Reihe
nach, und zwar wöchentlich wenigstens eine, in ihren
Häusern besuchen, sich da sorgfältig nach dem Seelenzustand eines jeden Einzelnen erkundigen, und dann
Jedem nach seinem Bedürfniß Unterricht ertheilen.

9. Damit aber auch die Prediger selbst auf dem rechten Wege erhalten, und vor Abweichungen bewahrt bleiben mögen, so soll jeder Bischof in seinen zehen Kirchspielen, ebenfalls der Ordnung nach, monatlich eine Kirche besuchen, und sich dann sorgfältig und unpartheiisch nach dem Grad der Kenntnisse, ihrer Richtigkeit, und dem Leben und Wandel der Geistlichen, der Aeltesten und Aeltestinnen erkundigen.

10. Jedes Landesviertel soll von nun an seinen Erzbischof haben, der über die zehen Bischöfe seines Landes die Oberaufsicht verwaltet, und der Erzbischof zu Ostenheim erhält den Titel eines Patriarchen.

Mit den Wahlen aller dieser Personen bleibt es dabei, daß die Gemeinen ihre Prediger und Aeltesten, diese den Bischof, die Bischöfe den Erzbischof, und die Erzbischöfe den Patriarchen wählen; nach jeder Wahl aber muß jeder Gewählte von seinem Vorstand geprüft, und vom Fürsten confirmirt werden.

11. Bleibt es bei der Verordnung, daß die Aeltesten und Aeltestinnen mit ihren Gemeinden wöchentlich die Erbauungsversammlung halten, und die Prediger mit den Aeltesten monatlich zusammenkommen, um ein Presbyterium zu formiren; alle Vierteljahr halten dann die Prediger mit ihrem Bischof eine Synode, und alle Jahr der Erzbischof mit seinen Bischöfen eine Landes = Synode; alle zwei Jahre kommt der Patriarch mit den Erzbischöfen zusammen, welche Zusammenkunft dann ein Concilium genannt werden soll.

12. Vor alle diese Versammlungen oder Collegia gehören nur Sachen, die auf die Religion und deren Ausübung, folglich auf Kirchenzucht und Polizei unmittelbaren Einfluß haben; bei dem mittelbaren werden sie nur zu Rath gezogen, und ihre Stimme ist da blos rathgebend.

13. Endlich wird den Kirchen- und Schullehrern, besonders aber auch allen Eltern anbefohlen, die Kinder früh mit der Person des Erlösers, seiner Liebenswürdigkeit, seiner Lehre und seinen Verdiensten um das menschliche Geschlecht bekannt zu machen. Es ist ein schrecklicher Mißbegriff, der aus Europa mit uns hieher gekommen ist, daß man die Kinder nicht vor der Zeit, wo ihr Verstand entwickelt ist, mit dem Erlöser bekannt machen müße; seine Person als Mensch und sein Leben hienieden ist ja auch Kindern begreiflich; mit den höheren Lehren von der Gottheit kann man sie dann bei reiferen Jahren beschäftigen u. s. w.

Diese Verordnung wurde vielmal abgeschrieben und allgemein verbreitet, so lang bis die Buchdruckerei im Gange war.

Daß diese Gesetze wiederum blos für Solyma gegeben wurden, brauch' ich wohl nicht zu erinnern; man siehts ihnen ohnehin gleich an, daß sie wohl schwerlich für unsere Dorf- und Stadtgemeinden passend seyn würden. Wo würde man Aelteste und Aeltestinnen finden, die solche Erbauungsstunden zu halten fähig wären? — und wenn da der Prediger ansehnliche Bürger, von Honoratioren will ich nicht einmal sagen, um ihren Seelenzustand befragen wollte, wie oft würde er angemutet, oder ihm gar die Thüre gewiesen werden? — Würden die Kinder von der Schule an daran gewöhnt, bleib man, bis in reifere Jahre, am catechisiren und prüfen, so könnte endlich diese vortreffliche Sache zu Stande kommen; allein das geschieht nicht.

Der ganze Jammer rührt aber aus unsern schlecht bestellten Schulen her; man quält die Kinder mit dem Auswendiglernen schlecht verstandener und manchmal über gewählter Religionswahrheiten, und prügelt sie ihnen ein; dadurch wird ihnen die Lehre Jesu ein

Befuch einlud; daran aber war freilich nicht zu denken:
Eugénius hatte keinen Augenblick Zeit, und welcher
Fürst hat ihn, wenn er anders seyn will, was er
heißt.

Der Groß=Lama hatte auch eine Weisung be=
kommen, sich hübsch ruhig zu halten, und Niemand
von der Erde wegzublasen, der ihm nichts gethan hätte.
Kien=Long konnte solche Weisungen geben, er hatte
Hand und Finger dazu.

Es ist gut, wenn Fürsten mächtig sind, wenn nur
auch das Herz viel zu lieben an ihnen findet. Der
Christ liebt sie mit ihren Schwächen, denn was wären
wir ohne sie? — aber wenn nun der Fürst vollends ein
Christ ist, dann verdient er, daß Jeder im Fall der
Noth sein Leben für ihn aufopfert.

Wir haben keinen König: denn wir fürch=
ten den HErrn nicht, was kann uns der König
nun helfen? Hosea 10, v. 3. Dies ist das Hah=
nengeschrei in unseren Tagen.

Die arme Mathilde kam nach Ostenheim, sie
fühlte sich aber da nicht zu Haus; ihr Heimweh trieb
sie nach oben; es gab kein Plätzchen mehr, da ihr Fuß
ruhen konnte, und die Arche Noa fand sie nicht. Wenn
sie an ihren Bernhard dachte, so wars ihr zu Muth,
wie dem Abdiel Abaddonna, wenn er seinen eh=
maligen Engelfreund Abdiel sahe; dann nagte der
ewige Wurm an ihrem Herzen.

Sie hatte ruhige Zwischenzeiten, wo sie nicht wü=
thete, dann durfte man aber den Namen Reiling
nicht nennen; nur die Erinnerung an ihn machte sie
rasend, sie hielt ihn für einen Satan, der ein großer

Engel des Lichts gewesen, aber aus Stolz gefallen sey,
und sie mit in den Abgrund hinuntergezogen habe.

Während dem Wüthen aber durfte man nur den
Namen Bernhard nennen, so sanken alle ihre Kräfte hin, wie die Wellen des ungestümmen Meers nach
dem Sturm, allein sie wurde dann sehr schwermüthig
und man mußte sie genau bewachen, damit sie sich
keinen Schaden zufügen möchte.

Urania, deren Herz gegen jeden Nothleidenden
überfloß, nahm sich der armen Mathilde an; sie be-
stellte starke Männer, die sie beständig bewachen und
treulich ihrer pflegen mußten, und ihre Weiber mußten
für solche Bedürfnisse sorgen, für welche Männer nicht
sorgen können. Besonders aber wurde ernstlich darüber
nachgedacht, wie ihre Genesung zu bewirken seyn könnte, und man beschloß, einen geschickten und rechtschaffenen Geistlichen zu wählen, der die Cur des moralischen, und einen tüchtigen Arzt, der die Wiederher-
stellung der naturgemäßen Wirkungen des physischen
Theils ihrer Existenz befördern sollte.

Der Hofprediger Eustathius bot sich an, in Ansehung des Ersten einen Versuch zu wagen; er hatte
ehmals das Haupt der Wittwe Geroldin in den schrecklichsten Fluthen über dem Wasser erhalten, er hoffte
also auch, die Mathilde, die schon untergetaucht oder
gar im Bauch des Wallfisches war, wieder ans Tageslicht zu bringen. Urania freute sich dieses Mannes.

Aber nun mußte auch noch ein Arzt ausfindig gemacht werden. Die Fürstin erkundigte sich nach dem
geschicktesten und erfahrensten, und erfuhr nun bald,
daß das Land Solyma einen Mann besäße, dessen
Gleichen wohl schwerlich die ganze übrige Menschheit
aufweisen könnte; man halte ihn für einen Adepten,

das ist: für einen Besitzer des großen Geheimnisses des 'Steins der Weisen, und er thue Wunderkuren.

Dieses Zeugniß machte Uranien schon mißtrauisch; indessen, sie wollte ihn doch einstweilen kommen lassen, ihn sprechen, und dann sehen, was etwa Gutes dabei herauskommen würde. Sie erkundigte sich also, wo sich denn der Wundermann aufhielte? und bekam zur Antwort: im Morgenland unter den Parsen.

Augenblicklich sandte sie einen Boten an den Statthalter Djemschid, und trug ihm auf, den Arzt, der sich Eulalius Philompstes nennen ließ, aufsuchen zu lassen, und ihn dann an sie nach Ostenheim zu senden.

Das Alles wurde bald zu Stande gebracht, und Eulalius Philompstes erschien vor der Fürstin. 'Er hatte ein ehrwürdiges Ansehen, und war sehr sittsam und anständig gekleidet.

Uran. Ich hab dich kommen lassen, mein Freund! um einer armen verrückten Frau, wo möglich, wieder zur gesunden Vernunft zu verhelfen, und damit du die Ursachen alle wissen mögest, wie sie zu dem Unglück gekommen ist, so will ich dir Alles umständlich erzählen:

Hier erzählte nun die Fürstin die ganze Geschichte, und fügte dann noch hinzu: siehst du, mein Bruder! das sind die Umstände; thue nun, was du kannst, ich will dir alles vergelten; ein sehr frommer und verständiger Theologe, der Hofprediger Eustathius, wird dir an die Hand geben, und treulich mitwirken.

Philom. Meine theuere Fürstin! rede ja von Vergeltung nicht, ich bedarf keiner, denn ich habe genug, mehr als ich brauche; es ist auch ohne Vergeltung meine Pflicht, die zerrüttete Gesundheit meines Nebenmenschen wieder herzustellen, insofern es von menschlichen und natürlichen Kräften abhängt; indessen wird doch wohl Bruder Eustathius das Beste bei der Sache thun müßen; die Ursache ist moralisch, folglich müßen es auch die Mittel seyn. Insofern aber diese Krankheit auf den Körper gewirkt hat, insofern will ich sehen, was ich ausrichten kann. Das sind die Folgen der Schwärmerei — es wird der armen Kranken schwerlich geholfen werden können, wenn sich ihr Bernhard nicht wieder findet; dieser allein kann sie wieder zurecht bringen.

Solch eine Antwort hatte die Fürstin von einem Eulalius Philomystes nicht erwartet; es war ihr schon wunderlich vorgekommen, warum man ein solches Subject nach Solyma gebracht habe; jetzt aber beschloß sie, ihn weiter zu prüfen.

Uran. Wo bist du her? mein Freund!

Philom. Ich bin aus der Schweiz.

Uran. Wie kommst du denn zu dem philosophischen Namen?

Philom. Gefällt es dir, liebe Fürstin! so will ich dir meine Geschichte erzählen.

Uran. Das soll mir sehr lieb seyn, erzähle nur!

Philom. Mein Vater war ein ehrlicher, frommer Bauer in der Schweiz, und wohnte im Canton Bern nicht weit vom Bieler See. Ich wurde fleißig zur Kirche und Schule angehalten, und auch zu Hause auf alle Weise zur Gottseligkeit und allen christlichen Tugenden angeführt. So erreichte ich mein sechzehntes Jahr, ohne daß etwas Ungewöhnliches mit mir vorgieng. Jetzt aber trug sich Etwas zu, das mir eine ganz andere und höchstmerkwürdige Richtung gab: unser Nachbar hatte eine Tochter, die sich mit einer eisernen Gabel schwer in den rechten Arm verwundete; anfänglich glaubte man, das Uebel mit Hausmitteln zu heilen; als das aber nicht angehen wollte, so nahm man

seine Zuflucht zu Quackfalbern, die es dann bald dahin
brachten, daß die arme Kranke Gefahr lief, den Arm
zu verlieren.

Ich hörte meinen Vater mit meiner Mutter von
der Sache mit äußerstem Mitleiden sprechen, und mir
fiel dabei ein, ich wollte doch wohl einmal in unserm
alten Kräuterbuche blättern und sehen, ob ich da kein
Mittel für das Uebel finden könnte. Ich blätterte eine
Weile, und fand da die Abbildung und die Beschreibung
von dem Schöllkraut *); nun hatte einer auf den
Rand geschrieben: wenn man den goldgelben Saft aus
den Wurzeln und Stengeln auspreßte, ihn mit eben so
viel Bienenhonig vermischte, dann Scharpie-Bäuschlein
(ausgefaseltes Leinwand) damit befeuchtete, und sie in
alte Geschwüre legte, so könnte man sie sehr glücklich
und fast immer damit heilen. Dies ließ ich mir gesagt seyn; ich kannte ein Kraut mit gelbgrünen, breiten
und eingeschnittenen Blättern, und gelben Blüthen, dessen Wurzeln und Stengel einen dicklichen goldgelben
Saft hatten, und das häufig an der Kirchhofsmauer
wuchs, und hielt es gegen die Abbildung und Beschreibung, und fand zum Glück, daß es das rechte war.
Flugs lief ich zu unserm Nachbar, und erzählte ihm
meine Entdeckung; der gute Mann freute sich, und
glaubte, das komme nicht von ungefähr; ich verfuhr
also mit dem Kraut nach der Vorschrift, und in vier
Wochen war der Arm ganz vollkommen geheilt.

Das Gerücht von dieser Cur erscholl weit und breit
umher, es kamen Leute mit allerhand Fehlern zu mir,
und mir hatte die Sache Lust gemacht; ich las in meinem

---

*) Chelidonium majus, auch wohl Goldwurzel genannt; ich
habe auf die nämliche Art einen ähnlichen Fehler höchst
glücklich geheilt.

nem Buch, lernte die Kräuter kennen, und quacksalberte fort; Viele wurden geheilt, die Mehresten nicht; die ersten zogen wieder viele Andere nach sich, ich bekam Zulauf, und wurde also ein Afterarzt.

Indessen gefiel doch meinem Vater diese Sache nicht recht; er war ein sehr verständiger Mann, und sagte immer: wenn du ein rechtschaffener Arzt werden willst, so mußt du mehr lernen, als in dem Kräuterbuch steht, mir wär' es aber lieber, wenn du ein Bauer bliebst, und würdest, was ich bin. Das war mir nun nicht recht, mir gefiel das Heilen der Krankheiten so gut, daß ich meinem Vater keine Ruhe ließ, bis er mich dem Studiren widmete.

Als dies nun beschlossen war, so sprach er erst mit einem rechtschaffenen Arzt über diese Sache; der rieth ihm nun, er sollte mich nach Biel in eine Apotheke thun, und sich dann ausbedingen, daß ich täglich einige Stunden der lateinischen und griechischen Sprache widmen könnte. Dieser Rath war vernünftig, und wurde befolgt; ich kam in die Apotheke, war vier Jahr lang da, und lernte in der Zeit von der Apothekerkunst und von obigen Sprachen so viel, als mir nöthig war.

Nun sollte ich auf eine Universität ziehen, und dazu ward Strasburg gewählt; ich zog ab, mein Vater empfahl mir Klugheit, Sparsamkeit und Gottesfurcht, und gab mir dann einstweilen Geld auf ein halbes Jahr mit. In Strasburg richtete ich mich ein, studirte fleißig, hielt mich von allen Gesellschaften zurück, und war also zwei Jahre lang, was ich seyn sollte; mein Vater war auch wohl mit mir zufrieden, und wünschte nun nach Verlauf dieser Zeit, daß ich promoviren, und dann wieder zurückkommen möchte. Ich gehorchte, ward Doctor, schickte meine letzte Rech-

nung, und erwartete nun mein Geld, um abziehen zu
können. Allein wie erschrack ich, als mir ein Verwand=
ter zwar das Geld schickte, aber dabei die traurige Nach=
richt schrieb, daß mein Vater und meine Mutter beide
an der rothen Ruhr gestorben seyen, und daß mein
Schwager das Gut angetreten hätte.

Jetzt hatte ich nun zu Haus nichts mehr zu thun,
so bald ich also meinen Kummer einigermaßen ver=
schmerzt hatte, so kam mich die Lust an, zu reisen; al=
lein womit? — ich hatte kein Geld — ich beschloß
daher, einstweilen in der Schweiz mich aufzuhalten,
und so lang zu practiziren, bis sich Gelegenheit fände,
meinem Verlangen Genüge zu leisten.

Indem ich mich nun zur Abreise anschickte, so er=
fuhr ich von einem Freund, daß ein sehr vornehmer
englischer Arzt im Gasthof zum Geist logire, er habe
Frau und Kinder bei sich, und suche einen Hofmeister,
der auch zugleich Medizin studirt habe. Bei dieser
Nachricht schlug mir das Herz, ich gieng in gedachten
Gasthof, und ließ mich bei dem Engländer melden, er
nannte sich Doctor Townley, und war ein überaus
feiner, geistvoller und ansehnlicher Mann. Da er nun
ziemlich gut deutsch sprach, so konnte ich gut mit ihm
zurecht kommen; kurz, ich gefiel ihm, und wir wurden
des Handels bald einig; ich begab mich zu ihm, und
schrieb dann dies mein Glück an meine Freunde in der
Schweiz.

Jetzt erfuhr ich nun, daß wir nach Venedig rei=
sen würden, das gefiel mir aus der Maßen: denn ich
hatte große Lust zum Reisen; aber ich erfuhr nun noch
mehr: Herr Townley sprach zuweilen mit mir über
medizinische Sachen, und da bemerkte ich, daß er sehr
gründliche Kenntnisse in der Arzneiwissenschaft, aber

auch sonst noch etwas Wichtiges im Hinterhalt hatte,
mit dem er nicht herausrücken wollte. Dies machte
mich erstaunlich neugierig, und ich hoffte, durch mein
Betragen nach und nach sein Vertrauen zu gewinnen
und seine Geheimnisse zu erfahren.

Nun reisten wir von Strasburg auf Stutt-
gart, dann, über Augsburg und Trident nach
Venedig.

Auf diesem Wege lernte ich nun meinen Engländer besser kennen, er war ein sonderbarer launigter
Mann, aber äußerst und in Geheim wohlthätig; in
den Städten hielt er sich still, auf den Dörfern aber
fragte er nach Kranken; gieng dann zu ihnen, gab ihnen entweder Medizin aus seiner Reise-Apotheke, oder
verschrieb ihnen Mittel, und wenn sie arm waren, so
gab er ihnen noch Geld dazu. Dies rührte mich dergestalt, daß ich mich auf alle Weise bemühte, ihm mein
Zutrauen und meine ehrfurchtsvolle Liebe zu erkennen
zu geben; allein ich bemerkte im Geringsten nicht, daß
er sich mir näherte, oder offenherziger gegen mich wurde.
Dies verdroß mich zwar, allein ich ließ mich nichts
merken, und hoffte noch immer, ihn durch Geduld endlich zu überwinden.

In Venedig miethete Herr Townley ein schönes
Haus auf dem Rialto; wir richteten uns ein; und
ich meines Orts lebte sehr glücklich, außer daß ich in
meinem Beruf zurück blieb; ich konnte nicht viel lesen:
denn meine Bücher, deren wenig waren, hätte ich nicht
mitnehmen können, und zur Bibliothek meines Prinzi-
palen hatte ich noch keinen Zutritt. Ich beschäftigte
mich also blos mit dem Unterricht der Kinder; ich hatte
englisch und französisch in Strasburg, wenigstens
in so fern gelernt, daß ich mich verständlich machen
konnte; und mein Unterricht bestand in der Religion,

8*

in der deutschen Sprache, Lesen und Schreiben, und
was sonst noch den Kindern nützlich ist.

Daß Townley außerordentlich viele und wichtige
Geschäfte in Venedig betrieb, das merkte ich wohl,
was es aber für Geschäfte waren, davon erfuhr ich
kein Wort.

So vergieng ein Jahr an meiner Seite sehr ein=
förmig, aber nun änderte sich auch die Scene auf ein=
mal: denn als Townley einstmals an einem Abend
spät nach Haus kam, so ließ er mich zu sich in sein
Cabinet kommen; er war äußerst freundlich und herab=
lassend gegen mich, und redete mich folgendergestalt an:

Ich hab' gemerkt, daß Sie in der Arzneiwissen=
schaft gern weiter kommen möchten; glauben Sie denn
auf dem Wege, den Sie bisher in diesem Fach gewan=
delt haben, Ihren Zweck zu erreichen? — Ich ant=
wortete: ich glaube, daß ich mich durchs Lesen guter
Schriften vervollkommnen kann, und ich bitte Sie also,
mir dazu zu verhelfen.

Lieber Freund! fuhr er nun fort, die schulgerechte
Arzneikunde ists wahrlich nicht, wodurch man zum wah=
ren Ziel kommt, man bleibt auf den Universitäten und
gewöhnlich sein ganzes Leben durch auf der untersten
Stufe stehen, indem man die Zergliederungskunst, die
Naturgeschichte und Physik zu sehr als Hauptsache
treibt, und den Zweck dabei vernachlässigt. Wenn man
jene Hilfswissenschaften nebst den übrigen dazu gehöri=
gen, Chymie, Apothekerkunst u. d. gl. ordentlich stu=
dirt hat, so sind dann noch zwei Hauptstudia nöthig,
wozu man sein ganzes Leben braucht, und worauf alles
ankommt, nämlich die gründliche Erkenntniß der Krank=
heiten, und der wirksamsten Mittel dagegen.

Das ist richtig! versetzte ich: aber eben diese Haupt=
studia werden ja auch auf den Universitäten mit allem
Fleiß getrieben.

Townley lächelte und erwiederte: freilich werden sie getrieben, aber wie? — in Ansehung der Krankheiten hat man einmal ein pathologisches System angenommen, und jede Krankheit wird auf diesen Leisten gezwängt, er mag passen oder nicht, und was die Medikamente betrifft, da will man jede Wirkung aus physischen und chymischen Ursachen erklären, und kann man das nicht, so ist man mißtrauisch; auf die spezifischen Mittel hält man nicht viel.

Man sollte doch bedenken, daß dann erst die Arzneikunde vollkommen seyn würde, wenn man für jede Krankheit ein spezifisches Mittel hätte.

Er fuhr fort: Sterben müßen wir Alle, und es giebt durchaus tödtliche Verletzungen und Krankheiten, so wie das Alter selbst eine ist, gegen welche keine Arznei hilft; aber sonst giebt es freilich, und zwar im Kräuterreich, Mittel gegen alle Krankheiten, es fehlt nur daran, daß wir sie nicht wissen, und nicht genug darnach suchen. Jede Pflanze hat ihre geheime Signatur, und jede Krankheit hat auch die ihrige; könnten wir beide Bücher lesen, so würden wir viel ausrichten.

Dieser Gedanke gefiel mir aus der Maßen, ich äußerte auch mein Wohlgefallen sehr lebhaft, und bat ihn, mich im Buchstabiren dieser Schrift zu unterrichten; dies beantwortete er mir nicht, sondern setzte noch hinzu:

Alle Krankheiten haben ihren Grund entweder in der Verletzung irgend eines festen Theils, oder in dem feinen Wesen, das wir die Lebensgeister nennen; wenn jene Verletzungen äußerlich sind, so wirken wir chirurgisch; sind sie aber innerlich, so kommts darauf an, ob wir die Säfte und die Lebensgeister so verbessern können, daß die Verletzung von selbst heilt? — Bei denen Krankheiten aber, die in den Lebensgeistern ihren Sitz haben, da pflegt man nach der gewöhnlichen Methode die Quellen, aus welchen jene fremde Materien herkommen, zu reinigen, und dann, wie man glaubt, die Natur zu unterstützen. Wüßte man aber das wahre Mittel gegen jede Krankheit, so würde es alle diese Wirkungen naturgemäß verrichten, und der Arzt könnte nicht irren, so bald er nur die Krankheit kennte. Sehen Sie, nach dieser Kenntniß müßen Sie trachten, wenn Sie ein wahrer Arzt werden wollen.

Ich erwiederte: wie kann ich, wenn mich Niemand unterrichtet?

Er. Wenns Ihnen um die Wahrheit recht ernst ist, so wird Sie die Vorsehung zur rechten Quelle führen. Es giebt aber noch einen Weg zum höchsten Gipfel der Genes-Kunde, den aber unter vielen Millionen kaum Einer wandeln kann, weil er äußerst schwer zu finden ist: es giebt nämlich eine Tinctur, welche aus lauter höchstconcentrirten Lebensgeistern besteht; einige Tropfen davon erhöhen dergestalt die Kräfte der Natur, daß sie auch die hartnäckigsten Krankheiten überwinden kann, wenn sie nur nicht absolut, oder auch schleunig tödtlich sind.

Das war also das große Universal, das man auf den Hohenschulen für unmöglich hält, und woran ich bisher sehr gezweifelt hatte.

Ich machte dem Herrn Townley Einwendungen, allein er überzeugte mich, und erregte am Ende die Hoffnung in mir, daß ich noch wohl dereinst zum Besitz dieses großen Geheimnisses kommen könnte; indessen empfahl er mir ernstlich, die Krankheiten und das Pflanzenreich nach dem Plan zu studiren, zu dem er mir einen Wink gegeben habe.

Endlich führte er mich in seine Bibliothek, und zeigte mir gewisse Bücher, die ich einstweilen aufmerksam lesen sollte, hernach wollte er mich dann weiter führen.

Nun gieng eine neue Periode an, ich lebte jetzt vergnügt, und die Hoffnung, dereinst ein wahrer Arzt, oder wohl gar ein Adeptus zu werden, erfüllte meine Existenz in so hohem Grad, daß ich keinen müßigen Augenblick verschwendete, sondern sie alle zu meinem Zweck benutzte.

Von dieser Zeit an blieben wir noch zwei Jahre in Venedig, ich lernte sehr viel: denn ich kam zum Buchstabiren im Buch der Natur, allein in Ansehung der Hauptsache, nämlich des großen Universals, kam ich nicht einen Schritt weiter. Jetzt aber veränderte sich unser Schauplatz auf eine sonderbare Weise.

Ich war etwas über drei Jahre bei Herrn Town= ley gewesen, und hatte, besonders in den letzten Mo= naten, viel von ihm gelernt, als er mich an einem schönen Nachmittag, gegen das Ende des Mai's ein= lud, mit ihm eine Spazierfahrt nach dem vesten Lande zu machen; ich gehorchte sehr gerne, wir fuhren die Brenta hinauf, und erquickten uns an der paradiesi= schen Aussicht dieser Gegend.

Townley war auf diesem Wege außerordentlich freundlich und sogar zärtlich gegen mich; sein Herz floß über in vertraulichen Gesprächen; besonders aber entdeckte ich heute zum Erstenmal, daß er nicht nur ein wahrer, sondern sogar ein weitgeförderter Christ war; bisher hatte ich ihn blos für einen Stoiker, oder strengen Mystiker gehalten, jetzt aber fand ich, daß seine Seele im Evangelio lebte und webte; meine Liebe wurde da= durch noch weit größer zu ihm als vorher, und ich wünschte nun nichts mehr, als in seiner Gesellschaft leben und sterben zu können; ich sahe also nun, daß seine launigte Außenseite bloß Hülle, oder gar Maske seines vortrefflichen Herzens war.

Gegen Abend langten wir auf einem überaus angenehmen, aber einsam gelegenen Landhaus an, wo sehr sittsame, und dem Ansehen nach wohlhabende Bauersleute wohnten; mit diesen schien Townley lange bekannt zu seyn: er hatte hier einige Zimmer, und wie ich hernach erfuhr, auch ein wohleingerichtetes Laboratorium an einem geheimen Ort. Als wir nun des andern Morgens zusammen gefrühstückt hatten, so führte er mich in seine so eben gedachte Werkstätte; er schwieg, machte Feuer an, nahm dann ein Stück Blei von ungefähr drei Mark, und that es in einen Schmelztiegel, während der Zeit nahm er aus einer Dose etwa einen Gran von einem braunrothen Pulver, wickelte es in ein Wachsblättchen, warf es in das schmelzende Blei, und rührte es um; dann goß er das Metall in eine Zain, und als es kalt war, so fand ich, daß das Blei in reines Gold war verwandelt worden.

Ich muß gestehen, daß ich dieser Erfahrung ungeachtet, noch immer zweifelte: denn ich weiß, wie oft auch die geübtesten Augen in diesem Stück geblendet worden sind. Ob ich nun zwar aus Bescheidenheit keine Einwürfe machte, so merkte doch Townley gar bald, was in meiner Seele vorgieng. Er sah mich also durchdringend an, und lächelte; Sie zweifeln — sagte er endlich: aber ich nehme es Ihnen nicht übel; wenn Sie sich dieser Kunst würdig machen, so wird Sie dereinst Ihre eigene Erfahrung überzeugen, indessen will ich Ihnen einstweilen die Möglichkeit dieser Verwandlung aus chymischen Gründen demonstriren.

Wenn Sie Salpeter in einen Tiegel thun, ihn über das Feuer stellen, und dann Vitriolsäure dazu mischen, was geschieht dann?

Ich antwortete: die Vitriolſäure treibt die Salpe-
terſäure weg, und verbindet ſich mit dem Alkali des
Salpeters; wenn ich nun das Pulver im Tiegel mit
Waſſer auslauge, und dann das Waſſer verdünſten
laſſe, ſo bekomm ich den Tartarus Vitriolatus.

Ganz recht! erwiederte er: Sie haben alſo den
Salpeter in Tartarus Vitriolatus verwandelt?

Nein! verſetzte ich: ich habe den Salpeter zerlegt, und ein neues Salz zuſammengeſetzt, aber es iſt
keine Verwandlung vorgegangen. Eben ſo hab ich's
auch mit dem Blei gemacht, ſagte er: ich hab dieſes
Metall zerlegt, und ein neues zuſammengeſetzt, und
das will ich Ihnen nun erklären; jedes Metall beſteht
aus drei Subſtanzen: 1. aus einer Erde, die zu Glas
ſchmelzt, 2. aus dem Feuerſtoff, und 3. aus der feinen
Materie, die beide mit einander verbindet, und zu einem Metall ſpezifizirt; alle Metalle haben alſo einerlei
Glaserde und einerlei Feuerſtoff, aber jedes hat ſeinen
eigenen Metallgrund. Wenn ich nun die Kunſt verſtehe,
den Goldgrund zu machen, und in eine hochconcentrirte
Geſtalt zu bringen, ſo kann ich, nach den Geſetzen der
chymiſchen Verwandtſchaft, damit jeden andern ſchwä-
chern Metallgrund verflüchtigen, und Gold zuſammen-
ſetzen.

Dieſer Beweis leuchtete mir ein; um mich aber
vollends zu überzeugen, zerlegte er einige Metalle, nahm
dann den Metallgrund des einen, und ſetzte ihm den
Kalk des andern zu, und brachte ſo das erſte heraus;
darauf nahm er ein Stück Blei, und verwandelte es
nach eben dieſen Regeln in Zinn; dieſes nämliche Zinn
zerlegte er in ſeine Beſtandtheile, und machte durch
Zuſatz des Eiſengrundes Eiſen daraus, dies Eiſen
ward unter meinen Augen zu Kupfer, zu Silber,
und endlich auch zu Gold.

Jetzt war ich überführt, aber auch äußerst begierig, diese höhere Chymie zu erlernen. Townley hatte das erwartet, und sich also vorbereitet, meinem Geist in diesem Stück die richtigen Begriffe beizubringen; er nahm mich daher mit sich auf sein Zimmer, und redete folgender Gestalt:

Sie haben nun gesehen, daß die berühmte Verwandlung der Metalle möglich ist, und daß es einen sogenannten Stein der Weisen giebt; aber sagen Sie mir! was ist denn nun an dieser Kunst gelegen? — wir kommen durch die Wissenschaft einen Schritt weiter in der Kenntniß der Natur, aber das ist ja auch Alles; — wer Gold machen will, um des Goldes willen, der trägt einen gefährlichen Strick um den Hals, und er braucht nur irgendwo hangen zu bleiben, so ist er verloren. Hieher paßt der Spruch: die da reich werden wollen, die fallen in Versuchung und Stricke viel thörichter und schädlicher Lüste u. s. w. Ich versichere Ihnen, ich würde nie Gold machen, um dadurch reicher zu werden. Es ist sehr gut, daß die Vorsehung gleichsam ihre Hand über dieses Geheimniß hält, so daß es Niemand lernt, der es mißbrauchen könnte; aus den bekannten alchymischen Schriften hat es noch nie Jemand erfahren, und Niemand wird es auch in Zukunft daraus lernen. Aber der andere Hauptpunct der geheimen Chymie, nämlich die Universal=Medizin ist weit wichtiger, und ihre Bereitung ist auch viel schwerer; obgleich derjenige, der die Verwandlung der Metalle versteht, leichter dazu kommen kann, als jeder Andere, weil beide Wissenschaften nahe verwandt sind; Niemand kann diese Arznei bereiten lernen, wenn er nicht den Stein der Weisen zu machen versteht.

Sie werden aber auch leicht begreifen, daß eben

diese Universal-Medizin, dann, wenn sie allgemein würde, eine große Veränderung unter dem menschlichen Geschlecht verursachen müßte; darum giebts auch so Wenige, die diese Kunst verstehen; unser sind jetzt zehn in
der ganzen Welt, die Gott mit diesem hohen Geschenk
begnadigt hat, und wir zehen kennen uns alle, und
stehen in Verbindung mit einander; jeder von uns
sucht in seinem Leben ein taugliches Subject aus, das
er entweder selbst unterrichtet, oder durch seine Collegen
unterrichten läßt; mein Subject nun, das ich zu diesem hohen Zweck bestimme, sind Sie.

Ich gerieth bei diesen Worten fast außer mich, ich
wollte meinen Dank ausströmen lassen, aber er unterbrach mich, und fuhr fort:

Damit Sie aber zu diesem erhabenen Zweck gehörig vorbereitet werden mögen, so muß ich Ihnen zuerst
sagen, daß Niemand in unsre Geheimnisse eingeweiht
werden kann, der nicht im allereigentlichsten Verstand
des Worts ein wahrer Christ ist; Sie müssen also,
von diesem Augenblick an, eine gründliche Revision
ihres Glaubens und Lebens beginnen, und wie Sie
in der Heiligung fortrücken, so wird Sie die Vorsehung auch immer näher zum Ziel führen. Gebet —
unablässiges Gebet und das allerstrengste Wachen
über ihre Gedanken, Worte und Werke, sey von nun
an die ununterbrochene Beschäftigung Ihres Geistes.

Jetzt kehren wir nun wieder nach Venedig zurück; ich werde aus Italien wegziehen, und Sie reisen
mit meinen Empfehlungsbriefen auf den Berg Athos
in Griechenland, wo man Sie weiter befördern
wird.

Diese Rede machte einen bleibenden Eindruck auf
mich; und die Erinnerung zum Beten und Wachen
war mir wie ein lebendiges Wort Gottes durch Mark

und Wein gedrungen, so daß ich von dem Augenblick an, bis dahin, in beständiger Uebung dieser beiden Hauptpflichten geblieben bin.

Townley reis'te also wieder in aller Stille von Venedig ab, und ich gieng an dem nämlichen Tage mit einem Schiffe nach Salonichi, wo ich an einen venetianischen Kaufmann war empfohlen worden; dieser brachte mich nun selbst auf den Berg Athos, und überlieferte mich den zwanzig Grottenbewohnern: denn an diese war ich angewiesen, die übrigen mehrere tausend Anachoreten giengen mich nichts an.

Auf diesem entzückenden Gebirge ist der Aufenthalt fast überirdisch, und ich verlebte dort, aller strengen Prüfungen ungeachtet, fünf frohe Jahre, in welcher Zeit ich nun allmählig dem Ziele näher geführt wurde; indessen erreichte ich es doch nicht ganz, sondern ich mußte zum Beschluß noch eine große Reise nach den Morgenländern machen, um dort theils Aufträge zu besorgen, theils auch das Pflanzenreich vollkommener zu studiren.

Den philosophischen Namen empfieng ich nach der Gewohnheit der Adepten, auf dem Berge Athos; in Ansehung meiner Kenntnisse hatte ich es nun dahin gebracht, daß ich die geheime Signatur der Krankheiten und der Pflanzen wußte, auch war mir der Weg zum Universal geöffnet, es fehlte nur noch daran, daß ich ihn gienge.

Nachdem nun alles zu meiner Reise vorbereitet war, so trat ich sie an, und gieng über Egypten, Jerusalem, Aleppo, Bagdad und Ispahan nach Balk, wo ich zehn Jahre gewohnt habe. Hier fand ich nun eigentlich den Meister in der Kunst, der mich zum Ziele leitete; er war ein christlicher Parse, und mit den uralten Geheimnissen bekannt; sein Umgang war mir unschätzbar: denn er leitete mich wie ein Vater

sein Kind, mit großer Weisheit. Er förderte meinen
Gang auf dem Wege der Heiligung, und bildete mich
zum wahren Arzt, indem er mich mit dem Charakter
jeder Krankheit und der dazu passenden Signatur im
Kräuterreich vollkommen bekannt machte, und endlich
hab ich dann auch das große Universal, oder den dop-
pelten Stein der Weisen, unter seiner Aufsicht selbst
gemacht. Dir darf ich das wohl sagen, theure Fürstin!
dann auch wohl deinem erhabenen Gemahl, sonst aber
keiner lebendigen Seele. Meine Ruhe — mein innerer
Frieden, und die Furcht vor dem Mißbrauch, sowohl
an meiner als an Anderer Seiten, macht diese Vorsicht
nothwendig.

Urán. Ich bin erstaunt über deine Erzählung
und über dich selbst; wie bist du aber nach Solyma
gekommen?

Philom. Wenn ich nun den Schluß meiner Geschichte noch erzähle, so wird sich das von selbst ergeben.
Mein väterlicher Freund zu Balk ließ mich einstmals
an einem Morgen früh zu sich rufen; ich kam in sein
Cabinet, fand ihn auf seinem Sopha sitzen, und die
aufgehende Sonne strahlte auf sein Angesicht und auf
seinen langen schneeweißen Bart. So wie ich mich ihm
nahte, lächelte er mich sehr heiter an, ich bemerkte eine
große Veränderung in seinem Gesicht, und es schien
mir, als wenn die Morgenröthe der Ewigkeit in seinen
Mienen glänzte.

Eulalius! redete er mich mit schwacher Stimme
an: mein Lauf ist vollendet — ich bin 104 Jahr alt,
und die Universal = Medizin hat an meiner Hütte ihre
Wirkung vollbracht. Die meinigen Kräfte, die ich noch
habe, sind dir gewidmet, höre also, was ich dir sagen
muß!

Die große Vollendung des Rathschlusses Gottes

aber die Christenheit naht sich; es werden Anstalten
zur Versiegelung der Erstgebornen gemacht; auch hier
unter meinem Volke weht schon der Geist der Vorberei-
tung; merke auf die Zeichen der Zeit! und wenn einmal
die christliche Religion unter den Parsen gelehrt, und
zum Wegziehen der Auserwählen Anstalt gemacht wird,
so schließe dich an sie an; ich vermuthe, daß dich die
Vorsehung unter ihrem Volk brauchen wird — folge
Ihr willig, und wirke so viel Gutes als du kannst.

Alles, was du hier in meiner kleinen Wohnung
findest, ist dein, ich hab gesorgt, daß es dir Niemand
streitig machen wird. Den Armen hab ich nichts ver-
macht, weil du ohnehin Alles zu ihrem Besten anwenden wirst.

Ich konnte vor Weinen nicht reden, doch drückte
ich ihm die Hand und sagte: Vater! alle deine Worte
sind unverbrüchliche Gesetze für mich.

Mit der Miene eines sterbenden Apostels starrte
er aufwärts, dann hauchte er noch die Worte aus:
Du großes Universal der moralischen Welt! — dir hab
ich meine Verwandlung aus dem Vergänglichen ins
Unvergängliche, aus dem Unvollkommenen ins Vollkommene, ganz allein zu verdanken! — nun präcipitire
auch die todte Materie, und verflüchtige meinen Geist
zu den höheren Wirkungskreisen. Dort brauche mich
dann nach dem Willen deiner ewigen Liebe!

Bei diesen letzten Worten sank er zurück und ver-
schied. Nach dem Tode dieses großen, der Welt nach
seinem wahren Werth ganz unbekannten Mannes, wohnte ich nun noch einige Jahre in seinem Hause, und setzte seine Geschäfte fort. Endlich kam die Zeit, die er
mir vorher verkündigt hatte; ich meldete mich bei dem
Djemschid, der mich prüfte, und dann unter seine
Gesellschaft auf- und mit hieher nahm;

Urania war sehr vergnügt über diese Erzählung: denn einen solchen Mann zum Arzt zu besitzen, war eine Sache, die zu Solyma paßte.

Philomystes besuchte nun auch Mathilden, allein er fand sie so, wie er vermuthet hatte; ihr Körper war gesund, außer insofern ihn die Zerrüttung der Seele schwächte; ihn in dieser Lage zu stärken, wär Verderben für sie gewesen. Es kam also alles auf Bernhard's Wiederfinden und seine Gesinnung gegen sie an; deßwegen ließ auch der Fürst ein Rescript durchs ganze Land ausgehen, daß sich Jedermann alle Mühe geben möchte, den Bernhard aufzusuchen. Die einzige Furcht war, er möchte sich etwa Leid gethan haben: denn aus dem Lande konnt' er nicht gehen, weil der Paß stark bewacht wurde.

Daß Eulalius Philomystes auch dem Fürsten und den übrigen Herren — bald hätte ich gesagt — seine Aufwartung machte — und das wär gegen den dortigen Hofstyl gewesen: denn dort besucht Einer den Andern. Daß er sie also besuchte, das versteht sich von selbst.

Eugenius und Forscher bedienten sich aller ihrer Menschenkunde, um ihn zu prüfen; aber er hielt alle Proben aus; als Christ betrachtet, war er in der Heiligung so weit gefördert, als vielleicht einer in ganz Solyma, und als Arzt und Gelehrter war er wahrlich das erhabenste Geschenk, das die Vorsehung ihrem Volk bescheren könnte.

Ein solcher Mann gehörte nach Solyma! —

Daß ihn der Fürst an seinen Hof ziehen wollte, kann jeder meiner Leser leicht denken; daß aber Philomystes dies Anerbieten ernstlich ausschlug, das erräth man nicht so leicht. Männer von dem Schlage wirken gerne im Verborgenen — aber da auch so mächtig und so allumfassend, als sie können.

Das wußte Eugenius, aber er ließ sich dadurch nicht abweisen: denn er überzeugte ihn, daß es seine Pflicht sey, in gegenwärtigem Fall dem Volk Gottes zu dienen, und zwar nach dem Plan, der in jedem Betracht der wohlthätigste wäre.

Philomystes ließ sich überreden; der Fürst machte ihn also zum Archiater von Solyma, und zum Lehrer der Arzneikunde auf der neuen Universität. Dem zufolge trug er ihm auf, einen Plan zur Einrichtung des Medizinalwesens zu entwerfen; dieser Entwurf war bald fertig, er wurde angenommen, und er enthielt unter andern folgende Hauptpunkte:

1. Der Erzarzt und erste Lehrer wählt sich noch zwei auserlesene Männer, unterrichtet sie, und diese werden ihm dann als Professoren der Arzneikunde zugeordnet.

2. Das ganze Studium der Medizin und Chirurgie soll sich auf die Charakterkunde der Krankheiten, und blos auf die vom Schöpfer dagegen verordnete spezifische Mittel gründen; dadurch werden aber die gewöhnlichen Hülfswissenschaften nicht ausgeschlossen, sondern sie sollen ebenfalls mit Ernst getrieben werden.

3. Die Dispensation des Universals, und die Mittheilung dieses Geheimnisses, bleibt dem Archiater überlassen.

4. Sobald die Universität eingerichtet ist, wird eine hinlängliche Anzahl vorzüglich geschickter und frommer Jünglinge ausgewählt, die sich dem Studium der Arzneikunde widmen müssen; mit diesem Studio müssen sie aber auch unausbleiblich die Hauptkenntnisse der Religion verbinden, und vorzügliche gute Christen werden.

5. Jede Zunft bekommt ihren besoldeten Arzt und zwei Hebammen, die unter seiner Aufsicht stehen; dieser Arzt aber soll auch zugleich Wundarzt und Apotheker

seyn;

seyn; denn diese drei Fächer sollen in Solyma nie getrennt werden.

6. Jeder Arzt muß einen Adjunct haben, der ihm in allen Stücken an die Hand geht, und sich unter seiner Leitung zum Krankendienst bildet. Und eben so soll auch nie ein junger Arzt, so wie er von der Universität kommt, zum Krankendienst zugelassen werden, sondern er soll erst einige Zeit Adjunct seyn, dann noch einmal examinirt, und wenn er dann gut befunden wird, angestellt werden.

7. Jedes Oberamt bekommt seinen Physikus, der die Aufsicht über die zehen Aerzte seines Districts hat, auch wird er von diesen gewählt; dieses Collegium bestellt dann auch die Zunftärzte.

8. Jedes Landesviertel erhält einen Protomedikus oder Oberarzt, der mit den Physikern das Medizinalcollegium formirt. Die vier Oberärzte aber machen mit dem Erzarzt, oder Archiater, das Obermedizinalcollegium aus.

9. Diese ganze Organisation des Medizinalwesens verhält sich in ihren Zusammenkünften und in der Leitung der Geschäfte eben so, wie die Geistlichkeit.

10. Wenn einem Arzt ein Fall vorkommt, der ihm zu wichtig ist, oder wenn die Medikamente die gewünschte Wirkung versagen, so soll er alsofort an den Physikus berichten; dieser muß ihm alsdann zu Hülfe kommen; würde das auch vergeblich seyn, so muß der Physikus die Sache seinen ihm untergebenen neun übrigen Aerzten vortragen, und wenn auch diese nicht helfen können, so muß er bei dem Provinzial=Collegium medicum Rath suchen, auch endlich von diesem sich an das Obercollegium wenden, damit in solchen Fällen Alles, was möglich ist, geschehen möge.

11. Sollte aber die Gefahr einer Krankheit dringen-

gend, und so beschaffen seyn, daß dieser ordentliche und gesetzmäßige Weg zu langsam wäre, so darf sich jeder Arzt auch geradezu an denjenigen wenden, von dem er den sichersten Rath erwartet, auch allenfalls ans Obercollegium nach Ostenheim berichten.

12. Wenn irgend ein Kranker zu seinem ordentlichen Arzt nicht das gehörige Zutrauen hätte, so darf er wählen, wen er will; dieser gewählte muß aber die oben vorgeschriebene Ordnung beobachten.

13. Wenn ein Arzt entweder in der Lehre von den Krankheiten, oder auch in der Wirkung der Arzneimittel eine neue Entdeckung macht, so soll er seine Entdeckung alsofort dem Obercollegio umständlich berichten; findet dieses die Sache wichtig, so soll es sie durch ein Circulare allen Aerzten bekannt machen; alle Arten von Geheimnissen und Arkanen werden nicht geduldet.

14. Wenn sich irgendwo eine ansteckende Seuche zeigt, so muß der Arzt des Orts alsofort ans Obercollegium berichten, welches alsdann die Verhaltungsregeln vorschreiben wird, u. s. w.

Wenn etwa diese Medizinalordnung, oder auch das Studium medicum selbst, hier und da einem jungen Mann, der sich der Arzneikunde gewidmet hat, oder widmen will, Lust machen sollte, zu Ostenheim zu studiren, so wünsch' ich ihm Glück dazu — nur das habe ich dabei zu erinnern: er muß nothwendig nach Solyma reisen, wenn er Ostenheim finden will, — und diese Reise ist keine der leichtesten.

Gehe aus deinem Vaterland, und von deiner Freundschaft, und aus deines Vaters Hause, in ein Land, das ich dir zeigen will! Und das kannst du unmöglich, wenn du nicht ein so starkes Heimweh nach Solyma bekömmst, daß du dadurch in den Stand gesetzt wirst, alles Obige willig zu verlassen.

Die Jünger sagten einstmals zu Christo: Siehe, nun redest du frei heraus, und sagest kein Sprichwort; — so will ich auch jetzt machen, die Paroimien verlassen, und mit dir die allgemeine Landstraße, und zwar mit Parrhesie wandeln.

Höre Jüngling! willst du ein Arzt werden, so werde zuvor ein Christ; es giebt wenig Kranke, die zum christlichen Arzt nicht weit mehr Zutrauen haben, als zum Freigeist oder Zweifler. Keine Wissenschaft in der Welt ist hinkender und gebrechlicher, als die Arznei-kunde, und auf keinen Staatsdiener passen die Worte Christi: wenn ihr Alles gethan habt, was euch befohlen ist, so sprecht: wir sind unnütze Knechte, besser, als auf den Arzt. Wenn du nun kein Christ bist, so bist du ein Egoist, — der Egoist aber weiß von keinem Vertrauen auf Gott und seine gnädige Mitwirkung, sondern er traut seiner eigenen armen Wissenschaft, und da gnade Gott den Kranken!

Der christliche Arzt hingegen weiß gewiß, daß kein Haar vom Haupte irgend eines Menschen fällt, ohne die Einwilligung Gottes; wie viel weniger kann irgend ein Mensch, sey er auch in unsern Augen der unbedeu-tendste, ohne bestimmte und in der Leitung der göttli-chen Vorsehung gegründete Ursachen, krank werden! — Sind aber nun die Krankheiten Werkzeuge in der Hand Gottes, die zum Besten der Menschen wirken, so muß ja auch die Heilung derselben von ihm abhängig seyn; folglich auch vor allen Dingen der Arzt. Da aber nun der Egoist von sich selbst abhängig ist, so mag er in den Augen Gottes, mit aller seiner Wissenschaft, eine jämmerliche Figur vorstellen.

Der Patriarch der Aerzte, der alte Hippokrates sagte: ἰατρὸς τῆς φύσης διάκονος, der Arzt ist der Die-ner der Natur, und nicht ihr Herr. Ich als Christ sage aber: ἰατρὸς τῆς προγνώσεως διάκονος, der Arzt ist ein Diener der Vorsehung, es versteht sich also auch, daß er von ihr abhängig seyn, und sie um gnädige Leitung anrufen muß.

Der Doctor Ypsilon geht weg — er kann sich des Lachens nicht erwehren, daß ich vom Arzt das Beten fordere; — Herr Doctor, nur ein Wort: Boerhave und Werlhof beteten!

————————

Ein Roman ist eigentlich ein Hirngespinnst, — es kommt also im Grunde nur darauf an, was für ein Geist im Gehirn des Verfassers spinnt. — Wenn zum Exempel die leidige große höllische Spinne da ihr Wesen treibt, so entsteht ein Netz, womit sie Seelen fängt, denen sie hernach Kraft und Saft aussaugt, wobei dann auch nicht selten der Verfasser eine gute Hausmiethe an baarem Geld empfängt.

Spinnt sich aber dort die Seidenraupe ihr Häuschen, aus welchem die reine weiße Seide zur Bekleidung der Heiligen entsteht, und aus dem sie selbst hernach in verneuerter und beflügelter Gestalt, aber nicht um bald zu sterben, herausschlupft, so ist das ganz was anders. Solche Hirngespinnste möchte ich St. Petersnetze heißen! — und ein solcher Verfasser wär' alsdann ein Seelenfänger Gottes.

Mein HErr und mein Gott! mache doch mein Heimwehbuch zu einem St. Petersnetze und mich zu deinem Seelenfänger!

Dann bitte ich auch alle meine Leser, meine Bücher nicht mehr Romane zu nennen: denn Roman heißt eigentlich eine römische Geschichte, eine nach römischer Art eingerichtete Erzählung. Daß aber meine Bücher weder alt- noch neurömisch sind, das brauch'

ich nicht zu beweisen; nennt sie lieber Ethographien
oder Sittengemälde.

Bei dieser Art Schriften muß man eben so den
Gang der Vorsehung nachzuahmen suchen, wie der
Dichter und Maler die Natur nachahmt. Dies ist eigentlich das rechte Geheimniß, an welchem ich immer
buchstabirt habe. Stilling's Leben ist Portrait; die
übrigen Geschichten aber sind musaische Arbeit, wo
ich wahre Züge aus Porträten herausgehoben und Idea-
le daraus gebildet habe.

Damit doch aber meine Leser auch begreifen mögen,
wie ich da auf Einmal auf eine solche Ausschweifung
gerathe, so will ich ihnen sagen, daß mich eigentlich
Reiling's schreckliche Geschichte dazu verleitet hat.
Wie weh thut einem dieser Flecken in dem glänzenden
Solyma? — und doch gab dieser Flecken Anlaß zur
Politur des Ganzen; vielleicht wären ohne diesen Vorfall nie so gute Kirchen- und Medizinal-Polizei-Gesetze
gegeben, oder diese nicht so aufmerksam befolgt worden.

Ein Dichter dieser Art muß die Wege der Vorsehung sehr gründlich studirt und mit Nutzen erfahren
haben, sonst gehts ihm wie denen, die mit dem Com-
paß in der Hand nach Landcharten reisen wollen. Nun
laßt uns den Stab weiter setzen! —

───────

Bald nach Beendigung obiger wohlthätiger Ent-
würfe eröffnete sich wieder eine neue Scene; Fürst
Eugenius erhielt nämlich folgenden Brief:

Lieber und theurer Fürst!

Verzeihe mir, wenn ich als ein einzelner Mensch,
und der unbedeutendste unter deinen Unterthanen, dich
in deinen wichtigen Geschäften unterbreche! Die Sache

betrifft einige Fragen, die nur du, als oberster Gesetz=
geber, allein beantworten kannst.

Die Vorsehung hat meinen Gang durch dieses Le=
ben so geleitet, daß ich einen unüberwindlichen Wider=
willen gegen die menschliche Gesellschaft bekommen habe;
ich liebe die Menschen, ich könnte mein Leben für meine
Brüder aufopfern, aber ich kann nicht unter ihnen blei=
ben; so bald ich Jemand von weitem sehe, so fühl'
ich einen unwiderstehlichen Trieb, mich zu entfernen,
und mich seinem Anblick zu entziehen. Darf ich also
meiner Neigung gemäß als ein Einsiedler leben? — es
versteht sich, daß ich selbst für meinen Unterhalt sor=
gen werde.

Ich bin ein lediger Mann, hab' auch keine Nei=
gung zu heirathen, sondern abgeschieden von allem Ir=
dischen mich in der Anschauung des höchsten Guts zu
üben; Ihm einen ewigen Sabbath zu feiern, das ist
Alles, was ich hienieden suche und wünsche. Wirst
du mir diese Lebensart erlauben, und wird sie Gott
gefällig seyn?

Ich weiß, daß jeder Christ verbunden ist, zum
Besten seines Nebenmenschen thätig und wirksam zu
seyn; was kann ich aber besser thun, als wenn ich, ab=
geschieden von Allem, was mich zerstreuen und meine
Aufmerksamkeit stören kann, den Reden des ewigen
Worts in meinem Inwendigen mein Ohr leihe, dann
alle meine Erfahrungen aufschreibe, und meinen Brü=
dern mittheile?

Aller dieser meiner Ueberzeugungen ungeachtet,
würde ich doch nicht ruhig seyn, wenn ich nicht den
Beifall meines erhabenen Fürsten hätte, um welchen
ich also demüthig bitte. Wirst du mich einer Antwort
würdigen, so bitte ich, sie an Johann Friedrich
Bölten, in der Gemeinde Liebheim, in der Zunft

Freudenberg, im Oberamt Heilbring, im Abend-
land zu senden. Dieser weiß einzig und allein mein
Geheimniß, und durch ihn werde ich deinen Brief gewiß erhalten. Ich bin 2c.

Eugenius las dieses Schreiben mit Bedauern,
und er vermuthete gleich, daß auch dieser Schwärmer
eine Rebe an Reiling's Weinstock sey. Seine Antwort lautete folgendergestalt:

Mein lieber Bruder!

Die wahre Heiligkeit und Gottseligkeit äußert sich
nicht in erhabenen Empfindungen, sondern in der un-
aufhör'ichen Wirksamkeit zum allgemeinen Besten des
Reichs Gottes. Dazu aber wird unausbleiblich erfordert, daß man in der menschlichen Gesellschaft lebe und
rebe, handle und wandle. Möchtest du der Niemand
seyn, von dem Paulus im Brief an die Colosser
spricht? Cap. 2, v. 18. Lasset euch Niemand das
Ziel verrücken, der nach eigener Wahl einhergeht in
Demuth und Geistlichkeit der Engel, des er nie keins
gesehen hat, und ist ohne Sache aufgeblasen in seinem
fleischlichen Sinn. Die Vorsehung leitet Niemand zum
Widerwillen gegen die menschliche Gesellschaft, wehe
dir! wenn du Ihren Gang dazu mißbrauchst. Du kennst
dich nicht, sonst würdest du einsehen, daß du dich entweder für besser hältst als Andere, oder daß du fürch-
test, du möchtest dich in ihrem Umgang versündigen;
in beiden Fällen bist du ein Pharisäer.

Du darfst also nicht Einsiedler werden, Gott will
es nicht, und ich will es auch nicht.

Wer gesund ist, und eine Familie ernähren kann,
der ist verpflichtet zu heirathen; nur blos in den Zeiten
schwerer göttlicher Gerichte thut man besser, wenn man
ledig bleibt, um seine Frau und Kinder nicht schweren

Leiden und Gefahren auszusetzen. Kinder, — Werkzeuge der Verherrlichung Gottes, und Bürger seines Reichs zu zeugen nnd zu erziehen, ist Menschen= und Christen=pflicht. Da nun in Sol! zwa keine solche schwere Ge=richte zu befürchten sind, wenn wir sie uns nicht muth=willig über den Hals ziehen, so mußt du heirathen, wenn du anders nicht sonst noch wichtigere Gründe für dein Ledigbleiben anzuführen hast.

Mit deinem beschaulichen Leben verhält es sich eben, als wenn einer meiner Diener mir beständig ge=genüber sitzen, sich in meinem Anschauen ergötzen, aber nichts thun wollte; möchtest du zu denen gehören, von denen Christus spricht, daß sie einst zu ihm sagen würden: HErr! HErr! haben wir nicht vor dir ge=gessen und getrunken? —

Die wahre Beschaulichkeit besteht darin, daß man Alles so denkt, redet und thut, als wenn man Gott gegenwärtig empfände. Jede Beschaulichkeit, wobei man nichts zum Besten des Reichs Gottes wirkt, oder wodurch man wenigstens zu diesem Wirken nicht ge=schickter gemacht wird, ist armselige und höchstschädli=che Schwärmerei.

Und wenn du nun vollends deine falschen Empfin=dungen, die Hirngeburten deiner Phantasie aufschreiben und öffentlich bekannt machen wolltest, so würdest du vielleicht Viele in deinen frommen und sehr blendenden Irrthum hineinziehen, und wir könnten dann mit der Zeit wieder Klöster bauen; was würde aber dann aus unserer Pflanzschule des Reichs Gottes auf Erden wer=den?

Unter den ersten Christen mußten Viele in die Wildniß flüchten, um ihr Leben zu retten; dieses aber da zu thun, wo die Kirche Frieden hat, ist Unsinn. In der Mystik liegt manche reine und erhabene Wahr=

heit zur Heiligung, aber ihre Empfehlung der Abson-
derung von Menschen, und des sogenannten jungfräu-
lichen Standes, ist baarer Päbstlicher Sauerteig.

Dies Alles hab' ich dir als Bruder gesagt, als
Fürst aber lasse ich dir nun deine Freiheit; nur darauf
werde ich wachsam seyn, daß du Niemand mit deinen
Schriften schadest.

Noch einen Probierstein aller deiner Handlungen
muß ich dir noch an die Hand geben; Alles, was da
nicht die Probe hält, das meide!

Jede wahrhafte und gute Sittenregel
muß unter gewissen bestimmten Umständen,
von Jedermann beobachtet werden können,
wenn sie das nicht kann, so ist sie falsch. Nun
frage dich einmal:

Wenn Jedermann einen Widerwillen gegen die
menschliche Gesellschaft hätte? — Wenn Jedermann
dann ein Einsiedler werden wollte? — Wenn Jedermann ledig bleiben wollte? — was würde dann aus
der Menschheit, und aus dem Reich Gottes werden?

Kehre von deinem Irrthum zurück, so wirst du
Freude machen deinem treuen Bruder und Fürsten Eugenius.

Dieser Brief wurde dem Statthalter Paulus zu-
geschickt, der ihn dann weiter besorgte.

Dieser Einsiedler erregte am Hof mancherlei Gedanken, Ueberlegungen und Besorgnisse; selbst dem
Fürsten war nicht wohl bei der Sache: denn er befürchtete, er möchte wieder einen Anhang bekommen; es
wurde deßwegen beschlossen, ihn aufzusuchen, und allen
Fleiß anzuwenden, um ihn wieder zurecht zu bringen,
und eines Bessern zu belehren.

Forscher und Philomystes, die bald Herzens-
freunde geworden waren, hätten gern die Reise, den

Einsiedler aufzusuchen, übernommen, allein die Geschäfte
erlaubten es nicht, und doch mußte man einen Mann
dazu wählen, dem man zutrauen konnte, daß er ihn
überreden und überzeugen würde. Endlich entschoß sich
der Hofprediger Eustathius dazu, und Theodosius
besorgte während der Zeit alles, was in seinem Amte
vorfiel.

Eugenius freute sich dieses Entschlusses: denn
wenn Jemand im Stand war, einen von einem Irrthum zurückzubringen, so war es der Hofprediger.

Anfänglich war man Willens, erst abzuwarten,
was der Brief des Fürsten für Wirkung thun würde?
allein, wer die Gesinnungen der Schwärmer kennt, der
weiß, daß vernünftige Vorstellungen ganz und gar
nicht haften, indem sie blos ihren Empfindungen
folgen. Wenn sie doch bedächten, daß sie sich dadurch
zu den Thieren herabwürdigen: denn diese folgen auch
ihren Empfindungen, weil sie keine Vernunft haben.

Es blieb also bei der Sendung des Eustathius;
aber wohin? denn der Einsiedler hatte seinen Aufenthalt nicht bezeichnet.

Der Hofprediger machte daher seinen Plan so: daß
er erst dahin gehen wollte, wohin der Brief des Fürsten
war bestellt worden; hernach gedachte er, in den mond-
hellen Nächten die Gegend umher zu durchstreichen, und
so bald zu finden, was er suchte. Den Johann Friedrich Bolten wollte er nicht in Versuchung führen:
denn er ehrte jedes Zutrauen zur Verschwiegenheit des
Freundes. Man muß Niemand Anlaß zum Meineid
geben!

Eustathius reiste allein, und er war so gekleidet, daß man ihn für einen ehrbaren gemeinen Mann
halten mußte. Zuerst besuchte er seinen Freund Paulus, dem er die neue Geschichte erzählte; dieser wußte

aber noch kein Wort von der Sache; er betrübte sich
sehr darüber, und rief einmal über das andere: da
wach' einmal einer! — wenn der HErr nicht
wacht! —

Nachdem sich nun Eustathius hinlänglich erquickt hatte, setzte er seinen Stab weiter. Er mußte
bis an die äußerste Gränze, folglich bis an das Abend-
gebirge wandern: denn da hatte die Liebheimer
Gemeinde ihre Wohnungen und Güter.

Hier kehrte nun der Hofprediger bei einem frommen und rechtschaffenen Mann ein; er entdeckte aber
kein Wort von seinem Vorhaben, sondern sagte nur:
er habe den Auftrag, etwas Merkwürdiges in dem Gebirge zu suchen. Wer er aber sey, und woher er wäre,
das behielt er ganz allein für sich.

Am folgenden Abend versah er sich nun mit einem
guten Perspectiv, nahm dann einen Stab in die Hand,
und stieg bei dem Aufgang des Mondes die nächste
Höhe hinan: denn da er auf den Hügeln am weitesten
um sich sehen konnte, so glaubte er, das was er suchte,
auf diese Weise am ersten zu entdecken.

Die Gänge des ersten, zweiten und dritten Abends
waren vergeblich, aber am vierten erreichte er seinen
Zweck: er hatte nämlich den Abend vorher eine felsichte
Einöde mit einigen Höhlen von Ferne gesehen, er beschloß also, das nächstemal diese Gegend näher zu re-
cognosciren. Jetzt richtete er nun seinen Gang gerade
dorthin, suchte einen erhabenen Ort, von dem er das
Ganze übersehen konnte, und da er hier einen dunklen Strauch fand, so setzte er sich unter denselben hin.

Kaum hatte er ungefähr eine Stunde da gesessen,
so sahe er gegenüber, vor einer Höhle, die sich am
Fuß eines großen und steilen Felsen befand, einen
Mann auf dem Rasen hin und her spazieren. Daß

dieser der gesuchte Einsiedler war, daran zweifelte er keinen Augenblick; er überlegte also, wie er ihn unversehends überraschen könnte, und fand dazu eine bequeme Gelegenheit, indem er schleunig und still links durch das Gebüsch hinab, und dann wieder rechts hinauf durch das Gesträuch schlupfte.

Plötzlich stand Eustathius an dem Eingang der Höhle, der Einsiedler war wieder hineingegangen, und eben im Begriff, sich auf sein Mooslager hinzustrecken. Als er aber diese menschliche Figur da im Mondschein stehen sahe, so fuhr er auf, trat gebückt herzu, und sagte: hat mich der HErr einer Erscheinung gewürdigt, oder bist du ein Sterblicher, der sich hieher verirrt hat?

Eust. Von diesen drei Fragen kann ich nur eine bejahen: ich bin weder eine Erscheinung, noch ein Irrender, sondern ein Reisender, der dich von Ferne im Mondschein wandlen sah, und durch diesen seltenen Aufenthalt gereizt, dich gern sprechen wollte.

Der Eins. Hier findest du nichts, das deiner Neugierde werth ist.

Eust. Du irrest: denn du selbst bist der Neugierde jedes vernünftigen Menschen werth; komm, setz dich zu mir hier in den Mondschein, ich habe dir im Namen Gottes etwas vorzutragen!

Der Eins. In diesem Namen bin ich schuldig, dich zu hören.

Eust. Warum bist du nach Solyma gekommen?

Der Eins. Ich bin aus der Ursache hieher gereist, die alle Einwohner hieher getrieben hat.

Eust. Warum bist du aber in Solyma ein Einsiedler geworden?

Der Eins. Um Gott näher zu seyn.

Eust. Bist du Ihm denn nun näher gekommen?

Der Einſ. Ja! ich empfinde zu Zeiten Seine Nahheit ſehr lebhaft.

Euſt. Wie iſt dir denn, wenn du dieſe Nahheit empfindeſt?

Der Einſ. Ich ſpüre dann eine ſanfte Ruhe, eine Einkehr aller Sinnen, ein inneres Aufmerken, wozu ich gar nicht mitwirke; ich werde losgemacht von allem Irdiſchen, und empfinde ein ſo inniges erhabenes Wohlthun, das alle Vernunft übertrifft, und endlich ſehe ich dann die göttliche Wahrheit in einem ſo klaren Licht, daß aller Zweifel verſchwinden muß.

Euſt. Kennſt du aber auch die Natur der menſchlichen Seele ſo genau, daß du gewiß weißt, dieſe Empfindung ſey nicht natürlich, ſondern von Gott?

Der Einſ. Ich weiß ſo gewiß, daß ſie von Gott iſt, als daß ich weiß, daß ich bin.

Euſt. Jeder Irrende, der nicht zweifelt, iſt der Wahrheit eben ſo gewiß, und er irrt doch. Du geſtehſt doch ein, daß ein Menſch irren könne?

Der Einſ. O ja! Die Vernunft iſt eine Verführerin, wer ihr folgt, der kann leicht irren.

Euſt. Du glaubſt alſo, daß alle innere Gefühle und Empfindungen von Gott ſind?

Der Einſ. Behüte der HErr! — wer wird das behaupten.

Euſt. Du mußt alſo wohl deine Empfindungen prüfen?

Der Einſ. Allerdings! ich muß unterſuchen, ob ſie dem Wort Gottes gemäß ſind.

Euſt. Wie machſt du aber dies Unterſuchen?

Der Einſ. Du frageſt ſonderbar — gerade als wenn du mich fangen wollteſt; ich betrachte meine Empfindungen genau, und wenn nichts darin iſt, das i-

gend einem Wort Gottes widerspricht, so halte ich sie
für göttlich.

Eust. Das ist aber nicht genug, du mußt auch
überzeugt werden, daß deine Empfindung dem Willen
Gottes gemäß ist. Aber womit thust du nun dieses
Betrachten? — Nicht wahr, mit deiner Vernunft?

Der Eins. Allerdings!

Eust. Sie ist also das einzige wahre Werkzeug,
wodurch wir prüfen können, was der Wille Gottes ist.

Der Eins. Wie! — wie ist das?

Eust. Du sagtest vorhin, die Vernunft sey eine
Verführerin, wer ihr folge, der könne leicht irren;
nachher aber sagst du wieder: die inneren Empfindungen müßten durch die Vernunft nach dem Wort Gottes geprüft werden. Nicht so?

Der Eins. Ja, das ist wahr!

Eust. Daraus folgt also, daß die Vernunft
für sich allein unfähig ist, den Willen Gottes und
seine Wahrheit zu erkennen, daß uns aber auch das
Wort Gottes gar nicht hilft, wenn wir keine Vernunft dabei anwenden, theils um es zu verstehen,
und theils um unsere Empfindungen, Gedanken, Worte
und Werke darnach zu prüfen.

Der Eins. Diese Erklärung von dem Gebrauch
der Vernunft ist ganz richtig, so ist auch mein Begriff
von der Sache.

Hier hätte nun Eustathius Gelegenheit gehabt,
den Einsiedler zu nöthigen, daß er seine gegenwärtigen
Empfindungen nach dieser Regel hätte prüfen müssen,
allein er wollte weiter gehen, und ihn durch ein Beispiel überraschen, damit die Ueberzeugung desto gründ-
licher und stärker seyn möchte; er fragte also:

Ist dir Reiling's Geschichte bekannt?

Der Einf. O ja! bis an seine Heirath mit Mathilden, weiter aber nicht.

Eust. Glaubst du denn auch, daß Reiling seine Empfindungen nach dem Wort Gottes geprüft habe?

Der Einf. Ich habe das Recht nicht, über Reiling zu urtheilen, aber mir deucht doch, daß seine ganze Lehre in der Bibel gegründet ist.

Eust. Du hältst also dafür, daß es Gottes Wille sey, eine Braut, mit der man sich auf eine Gott und Menschen gefällige Art verbunden hat, zu verlassen, und eine andere Braut ihrem Bräutigam, mit dem sie sich ebenfalls auf eine Gott und Menschen gefällige Art verbunden hatte, abwendig zu machen?

Der Einf. Freilich! sind entweder die ersten Verlöbnisse nicht Gottes Wille gewesen, oder Reiling's Heirath ist Ihm zuwider.

Eust. Nun so höre dann den Ausgang der Sache: Adelgunde, Reiling's erste Braut wurde verrückt, und in der Verrückung ertränkte sie sich; seine Frau, die Mathilde, wurde darüber rasend, und Reiling erhängte sich. Sollten diese Folgen von Reiling's Empfindungen auch wohl im Worte Gottes gegründet seyn?

Der Einsiedler starrte den Hofprediger an — endlich rief er: Fremdling! — redest du die Wahrheit?

Eust. Ich bin kein Fremdling in Solyma, und ich rede die reine lautere Wahrheit.

Jetzt wurde der Einsiedler tief in seiner Seele bewegt, er faltete die Hände, schaute gen Himmel, und wie es schien, so betete er in der Stille zu Gott. Eustathius schwieg eine Weile, dann fuhr er fort:

Eine Verirrung zieht die andere nach sich: Reiling wollte den Geist in Fleisch verwandeln, Stroh und Feuer taugen aber nicht zusammen.

Der Einsiedler schien nicht auf das zu hören, was der Hofprediger sprach, er schaute immer aufwärts, faltete die Hände und schwieg.

Eustathius schwieg nun auch; dies beiderseitige Schweigen dauerte wohl eine Viertelstunde.

Endlich stand der Einsiedler auf, trat vor den Hofprediger hin, und sagte: Hast du auch einmal eine Mathilde verloren?

Eust. Du bist Bernhard!

Der Eins. Ich frage dich: ob du wohl je eine Mathilde verloren hast?

Eust. Nein!

Der Eins. Nun dann rede auch nicht von Verirrungen; aber ich hab' eine verloren. Wenn man im Namen Gottes und vor seinem Angesicht eine Gattin sucht, und man findet sie, und nun kommt einer her, und nimmt sie im Namen Gottes weg; hat man dann nicht Ursache, menschenfeindlich und ein Einsiedler zu werden?

Eust. Nein! das nicht! Du hattest dann Ursache, die Verirrungen zu bedauern, deine Sachen dem HErrn anzuempfehlen, und dann den Ausgang zu erwarten. Hättest du das gethan, so wäre Mathilde jetzt wieder vernünftig, und aufs neue deine Braut.

Der Eins. Glaubst du das?

Eust. Ja, das glaub' ich mit Zuversicht.

Der Eins. Nun so führe mich zu ihr, wird sie wieder wie vorher, ehe sie Reiling verführte, so soll sie die Meinige werden, und ich werde dann wieder, was ich war.

Eust. Der Fürst hat sie mit nach Ostenheim genommen, dort wird sie verpflegt; dann hat er Befehle durchs ganze Land ergehen lassen, den Bernhard zu zu suchen, weil man glaubt, daß sie dieser allein wieder zurecht bringen kann.

Der Einſ. O der gute liebe Fürſt! Ja, ich bin Bernhard, und ich gehe mit nach Oſtenheim. Wenn Mathilde wieder wird, was ſie vorher war, ſo bin ich mit der ganzen Welt ausgeſöhnt.

Euſt. Was kann aber die ganze Welt und beſonders dein Vater mit allen deinen Verwandten für Reiling's Verirrung?

Bernh. O urtheile nicht über mich! — Es gab kein ander Mittel mich zu retten, als der Selbſtmord, oder ein Einſiedler zu werden. Sage mir nun, ob ich nicht gut und chriſtlich gewählt habe? — Ich war zu ſchwach, ein ſolches Leiden zu tragen, und es überraſchte mich zu ſchnell, um mich chriſtlich darauf gefaßt zu machen; that ich nun nicht beſſer, daß ich mich zurückzog, als daß ich mich vom Feinde auf dem Platz todtſchlagen ließ?

Euſt. Verzeihe mir, mein Bruder! du wählteſt in deiner Lage das geringere Uebel, jetzt bin ich mit dir zufrieden; willſt du nun auf der Stelle mitgehen, oder hier erſt deine Nachtruhe halten?

Bernh. Nein, mein Bruder! hier hab' ich nichts mehr zu thun, wir gehen nun zu meinem Vater, und von da nach Oſtenheim.

Jetzt packte Bernhard ſeinen Bündel, und in weniger als einer halben Stunde war er fertig. Als ſie nun unterwegens waren, ſo ſagte Euſtathius: Eins kann ich doch nicht begreifen; du vertheidigteſt zuerſt dein Einſiedlerleben, redeteſt von ſeinen Vorzügen und von dem Nutzen der Beſchaulichkeit, und jetzt ſind alle deine Gründe wie Nebel in der Sonne verſchwunden.

Bernh. Ich kann es auch nicht begreifen; aber

so bald du mir das schreckliche Ende, das Reiling's Schwärmerei genommen hat, erzählt hattest, so fiel die Decke von meinen Augen weg, und ich sah nun wieder hell.

Eust. Daraus können wir deutlich erkennen, wie wenig wir unsern Ueberzeugungen, Einsichten und Empfindungen trauen dürfen, und wie nöthig uns der untrügliche Wegweiser, das Wort Gottes ist: denn immer mischen sich offenbare oder geheime, uns unbekannte Leidenschaften in unsre Urtheile und Schlüsse, und wenn wir oft, meinen, recht unpartheiisch geprüft zu haben, und unserer Sache gewiß zu seyn, so sind wir gerade am weitesten von der Wahrheit entfernt.

Bernh. Du hast recht, Bruder! das hab' ich also nun aus Erfahrung gelernt.

Eust. Und auch das haben wir gelernt, daß wir bei dem deutlichen und gesunden Wortverstand der Bibel bleiben, und uns nicht versteigen müssen, wenn wir nicht einen höchstgefährlichen Fall thun wollen.

Bernhard erfuhr nun auch, wer Eustathius war; er führte ihn zu seinem Vater, und brachte hohe Freude in dieses Haus des Trauerns zurück. Auch Mathildens Eltern fieng nun an ein Sternlein des Trostes zu leuchten, aber in Reiling's und Adelgundens dunklen und leeren Hütten ächzte noch immer der einsame Kummer, und die gesellige Freude kehrte in vielen Jahren nicht mehr dort ein.

Eustathius eilte, und Bernhard eilte auch: Eugenius und Urania empfiengen den Bernhard freundlich, sie machten ihm keine Vorwürfe über seine Verirrung, im Gegentheil sie freuten sich, daß die Krise seiner Geistes=Krankheit auf diesem Wege so glücklich abgelaufen war.

Jetzt mußte nun ein vernünftiger Plan zu Ma-

thildens Cur entworfen werden; Eustathius und
Philomystes unterzogen sich diesem Geschäfte, und
das Fürstenpaar wohnte der Session bei.

———

Die erste Frage war: ob man der Mathilde
ihren ehmaligen Geliebten nicht plötzlich und auf Einmal vorführen sollte? — Es gab Gründe dafür und
dawider, endlich behielt Philomystes Urtheil den
Vorzug, daß man, um den Körper zu schonen, langsam und allmählig verfahren müsse.

Zweitens wurde untersucht, ob man mit physischen oder moralischen Mitteln den Anfang machen sollte? und das Resultat war: mit den moralischen; und

Drittens: wer sollte sie anwenden? — Antw.
Eustathius.

Diesem Schluß zufolge, verfügte sich der Hofprediger zu Mathilden; sie gieng hastig im Zelt umher,
hatte die Hände vor der Brust über einander geschlagen,
und kaute an der Unterlippe.

Eustathius setzte sich ihr gegenüber, sahe sie
eine Weile mit Mitleiden an, und schwieg; dann fieng
er seine Operation folgendergestalt an:

Soll ich dir einmal Etwas erzählen? Liebe
Schwester!

Sie schien nicht darauf zu merken, was er sagte.

Eust. Nun so höre doch, Mathilde! — von
zwei Schäfern und ihren Lämmerchen!

Mathilde sah ihn bedeutend an, und stellte sich
vor ihn hin.

Eust. Setz dich einmal daher auf den Boden,
es soll dir wohlgefallen.

Mathilde. Aber du mußt auch die Lämmerchen hübsch leben lassen.

Eust. O ja, die Lämmerchen sollen leben!

Sie sezte sich, und faltete die Hände auf ihrem Schooß.

Eust. Er waren einmal zween Schäfer, die hüteten ihre Schaafe auf einer grünen, einsamen, stillen Weide. Dort gabs keine Wölfe und keine wilden Thiere, die Sonne schien so milde auf die Wiese, und nur dann und wann wehte ein sanftes Lüftchen, das den Hirten und den Schaafen wohl that. Hörst du auch zu? Mathilde!

Math. Ja! — und es war ein dicker düsterer Wald um die Wiese her, und in dem Wald lauerte doch ein Wolf, den die Hirten nicht sahen! — nicht wahr? ich weiß es auch.

Eust. Ja, es war ein großer dunkler Wald da, aber in dem Wald war kein Wolf, sondern Engel wandelten unsichtbar unter den Bäumen umher, und hatten Freude an den Hirten und ihren Lämmerchen. Nun hatte aber der eine Hirte ein schönes weißes Lämmchen, das ihm besonders lieb war, und der andere hatte auch eins.

Math. Ach, es wird traurig! mache doch nicht, daß ich weinen muß!

Eust. Nun gewann aber der erste Hirte das Lämmchen des andern lieb; das verlassene arme Thierchen jammerte kläglich, und lief in den Wald, aber die Engel sorgten für das Lämmchen, und führten es auf noch bessere Weide.

Mathilde fieng an, die Mienen des Weinens zu bekommen, aber doch zeigten sich keine Thränen. Eustathius fuhr fort:

Nun nahm der erste Hirte das Lamm des andern

zu sich, aber dieser andere Hirte gieng weit weg, und trauerte und weinte um sein liebes ihm geraubtes Schäfchen; der Abend kam, er setzte sich hin an den klingenden Bach unter eine Weide; seine Thränen tröpfelten in das Zittern der Wellen des Bach's, und die untergehende Sonne spiegelte sich in dem Wasser, und es war auch, als wenn diese Sonne im Bache mit dem armen verlassenen Schäfer hätte weinen wollen.

Jetzt floßen der armen Mathilde die Thränen häufig über ihre Wangen herab; noch immer sah sie den Hofprediger sehnlich an, und sie horchte sehr aufmerksam; er gewann Zuversicht, und fuhr fort:

Während der Zeit, daß der andere Hirte weit weg, einsam am Bache saß, und um sein Lämmchen weinte, ergötzte sich der erste an seinem geraubten Lämmchen, und er liebkos'te es auf seinem Schooß. Aber die Engel im Walde waren zornig über den Hirten, und einer gieng zu ihm, und machte ihm eine drohende Miene, darüber erschrack der arme Schäfer so sehr, daß er sein Lamm verließ, und weglief; er verlor sich im wilden Wald, und man sah ihn nicht mehr.

Mathilde weinte noch mehr, sie schlug die Hände zusammen und rief: Ach! das arme Lämmchen ist nun allein!

Eust. Ja wohl ist es allein! aber die Engel im Walde haben Acht auf das arme Thier, es läuft hin und her, und sucht seinen Hirten.

Math. Aber nun soll es auch der zweite Hirte hübsch wieder holen.

Eust. Soll er? — ja! dort steht er hinter dem Strauch in der Abenddämmerung, und sieht seinem irrenden Lämmchen mit Wehmuth zu — bald kommt er hervor, um zu sehen, ob es ihm auch entgegenläuft.

Math. Ja, es wird ihm entgegenlaufen, ihm die Hand lecken und froh seyn.

Eust. Aber möchtest du denn nicht gern wissen, wie das arme verirrte Schäfchen und wie der zweite Hirte heißt?

Math. O ja! wie gerne! wie gerne!

Eust. Der arme Hirte hinter dem Strauch heißt Bernhard, und das Schäfchen heißt Mathilde.

Mathilde erwachte wie aus einem Schlaf, aber während dem Erwachen sank sie zurück, und bekam hysterische Verzückungen. Eustathius überließ sie an sich selbst, bis die Krämpfe allmählig nachließen; jetzt blieb sie etwa eine Stunde in einer Ecstase, sie sprach in derselben bald mit Reiling bald mit Bernhard, bald mit Gott, aber vollkommen zusammenhängend, so daß der Hofprediger überzeugt wurde, daß die Organisation ihres Haupts noch nicht gelitten habe.

Endlich kam sie wieder zu sich selbst, aber sie war äußerst matt, so daß sie in einen tiefen und ruhigen Schlaf fiel. Während dieses Schlafs ließ nun Eustathius den Bernhard holen, und unterrichtete ihn, wie er sich bei dem Erwachen zu verhalten hätte. Bernhard versprach, den Rath in allen Stücken zu befolgen, er setzte sich neben sie, und harrte.

Nach einigen Stunden erwachte Mathilde, sie starrte eine Weile ihren Geliebten an, reichte ihm dann ihre Hand, wendete das Angesicht weg, und weinte. Bernhard weinte auch und schwieg, aber er drückte ihre Hand oft; nach und nach erklärten sich beide gegen einander, und allmählig kehrte die frohe Brautliebe in beide verirrte Seelen wieder zurück. Mathilde bekam noch zu Zeiten Anfälle von Wahnsinn, aber durch die kräftige Mitwirkung des Erzarztes Philomystes kam sie endlich vollkommen wieder zurecht.

Nun befahl ihnen Eugenius, den Reiling die gebührende Zeit zu betrauern, und sich dann im Namen und in der Furcht Gottes zu heirathen.

Ende gut, alles gut! sagte Timotheus, als Bernhard mit seiner Mathilde wieder nach Haus reis'te; es ist ein gut Ding und ein großes Meisterstück, wenn man den Schmutz selbst zur Seife machen und den Geist in seiner eigenen Lauge waschen und bleichen kann.

Da hast du recht, Bruder! fügte Philomystes hinzu; aber um dieses Waschen recht zu lernen, braucht man nur bei der Vorsehung fleißig in die Schule zu gehen, die versteht diese Reinigungs = Methode meisterhaft.

Es muß alles mit Feuer gesalzen werden, und alles Opfer wird mit Salz gesalzt. Das Salz ist gut, wenn aber das Salz ungesalzen wird, wie kann man da würzen? — Habt Salz bei Euch und habt Frieden unter einander!

Feuer ist Salz, und Salz ist Feuer; — in der Seife steckt ein verzehrendes feuriges Salz; wehe der Wäsche! wenn dieses Salz nicht mit Freudenöl gesalbt wäre!

Die Salzwerke zu Laodicea sind verpachtet, daher ist dies Salz so gar ungesalzen; hütet Euch, Freunde! für dieser Waare. Das attische Salz taugt weder zum Sieden noch zum Braten, am wenigsten aber zur Seife. Zum Confect, anstatt des Zuckers, könnt ihrs brauchen; aber habt Frieden unter einander!

Das dritte Buch.

Ich habe bis daher in meinem Heimwehbuch so ziemlich die Sprünge vermieden, und die vermeide ich gern: denn wer mit festem Fuß einher schreitet, der fällt nicht, und thut sich auch nicht weh.

Die Zeit macht keine Sprünge; auch wenn wir schlafen, oder spielen, oder auf eine andere Art nichts thun, so wirkt sie ihre großen Geschäfte unaufhaltsam fort. Wer es fassen mag, der fasse es!

Die Zeit verrenkt sich keinen Fuß, und ihren Flügel schmelzt keine Sonnenglut von der Schulter herab.

Wie sie jetzt vorwärts strebt — vorwärts zum Feierabend arbeitet! wer mag mehr scherzen? — unter ihren Tritten bebt die Grundveste der Erde, ihr Fuß zermalmt Felsen, ihr Tritt dämmt Ströme, ihr Haupt ist mit einem schwarzen Gewitter verhüllt, Wolken platzen vor ihrer Stirne, sieben Donner brüllen bis in die Ewigkeit hinein, sie weint und schwitzt Blut; mit ihrer Linken rafft sie Tausende armer Sterblichen, und schleudert sie in die Geisterwelt hinüber, ihre Rechte reckt sie hoch hinauf, die Spitze ihres Mittelfingers streift die Mondsgipfel, der Mond bebt und flieht. — Sie schwört bei Dem, der ewig lebt, daß nun bald keine Zeit mehr seyn wird.

O laßt mich Odem schöpfen! — mich Laublatt im Sturm, mich Stroh bei der ewigen Glut! — wer wollte da nicht Sprünge wagen! —

Du gutes liebes Heimweh! — du einzige Kraft der Müden! — du göttliches wohlthätiges Fieber! — Ach möchtest du doch Alle, die dies lesen, anstecken!

Kommt, laßt uns nach Solyma gehen, da ist Ruhe und Friede! — Der graue Mann treibt, The-

odor winkt, und Eugenius und Urania harren
unser mit offenen Armen der Liebe. Der Weg ist ver=
schrien. Die Aufklärung steht am engen Pförtchen, und
scheucht zurück; sie ist der Cherub mit dem Láhat ha=
chéreb hammithhapéchet, mit dem hin und her krei=
senden Flammenschwert; sie will uns den Weg zum
Baum des Lebens versperren, und uns immer an den
in alle Welt verpflanzten Baum der Erkenntniß des
Guten und Bösen anködern, wir sollen immer klüger
zum Verderben, und immer thörichter zum Leben wer=
den; aber Freunde! wir wollen nicht; ernstlich wollen
wir durchbrechen, das Thor stürmen und ihm Gewalt
anthun. Die Hiebe dieses Cherubs thun uns nichts:
denn wir haben einen Schwertblitz=Ableiter,
den Schild des Glaubens, den haut keine Auf=
klärung mit ihrem Flammenschwert durch, wenn ihn
anders nicht der hinkende, mit der schönen Göttin buh=
lende Vulkan geschmiedet hat: denn dieser hat in
seinem ganzen Leben nichts Rechts gemacht, und wird
besonders jetzt, da ihn die Aufklärung so blendet, daß
er oft mit dem Vorhammer neben das Metall auf den
blosen Ambos schlägt, noch weniger Etwas zu Stande
bringen.

Der Paraclete hat in Vespera eine Werkstätte,
wo man eine ganze Waffenrüstung, so wie sie Paulus
Ephes. 6, v. 11 — 17. beschreibt, gar leicht bekom=
men kann; sie ist sehr kostbar, und doch kann sie der
Aermste besser kaufen, als der Reichste; sie ist schwer,
und doch kann sie der Schwächste tragen, und wer sie
niemals ablegt, den drückt sie am wenigsten. Der
große Theodor hat diese Waffenrüstung in Commission,
bei ihm steht sie uns zu Dienste.

Also über etliche Jahre weggesprungen, wir haben
keine Zeit mehr übrig, das Heimweh eilt zum Ende.

Jetzt ist nun in Solyma alles fertig; man theilt nicht mehr, und man baut nicht mehr; Ostenheim und Uranienburg, Tempel und Hoheschule, und die Einweihungsanstalten, Alles, Alles ist vollendet. Die Einigkeit des Geistes ist hergestellt, und das ganze Volk gehet in gerader Richtung mit starken Schritten auf dem Weg der Heiligung dem großen Ziele entgegen; die Vorsteher lehren Frieden, und die Pfleger predigen Gerechtigkeit; das Volk besteht aus eitel Gerechten, und man hört von keinem Frevel in diesem Lande, Schaden und Verderben ist nicht in seinen Gränzen, seine Mauern sind Heil, und seine Thore Lob.

Dieses Volk ist ein Zweig der Pflanzung Jeho= vah und ein Werk seiner Hände, Ihm zum Preise.

———

Es soll keine Klaue dahinten bleiben.

Nochmals neue Ankömmlinge aus dem Thal der Schatten und des Todes! sagte Timotheus, als er von einem Geschäfte aus Ostenheim zurückkam, und zum Fürsten ins Cabinet trat. Sie wollen dich sprechen, und es ist ihnen, als ob sie vor Freuden bebten, dich zu sehen.

Eugenius stand auf und sprach: Laß sie herein= kommen, mein Bruder! Fünfe traten herein: ein alter Greis mit gebücktem Haupt und gekrümmten Knien; mit einer Hand lehnte er sich auf seinen Knotenstab, und mit der andern strich er immer das über seine Augen herabfallende Silberhaar hinter die Ohren; seine ganze Seele war ihm in die Augen getreten, und sein Geist schwebte auf den dürren Lippen zum Lächeln.

Dann stand da vor dem Fürsten ein Ehepaar, beide zwischen vierzig und fünfzig Jahren ihres Alters;

in ihren Augen perlten Thränen der Erinnerung und
des Wiedersehens; sie bebten vor hoher Freude.

Ein Sohn und eine Tochter, beide erwachsen, stan=
den schamhaft etwas mehr zurück, und schauten wech=
selsweise auf den Boden und ins Gesicht des Fürsten.

Eugenius strahlte Huld und Segen auf sie hin:
denn er kannte sie gleich beim Eintritt ins Zimmer.

Hast du denn deinen treuen Hund und dein treu=
es Schaf, deinen Peter und deine Magelone nicht
mitgebracht? fragte der Fürst; sie hättens doch wohl
verdient, diese Gefährten deiner Leiden.

Die Frau weinte, daß sie schluchzte; selbst der
Altvater rieb die Augen, und der Mann lächelte mit
Thränen. Nein! antwortete er: beide sind vor Alter
gestorben.

Eugenius konnte das Kniebeben des Patriarchen
nicht ertragen, er ließ Stühle bringen, und sie setzten
sich alle.

Eug. Auf welche Weise seyd Ihr, Lieben! denn
hieher gekommen?

Der Mann. Wir giengen damals aus Ungarn
wieder nach Deutschland, aber wir fanden keinen
Platz, wo unser Fuß ruhen konnte: ich suchte einen
Schuldienst zu bekommen, allein man hielt uns nun
für Landstreicher; ich wollte gern mein Leinweber=Hand=
werk treiben; aber es fehlte mir an Werkzeug, endlich
fand ich einen christlich denkenden Meister, bei dem
ich als Geselle arbeitete. Wir nährten uns kümmerlich,
behalfen uns, waren Niemand zur Last, und trauten
auf Gott; dieses Vertrauen wurde uns endlich reichlich
belohnt: denn der graue Mann, wie er gewöhnlich
genannt wird, kam einstmals unvermuthet zu uns, er
war uns freundlich, und empfahl uns an den großen
Theodor; wir reisten zu ihm, er verhalf uns zu

Brod, und verschaffte uns Gelegenheit, mit sehr frommen Leuten bekannt zu werden, in deren Umgang wir alle in der Gottseligkeit gefördert wurden. Als es nun endlich unserm treuen Freund und Versorger Zeit zu seyn däuchte, so versah er uns mit Reisegeld und Empfehlungsschreiben von einem Ort zum andern, und schickte uns so hieher.

Eug. Ihr seyd mir sehr willkommen, meine Lieben! ich will nun alle Thränen von euren Augen abtrocknen: denn alle eure Leiden, in sofern sie von Menschen abhängen, haben ein Ende.

Nun gab der Fürst Befehl, daß diese durch viele Trübsal bewährte Leute so lange in Ostenheim einquartirt und gütlich verpflegt werden sollten, bis man ihnen ihr Landgut abgemessen, und er ihnen ihre Wohnung gebaut haben würde, zu welchem allem auf der Stelle Anstalt gemacht wurde.

***

Wir haben in Europa mancherlei geistliche und und weltliche Orden, Hieroglyphen der Ehre — sie sollen Herren und Damen von Verdienst gegeben werden. Wenn du also, mein lieber Leser! diese Hieroglyphe auf der Brust, oder am Hals, oder sonst irgendwo an einem Menschen siehst, so kannst du gleich denken: dieser Mensch hat Verdienste um das gemeine Beste — das kannst du denken — sag' ich: du hast Recht dazu! Hat er nun diese Verdienste nicht, desto schlimmer für ihn, und für den, der ihm den Orden gab.

Diese Orden sind ausschließlich für den Adel: denn eine oder zwei Schwalben machen keinen Sommer; besonders aber bezeichnen die Ordenssterne über dem Herzen einen hohen Vorzug, der auch seinen vollen

Grund hat, so bald Licht und Recht unter ihm thront.
Auch dann glänzt und brillirt ein solcher Stern vortrefflich, wenn ihn die Herzensschläge beim Anblick
des Elends beben, und der Drang edel zu wirken,
hüpfen machen.

Auch wir Bürgerlichen, gelehrten Standes, haben einen Orden, der auch ehemals durch äußerliche
Zeichen, Hut und Habit angedeutet wurde: ich meine die Baccalaureus-, Magister- und Doctor-
grade — daß sich Gott erbarm! diese Saite mag ich
nicht berühren; das Hohe, Erhabene und Feierliche der
alten Promotionen, die Examina und Dispu-
tationen unserer Vorfahren sind zu einer Saalbade-
rei herabgesunken, daß man roth wird, wenn mans
ansieht und anhört. Kommt, laßt uns von hinnen
gehen!

Thut nichts! — sagen zwei Männer: der eine
ist der Erste und der andere der Letzte der Menschheit. Der wahre Christ findet den Antrieb seines Wirkens im Anschauen und Gefühl seiner Pflicht, er wirkt
nie, um einen Orden zu bekommen oder Doctor zu
werden, sondern er wirkt, ohne Rücksicht auf Ehre, so
viel Gutes, als er kann, und erwartet dann seine
Promotion zu höheren Wirkungskreisen vom Herzen-
und Nieren-Prüfer: denn der versteht das Examiniren am besten.

Der Letzte der Menschheit, der auch sagt: es
macht nichts! ist der große Mann unsers Jahrhunderts; mit Ehren zu melden, der Egoist unserer Zeit;
er weiß, daß er keinen Orden bekommt: denn er ist
nicht adelich; Doctor kann er nicht werden: denn er
ist nicht gelehrt, oder er schämt sich, sich so viel zu
demüthigen, daß er sich von Leuten, die nach seiner
Meinung so weit unter ihm stehen, soll examiniren

oder promoviren lassen. Für Geld ein Edelmann oder ein Doctor zu werden, das hält er unter seiner Würde, und zwar mit Recht. Da er nun mit allem seinem Stolz, und mit aller seiner Kraft nicht Regent, nicht Edelmann, und nicht Doctor werden kann und mag, so höhnt und spottet er über alle, die über ihm sind; in Ansehung der Obern provozirt er auf Freiheit und Gleichheit, und appellirt an die Menschenrechte.

Wehe aber denen, die unter ihm sind! — ich möchte seinen Hahnenkamm sehn, wenn irgend ein Diener sich gegen ihn der nämlichen Freiheit, Gleichheit und Menschenrechte bedienen wollte, deren er sich selbst gegen seine Vorgesetzten bedient.

Ehrenzeichen, Orden und Charaktere haben im gegenwärtigen unvollkommenen Zustand der Menschheit ihren großen Nutzen, sie spornen und treiben an zum Gutes wirken; freilich ist dann eben der Grund nicht ganz rein, aber sage mir, lieber Freund! wo werden wir einen Reinen finden, da keiner rein ist? Ist ja auch das Gutes thun um des Seligwerdens willen nicht einmal rein; aber auch in diesem Sinn sind die Himmel nicht rein vor Ihm.

Es kommt also bei dergleichen Sachen blos auf eine gute Verwaltung der Ehre an: Niemand darf ihr Denkmal, ihr Zeichen deswegen erhalten, weil er von Adel ist — Niemand muß für Geld Charaktere und Ehrenzeichen bekommen können, weil das Geld dem Menschen durchaus keinen Werth giebt; verwendet ers aber zum allgemeinen Besten, so ist diese Verwendung der Grund der Ehre, und nicht das Geld; und niemals muß ein Fürst seinem Liebling einen Orden oder Charakter deswegen geben, weil er sein Liebling ist.

O es thut weh, wenn man da den geschmeidigen

Hofmann blos deswegen mit Stern und Ordensband prangen sieht, weil er sich überall gut präsen-
tirt, bei Herren und Damen immer gefällig ist, jeden
Augenblick ein neues Divertissement auf die Bahn bringen, und Jedermann gut unterhalten kann — auch das
mag wohl ein Verdienst seyn: denn es ist das Verdienst
eines guten Gesellschafters, allein doch wahrlich kein
Ordensverdienst, oder irgend eines erhabenen Charak-
ters würdig, den man denen nur geben soll, die ganz
vorzüglich ins Ganze des gemeinen Bestens gewirkt
haben.

Während der Zeit sitzt dort in seiner Arbeitsstube
der treue Rath, vom Geheimen an bis zum Sekretär oder Canzlisten herab, und brütet über Akten,
Staatsrechnungen, Berichten und Relationen; oft stecken seine Füße in Pelz oder in Kissen, er beißt die
Zähne vor Schmerz zusammen und arbeitet. Oft
betäubt die schwarze hypochondrische Schwermuth seinen Kopf, aber er kämpft sich durch, und arbeitet;
seine Gattin kommt, und fordert Geld zu nöthigen
häuslichen Ausgaben, er sieht sie finsterfreundlich an,
macht eine traurige Miene, auch fällt ihm wohl eine
Thräne auf sein Papier, er giebt seine letzten paar
Gulden und arbeitet.

Er bekommt einen Auftrag zu einem großen und
vielumfassenden Entwurf, er macht ihn mit vieler Mühe
und Aufopferung, und schickt ihn ein, der Hofmann
empfängt ihn, zieht ihm ein modernes Gewand an,
und bekommt Ordensband und Stern, wird gar Minister — jener aber empfängt in Gnaden sechs Dukaten, er steckt sie stillschweigend ein, und arbeitet. Endlich zeigt sich ihm Freund Hain von Ferne,
neben ihm steht der graue Mann, beide machen ihm
zwar ein freundlich Gesicht, aber! — aber! — Frau und

Kinder! wo nehmen sie Brod in der Wüsten? — graben können sie nicht, und zu betteln schämen sie sich! — er vergießt stille Thränen, klagt Gott seine Noth, und arbeitet.

Erscheint er einmal in der Cour, so steht er dahinten, zwischen Andern im Kreise, mit unverwandtem Auge sieht er auf den Fürsten, der aber selten etwas von ihm weiß, ihn kaum kennt, und wenn ihm nun eine freundliche Miene zu Theil wird, oder wenn gar der Fürst ein paar Worte mit ihm spricht, wie erweitert sich dann sein Herz, er fühlt sich belohnt, seine frohe Imagination täuscht den Worten seines Herrn noch gnädige Wendungen hinzu, er geht gerechtfertigt hinab in sein Haus, erzählt seiner Frau und Kindern die ihm wiederfahrne Gnade, setzt sich dann wieder froh hin — und arbeitet; aber Zutritt am Hof! — behüte Gott! er ist nicht adelich; einen Orden! — gut! daß die Gedanken zollfrei sind; man würde sich sonst über seine Vermessenheit ärgern. Alle ihr lieben Männer! hört, was Christus auch zu Euch sagt: seyd fröhlich und getrost! es soll Euch Alles im Himmel wohl belohnt werden! — ja, aber unsere Weiber und Kinder! — gut! — wenn Ihr und Eure Weiber und Kinder Vertrauen auf Gott habt, so darf ich Euch die nämlichen Trostworte sagen, die ehmals Elia der Wittwe zu Zarpath mit so gutem Erfolg ans Herz legte: So spricht der Jehovah, der Gott der Christen: das Mehl im Kasten soll nie ausgehen, und es wird dir nie an Fett fehlen, dein Gemüß zu schmelzen!

Eugenius und Urania stifteten auch Orden, der Fürst einen für die Männer, und die Fürstin einen für die Weiber. Der erste hieß der Euprarien-Orden, oder der Orden edler Handlungen, und der andere wurde der Philanthropinen-Orden, oder

der

der Orden der Wohlthätigkeit genannt. Diese Stiftung hielten sie deswegen für nützlich, weil sie den Kreuz- und Sonnen-Orden, ohne speziellen Befehl des orientalischen Hofs, Niemand geben durften.

Die Regeln für beide neue Orden waren folgende:

1. Das Zeichen des Euprarien-Ordens ist eine goldne Rose, die an einem weißen seidenen Band um den Hals getragen wird, und der Orden der Wohlthätigkeit hat einen goldenen Flammenstern mit einem Bienenstock im weiß emaillirten Feld, und wird ebenfalls an einem weißen seidenen Band um den Hals getragen.

2. Jede Person, von der geringsten an bis zur vornehmsten ist fähig, den ihrem Geschlecht zukommenden Orden zu erhalten, sobald sie ihn verdient hat.

3. Dieses Verdienst besteht bei dem Euprarien-Orden darin: wenn Einer eine seltene, außerordentlich edle That verrichtet, zu welcher der Grund nicht so sehr in einer Leidenschaft, als vielmehr in der Ueberlegung, und zwar mit Aufopferung zu finden ist. Dann muß auch eine solche Handlung entweder durch Beispiel oder durch unmittelbare Wirkung gemeinnützig seyn.

4. Wenn auch Einer lange Zeit mehr zum gemeinen als zu seinem eigenen Besten und zwar auf eine sehr vorzügliche Art gewirkt hat, so verdient er den Orden.

5. Der Philanthropinen-Orden hat vorzüglich die unmittelbaren Wirkungen der Menschenliebe zur Absicht; folglich die Linderung jeder Noth und jedes Leidens; eine jede Frauensperson, die sich in solchen Handlungen auf eine seltene Art auszeichnet, erhält dieses Ehrenzeichen.

6. Da ein Mann nie den Weiber- oder Philan-

thropinen = Orden erhalten, aber sich doch in Werken der Menschenliebe außerordentlich auszeichnen kann, so werden bei Männern dergleichen edle Handlungen mit dem ihm eigenen Euphrarien=Orden belohnt; und da auch ein Weib wohl fähig seyn könnte, außerordentlich nützlich zum gemeinen Besten zu wirken, so empfängt sie in diesem Fall auch die ihr zukommenden Ehrenzeichen.

7. Beide Orden erhalten einen Fond, der von einem aus den Ordensgliedern administrirt wird; aus den Einkünften dieser Casse werden die Glieder unterstützt, so bald sie Unterstützung bedürfen.

8. Die Aufnahme in einen von beiden Orden geschieht nach folgenden Regeln: wenn sich irgend Jemand durch eine ganz vorzüglich edle That, oder durch ein außerordentlich gemeinnütziges Leben auszeichnet, so soll dieses an den Fürsten, wenns ein Mann, und an die Fürstin, wenns ein Weib ist, berichtet werden. Diese ernennen alsdann einen Commissarius, der aber durchaus ein Ordensglied seyn muß; dieser muß nun Alles aufs genauste ausforschen, damit er von dem Charakter und von den Grundmaximen der Person, von welcher die Rede ist, Gewißheit bekommen möge; darauf arbeitet er alsdann einen ausführlichen Bericht an den Fürsten, oder an die Fürstin aus, diese lassen den Aufsatz bei allen Ordensgliedern in einem Kästchen circuliren, jedes Ordensglied giebt nun seine Stimme in einem versiegelten Billet, und wenn am Ende dieser Stimmen zwei Drittel bejahend sind, so wird die Person, von der die Rede ist, zum Fürsten oder zur Fürstin berufen, und ihr dann, in Gegenwart des Hofs, von Eugenius oder von Uranien mit gewissen Feierlichkeiten das Ordenszeichen umgehangen.

9. Sollte ein Ordensglied etwa eine notorisch

schlechte Handlung begeben, oder sich sonst durch einen
unwürdigen Wandel entehren, so wird auch dieses wie=
derum durch einen Commissarius untersucht, dann cir=
culirt sein Bericht, und zwei Drittel der versiegelten
Stimmen können das Mitglied des Ordens wieder ver=
lustig machen u. s. w.

Ein seltener Vorzug des Solymaischen Hofs
war: daß jeder von den Männern, die den Hof eigent=
lich ausmachten, mit dem Eupraxien= und jede Ge=
sellschafterin der Urania mit dem Philanthropi=
nen=Orden, ohne gegen irgend eine von obigen Re=
geln anzustoßen, beschenkt werden konnte.

Daß jedes Ordensglied, und wenn es auch ein
geringer Taglöhner oder Taglöhnerin, Knecht oder Magd
wäre, freien Zutritt am Hof hatte, versteht sich von selbst;
doch unter der einzigen Bedingung, daß eine solche Per=
son mit ihrer hohen Tugend auch Reinlichkeit, Ord=
nung und eine geziemende Feinheit der Sitten
verbinden mußte: denn der Mangel dieser dreien Ei=
genschaften schließt auch den Tugendhaftesten von jeder
ehrbaren Gesellschaft aus.

Ein Pedant wird nie ein großer Mann: denn
er versäumt über dem Erbsenzählen Saat und Erndte,
und ein großer Mann ist nie ein Erbsenzähler, er säet
und erndtet, und tritt auch wohl vollwichtige einzelne
Aehren mit Füßen, weil er das Ganze im Auge hat,
und solche Kleinigkeiten übersieht: denn er ist ein
großer Mann, man verzeiht ihm kleine Fehler um
der großen Talente willen; aber doch sind seine klei=
nen Fehler immer Fehler, und er würde ein noch
größerer Mann seyn, wenn er sie auch nicht hätte.

Seyd vollkommen, wie euer Vater im Himmel
vollkommen ist! Können wir gleich nicht Haare
zählen, und die Orionen umspannen; — nicht die

Käßmilben und Würmchen alle nähren, und zugleich die Himmels=Körper durch ihre unermeßliche Bahnen wälzen, so können wir doch aus Hellern und Kreuzern Capitalien sparen, und durch Millionen guter Gedanken, weiser nützlicher Worte und edler Handlungen, endlich ein großes Ganze zu Stande bringen.

Der wahre Heilige ist immer ein großer Mann, aber ein großer Mann ist deswegen nicht immer ein wahrer Heiliger.

Ein Kyniker kann nie im eigentlichen Sinn des Worts ein wahrer Christ seyn; ein säuisches Weib mag sagen und thun, was es will, eine gute Christin ist es nicht.

Der wahre Christ wird durch die Aufmerksamkeit auf alle kleine Pflichten geschickt gemacht, auch die großen zu erfüllen, dies kann er ohne jenes nicht lernen.

Die Pflichten der Reinlichkeit, der Ordnung und der gesellschaftlichen Sittlichkeit legen den Grund zur Heiligung; wer den Tempel Gottes auf unfläthige Sümpfe baut, wenn er auch noch so viel erlene Pfähle einrammt, der wird nie die Herrlichkeit des Herrn, die Schechinah in seinem Allerheiligsten schauen.

Sey im Kleinen groß, und im Großen pünctlich, so wirst du zu großen vielumfassenden Thaten geschickt und würdig werden, einen der Solymaischen Orden zu empfangen.

Ich wette Tausend gegen Eins, daß kein einziges Mitglied, von denen, welche die Solymaischen Orden erhalten haben, aus Mangel an Erfüllung obiger Pflichten vom Hof wegbleiben mußte.

Reine Seelen halten auch ihre Hütten rein!

Sulamith und Philanthropine hielten Wort;
sie besuchten den Eugenius und seine Gemahlin; und
da dieser Besuch in die Tage der Ordens=Stiftung
fiel, so wurde die Ertheilung der Ehrenzeichen an so
viele vortreffliche Menschen durch die Anwesenheit zwei=
er so erhabener Wesen außerordentlich verherrlicht.

Wenn große Herren Besuche bekommen, so werden
allerhand Lustbarkeiten veranstaltet: man stellt präch=
tige Jagden an, brennt schöne Feuerwerke ab, giebt
Schauspiele von aller Art, Singspiele und Lustspiele;
man ißt, trinkt, tanzt und spielt, was aber jedem
sinnlichen Vergnügen das wahre Leben giebt, nämlich
der Geist der Freundschaft und des Wohlwollens, das
fehlt gewöhnlich.

Am Uranienburger Hof gabs auch Lustbarkeiten,
aber von ganz anderer Gattung: Bälle, Jagden, Schau=
spiele und Feuerwerke waren nicht verboten, aber sie
wurden auch nicht veranstaltet: denn es war Niemand
da, der Freude daran gehabt hätte. Es würde auch
lächerlich seyn, wenn ein ehrbarer Hausvater seinen
großgewordenen Söhnen und Töchtern die Puppenspiele
der kleinen Kinder verbieten wollte.

Aber doch muß der Mensch zur Stärkung und Er=
holung eben so gut sinnliche Vergnügen genießen, als
er Speise und Trank genießt: — daher müssen dann
auch die Belustigungen, die er wählt, von der Natur
seyn, daß sie ihn stärken und erquicken können. Es
giebt ungesunde, und sogar giftige Sinnenspeisen,
diese muß man durchaus meiden, auch die gesündeste
Nahrung wird schädlich, so bald man zu viel davon
zu sich nimmt — zu viel ist ungesund — sagt der
Bauer, und er hat recht.

Warum hat sich noch kein Sachkundiger daran
gemacht, eine Diäthetik des sinnlichen Genusses zu

schreiben? — es sterben gewiß mehrere Menschen des bürgerlichen und sittlichen Todes am Uebergenuß, und an der Unverdaulichkeit der Lustbarkeits = Schwelgerei, als des physischen Todes an der Indigestion.

Daß eine lustige Kindsmagd, die den Kindern Walzer und Contretänze vortrillert, und sie dabei auf den Händen herumtänzelt, in Ansehung der sittlichen Anlagen mehr schade, als die alte Amme, die ihnen bei reiferem Alter Gespenster= und Zauberei=Mährchen erzählt, das ist ganz gewiß.

Es giebt einen gewissen Lebenstact, auf den sehr viel ankommt; aus einem, der im dreiachtel Tact lebt, wird nie etwas rechts; der dreiviertel Tact ist schon besser, man kann doch dabei überlegen und das Leben schwebt so im Menuet dahin; aber der volle ganze Tact, besonders der Choral, wo die ganze Gemeinde mitsingt, der will doch mehr sagen; ein Mann, dessen ganzes Leben ein Lied im höhern Chor, für die ganze Kirchen= gemeinde ist, (nur muß der Abbe Vogeler mit seinen Donnerwettern, und der hochweise Schulmeister mit seinem Firlefanz draus wegbleiben), ein solcher Mann ist viel werth. Dann kommts auch viel auf die Dur- und Molltöne an. Mir behagen alle die feierlichen Gesänge, die in Dis=Dur gesetzt sind.

Kindsmägde und Ammen stimmen das Lebescla- vier mehr, als hernach der Hofmeister und der Schul- lehrer.

Vor vierzig Jahren hatten die Prediger, wenn sie sich eine gute Strecke von ihrer Disposition verirrt hatten, die rednerische Formel: Doch wo gerathe ich hin? —

Ich wollte ja von den Lustbarkeiten am Uranien= burger Hof etwas erzählen.

Eugenius ließ durchs ganze Land die Knaben

und Mädchen aufsuchen, die vorzügliche Talente zum Singen hatten; diese ließ er zu Ostenheim in einer besonders zu dem Zweck gestifteten Musikschule unterrichten; sie mußten singen und dann auch ein Instrument spielen lernen, zu dem sie am mehrsten Lust und Geschick hatten. Hier giebts aber zwei Dinge, die sich von selbst verstehn:

1. Keine Kinder wurden gewählt, die ihren Eltern zu ihrem Gewerbe nöthig waren; und

2. lebten diese jungen Sänger männlichen und weiblichen Geschlechts nicht unter einander, sondern sie wurden sehr sorgfältig von einander entfernt gehalten.

Von diesen Sängern beiderlei Geschlechts unterhielt der Fürst eine mäßige hinlängliche Anzahl, die seine Capelle ausmachten; sie wurden anständig, aber nicht nach Europäischer Art besoldet, wo ein guter Opernsänger manchmal dreimal mehr Gehalt hat, als ein Regierungsrath.

Dann wurden diese Sänger und Sängerinnen auch zum geistlichen Stand gerechnet, und das mit Recht: denn in Solyma hielt mans für einen Gräuel, die heilige, herzerhebende Musik, diese Engel- und Seraphinen Sprache, zu niedrigen Zwecken herab zu würdigen; sie wurde nie anders als religiös gebraucht; auch dann nicht, wenn man blos den Zweck hatte, sich zu belustigen.

Gab's dann hier auch Bravour-Arien?

Nein! die überließ man den Nachtigallen, Canarienvögeln und ihres Gleichen.

Feierliche Conzerte im Tempel machten also die erste Lustbarkeit aus.

Die zweite waren Spaziergänge zu Fuß, und dann die Bestimmung des Characters jeder Aussicht.

Drittens wurde die Besichtigung der Forscheri-

schen Sammlung für eine der vornehmsten Ergötzlich-
keiten gehalten.

Viertens beluſtigte man ſich auch mit unterhalten-
den und nicht gefährlichen Leibesbewegungen.

Fünftens erzählte man ſich belehrende und erbau-
liche Geſchichten.

Sechſtens — doch daran mögen nun meine Leſer
genug haben.

Einen Tag hatte Eugenius beſonders beſtimmt,
daß er der herrlichſte des ganzen Feſtes ſeyn ſollte;
denn an dieſem ſollte im großen Tempel ein Hallelujah, und zwar mit vollſtändiger Muſik gefeiert
werden. Alles war aufs prächtigſte dazu vorbereitet,
die Natur ſchien ſelbſt ihr ſchönſtes Feierkleid angezogen
zu haben, und kein einziges Wolkenfleckchen trübte das
lazurne Gewölbe, an welchem die Frühlingsſonne hoch
und hehr herauſſtieg, nur über der jungen ſchönen
Stadt Oſtenheim ſchwebte ein weißer ſeidener Flor,
durch welchen der Strom wie ein ſilbernes breites Band
hinaufſchimmerte.

Der Fürſt hatte den Text zum Hallelujah ſelbſt
gemacht, denn er war ein ſehr guter Dichter; auch
hatte er die Compoſition der Muſik wenigſtens dirigirt, ſo daß das Ganze vielleicht das größte Meiſter-
ſtück war, das je ein Sterblicher hienieden gehört und
geſehen hat.

Damit will ich aber das größte Kleeblatt aller Ton-
künſtler, Graun, Pergoleſe und Gluck, nicht zu-
rückſetzen; die Menſchheit iſt eine Pflanze, die vor ſechs-
tauſend Jahren gepflanzt, vor beinahe achtzehnhundert
Jahren gepfropft, und ſeit der Zeit beſchnitten, gepflegt
und gezogen worden, jetzt blüht ſie nun in Solyma
in aller ihrer Herrlichkeit; hat es nun hin und wieder zu Zeiten Blätter an dieſer Pflanze gegeben, de-

ren Geruch, Schönheit und Kraft bewundernswürdig
war, so kann es ihnen unmöglich Nachtheilig seyn, wenn
man zur Steuer der Wahrheit behaupten muß, daß
alle ihre Blätter-Herrlichkeit mit der Majestät der Blüthe in keine Vergleichung gesetzt werden kann.

Nachdem nun Alles in Ordnung war, so wandelten Eugenius und Urania mit den Fürstinnen von
Yespera und dem gesammten Hof durch das Paradies
hinter Uranienburg dem hohen Tempel gegen Osten
entgegen; hundert Riesensäulen, auf jeder Seite fünf
und zwanzig, alle aus einem schönen röthlichen Holz
spiegelglatt gedreht, trugen ein stark vergoldetes Ge-
simse, auf welchem wechselsweise verhältnißmäßige Va-
sen und Statüen, die Tugenden vorstellten, umherge-
stellt waren.

In der Mitte des platten Dachs ruhte eine hohe
und weite Kuppel auf 24 Säulen; ihr Dach war stark
vergoldet, und oben auf demselben in der Mitte stand
eine versilberte Spitzsäule, auf deren Spitze ein erstaunlich großer, eckicht zusammengesetzter, crystallener
Knopf im Sonnenlicht wie ein ungeheurer Brillant
fernhin seine siebenfarbichte Strahlen blitzte.

Unter dieser Kuppel hieng, nach dem Vorbild zu
Yespera, eine eben so große Glocke; sie war aus fünf
Theilen des reinsten Kupfers, einem Theil reinen Sil-
bers, und einem Theil vom besten Zinn neben dem
Tempel in der Erde vermittelst eines besonders zu dem
Zweck gebauten Ofens gegossen worden. Zwei Riesen
aus dem nämlichen Metall standen unter der Kuppel
gegen einander über, einer mit dem Rücken gegen Norden, der andere gegen Süden, und beide trugen auf
ihren Schultern den Balken, an dem die Glocke hieng;
sie wurde nie gezogen, sondern der Klöpfel wurde nur
von etlichen Männern hin- und hergeworfen; ihr Klang

war erstaunlich, und sehr majestätisch; besonders wurde
er dadurch verstärkt und gleichsam in einen siebenfachen
Donner verwandelt, daß die Decke des Tempels aus
dicht in einander gespündeten Brettern bestand, die
auf ein künstliches Gebälke befestiget waren, und sol-
dergestalt einen Klangboden bildeten, der den Ton un-
gemein erhöhte und vermannigfaltigte.

So wie die erhabenen Herrschaften aus dem Schloß
traten, fieng die Glocke an zu tönen, und dieses
war auch das Zeichen, wodurch die Bürger in Ostenheim, männlichen und weiblichen Geschlechts, benach-
richtiget wurden: denn Allen war erlaubt, dieser Feier-
lichkeit beizuwohnen; durch die schönen Thäler auf beiden Seiten strömten also die Menschen dem Tempelberg
entgegen, während dem der Hof über den Uranienburger Berg durch den Garten fortwandelte.

Um den Tempel her, und auf allen Seiten etwa
zweihundert Schritte von ihm entfernt, befand sich das
Universitäts = Gebäude, welches zwei Stockwerk hoch
gebaut, und mit einer Menge Zimmer zu Wohnungen
für Lehrer und Studirende versehen war; auf jeder Ecke
dieses großen Vierecks stand ein großer vierstöckichter
Pavillon, für die Hörsäle, Cabinette und Bibliotheken,
so daß also jede Fakultät einen Pavillon zu ihrem besondern Gebrauch hatte.

Das Einweihungs = Thor gegen Morgen war immer verschlossen, das Abendthor aber diente zum gewöhnlichen Aus = und Eingang. Durch dieses Thor also
versammelte sich jetzt Alles, um dem großen Hallelujah
beizuwohnen.

Inwendig war der Tempel zweihundert und vierzig Fuß lang und breit, zehn Reihen Säulen, und in
jeder Reihe zehn, trugen die Decke; alles war von
schönem röthlichen Holz, und in dem erhabensten Ge-

schmack verfertigt; der Boden, die Decke und die Wände
umher waren künstlich getäfelt, und mit allerhand kostbaren Holzarten vielfarbig eingelegt; die Höhe vom
Boden bis unter die Decke betrug hundert Schuh, und
gegen das Einschlagen des Gewitters war das ganze
Gebäude auf jeder Ecke und auf der Kuppel mit Ge-
witter-Ableitern versehen.

Mitten vor der Wand gegen Morgen war eine
Erhöhung von zwanzig Schuhen, zu welcher man auf
vierzig breiten Stufen hinaufstieg; oben auf dieser Erhöhung stand eine Bundeslade mit ihren Cherubim,
und mitten zwischen diesen, (Forscher's) Statüe des
Erlösers. — (Hier war sie am rechten Ort, und hier
that sie die vortrefflichste Wirkung;) sowohl die Stufen
als die Lade waren über und über vergoldet.

Zwischen diesem Altar und der östlichen Wand
des Tempels, befand sich ein Raum von zwanzig Fuß
ins Gevierte, der mit schönem Tafelwerk vierzig Fuß
hoch zugebaut war, und von außen das Ansehn hatte,
wie die herrschaftlichen Stühle in den Kirchen. In
diesem Allerheiligsten, gerade hinter dem Bilde des Erlösers, unmittelbar über der Bundeslade war ein großes
crystallenes Fenster von wunderbarer Schönheit an-
gebracht. Da aber die Kammer von außen kein Licht
bekam, so war dieses Fenster dunkel.

Die Ursache dieser ganzen Einrichtung ist in den
höheren Geheimnissen der Religion gegründet, wer sie
fassen mag, der fasse sie! — So viel kann ich meinen
Lesern zur Nachricht sagen, daß keine von den fürstlichen
Personen, noch viel weniger jemand vom Hof, diesen
heiligen Ort je mit Füßen betrat; der Weg dahin
gieng von außen durch einen verborgenen Gang, den
Niemand bemerkte, der ihn nicht wußte.

Auf beiden Seiten des Altars befand sich eine viel-

Schub hohe Bühne, die vor der ganzen östlichen Wand hinlief, und den Musikchören gewidmet war. Wollte aber Jemand zum Volk reden, so trat er auf die Altarstufen, wo ihn Jedermann sehen konnte.

Unmittelbar vor den Altarstufen, doch einige Schritte entfernt, hatten Eugenius und Urania ihren Sitz auf gewöhnlichen Stühlen, und hinter ihnen saß der Hof ebenfalls auf Stühlen.

So wie der Fürst unter dem Glockendonner in den Tempel trat, (in welchem dieser Donner so durchdringend grollte, daß man die Schläge an die Glocke nicht unterscheiden konnte) mischten sich nun gewisse tieftönende blasende Instrumente in dieses majestätische Brüllen, eben als wenn sie aus dem allwaltenden Ton = Chaos allmählig die unaussprechlichen Harmonien des großen Halleluja's ausgebären wollten. So wie eine junge Welt, jetzt noch im Geheul himmelan lodernder Vulkane, und im Gebrüll des wallenden Schlamm = Ozeans, wie in Geburtswehen bebt, und bald hie bald da eine Insel gebiert, bis sich nach und nach große Länder erheben, und dem wilden Gebrause Gränzen setzen, so schallten die Glockentöne nun langsamer, seltener und schwächer; die Harmonie verständlicher Töne aber wuchs bis zur großen und vollständigen Symphonie, sie wuchs und wuchs bis zum Morgensternen = Gejauchze; noch hörte man keine menschliche Stimme, keinen Gesang, — nur noch Instrumente, — auf einmal eine Pause, eine Todtenstille von einigen Sekunden; nun erschollen die Worte im erhabensten Recitativ:

Jehi or — vájehi or! — (Es werde Licht, und es ward Licht).

Diese Worte tönten durch ein großes silbernes Sprachrohr dergestalt, daß die crystallene Fenster zu

zittern schienen, und bei dem Wort or geschah ein star=
ker Schlag an die Glocke, die Baß = Instrumente stimm=
ten alle mit ein, und wie die Töne verhallten, so
hielten drei Stimmen dies Wort in der Quarte und
Sexte schwebend mit einem gemäßigten Tremulant
aus; dies that eine erstaunliche Wirkung.

Für die Leser, die keine Musik verstehen, würde
eine umständlichere Beschreibung dieses Concerts aller
Concerte eine schlechte Unterhaltung oder Belehrung
seyn; nur Eins muß ich doch noch bemerken:)

Die ganze Cantáte gieng die größten Werke der
Gottheit in der Regierung der Menschen mit immer
abwechselndem Halleluja durch, bis sie endlich an
die Gründung des Reichs des Friedens in Solyma
kam; hier schloß nun der Sänger=Chor im erhabensten
Choral (mit folgenden Strophen von unserem größten
Odendichter Uz:)

So strahlet unser Geist mit angebornem Lichte
    Durch dicke Finsterniß hervor,
Wenn vor der Weisheit Angesichte
    Die Nebel flieh'n, worin er sich verlor.

Geh' auf mit vollem Tag, und herrsch' in Glanz und Ehre,
    Und herrsch', o Weisheit! unbegränzt,
Von einem bis zum andern Meere,
    Wo Menschen sind und unsre Sonne glänzt.   Halleluja!

Kaum war dies letztere Halleluja im Glockendon=
ner, den schmetternde Trompeten begleiteten, verhallt,
als die Herrlichkeit des Herrn durch einen strahlenden
Blitz den Tempel erhellte, und in dem Augenblick stand
der Paraclete hinter dem Cryftallfenster, durch wel=
ches er den Fürsten, seine Gemahlin und den Hof
freundlich grüßte.

Eugenius und Urania staunten im Schrecken

der Freude, über diese unerwartete Ehre; Beide eilten auf die Stufen, und riefen:

Der Allerheiligste ist gegenwärtig! — Alles, was Odem hat, falle nieder, und lobe den HErrn! In dem Augenblick lag alles auf der Erde und feierte, und Jedermann hörte während der Zeit die helltönenden vernehmlichen Worte:

„Der Friede und das Wohlgefallen des Erhaben- „sten ruhe auf euch, meine Kinder! und an diesem „seiner Verherrlichung geweiheten Ort! — Werdet ihr „im Glauben und in der Liebe wandeln, so will „ich euch oft besuchen, und meine schützende und seg- „nende Hand soll über Euch walten für und für.“

Da Capo! rief nun Eugenius — Geh' auf mit vollem Tag! Alsbald tönte Alles wieder, und der gewaltige Baß, droben in der Höhe, donnerte ein- förmig dazu; während der Zeit erhub sich der Paraclete wieder an seinen Ort, und bis zu den Seraphinen- Sphären emporgeflügelt, kehrte Jeder wieder zurück nach seiner Wohnung.

Auch die Fürstinnen von Vespera reisten ver- gnügt ab, mit dem Versprechen, den Besuch oft zu wiederholen.

———

Ich habe mehrmals erinnert, daß das Land So- lyma von allen Seiten mit unübersteiglichen Gebirgen umgeben, und also, wenn anders der einzige Paß ge- gen Mitternacht wohl verwahret würde, nicht zu er- obern sey.

An der Bewahrung dieses Passes fehlte es nun auch gar nicht: der Fürst unterhielt nicht nur eine hin- längliche Wache daselbst, sondern es waren auch an den schicklichsten Orten Verschanzungen und Bollwerke

angelegt worden, so daß eine geringe Mannschaft leicht
eine ganze Armee zurückzuhalten vermögend war.

Wenn also die Bürger von Solyma nur unter
sich Frieden hielten, und ihren Zugang treulich bewahr-
ten, so war ihr Land in jedem Betracht ein Land des
Friedens, ein wahres Solyma. Nun hatte sich aber
Fürst Eugenius von Anfang an vorgenommen, die
östlichen Gebirge zu bereisen, um dort theils Entdeckungen im Reich der Natur zu machen, theils auch um
zu untersuchen, ob diese Gegenden nicht etwas Nützliches für ihn und sein Volk enthielten, und endlich,
um sich auch im Anblick mannigfaltiger Naturscenen
ein Vergnügen zu verschaffen; nachdem also in seinem
Lande alles in Ordnung, im Gang und in Ruhe war,
und nachdem er vorher seiner Gemahlin auf etliche
Wochen die Regierung übertragen, und alle Geschäfte
gehörig eingeleitet hatte, so unternahm er nun die Reise.

Zu Gesellschaftern und Begleitern wählte er sich
Forscher, Merck, Gottfried, Schüler, Licht-
hold und Timotheus; die fünf ersten waren gerade
die Männer zu diesem Zweck, und ohne den letzten, ohne
seinen getreuen ehmaligen Hans Ehrlich, machte er
selten eine Reise.

Es war in der Mitte des Junius, als diese aus
vierzehn Personen, eben so viel Pferden und vier starken Cameelen, welche Zelte und Reisegeräthe trugen,
bestehende Gesellschaft an einem der schönsten Morgen,
die in Solyma nicht selten sind, ihren Weg begann.
Sie nahmen ihre Richtung gegen Nordosten: denn dort
waren die Gebirge am höchsten, und die obersten Gipfel
mit ewigem Schnee bedeckt, und dort schienen sie auch
aus der Ferne am merkwürdigsten zu seyn.

Die Reise durch diesen Theil des Morgenviertels
machte dem Fürsten viele Freude: denn er sah, wie sich

die Parſen allenthalben nach deutſcher Art angebauet
hatten, wie ſie ſo glücklich, zufrieden und im Wohlſtand
lebten, und wie froh und liebreich ſie ihn überall em=
pfiengen. Dies alles trieb ihm und ſeinen Begleitern
einmal ums andere die Thränen in die Augen.

Ueberall trafen ſie auch bequeme Herbergen nach
Europäiſcher Art an, und ſie wunderten ſich über
den Flor des inländiſchen Handels; denn allenthalben
fanden ſie Künſtler, Krämer und Handwerksleute, die
das, was die Natur produzirte, verarbeiteten, und was
in der Gegend nicht wuchs, aus andern an ſich han=
delten, und ihren Nachbarn verkauften.

Das Einzige, was Eugenius befürchtete, war,
daß bei dieſem Wohlſtand und bei dieſer Ruhe allmäh=
lig der Luxus entſtehen könnte; denn er wußte, daß,
wenn der Feind einmal dies Unkraut unter den Waizen
geſäet haben würde, das Ausjäten eine erſtaunlich
ſchwere Arbeit ſey, und daß es alsdann früher oder
ſpäter, in Solyma eben ſo leicht als anderswo, zum
phyſiſchen, politiſchen und ſittlichen Verderben gehen
müßte.

Das Reſultat ſeiner Ueberlegungen und Unterredun=
gen mit ſeinen Begleitern war endlich: daß er alſofort
nach geendigter Reiſe eine Preisfrage über die beſten
Mittel, den Luxus zu verhüten, aufgeben wollte.

Am Abend des dritten Tages langte unſre Geſell=
ſchaft am Fuß des nordöſtlichen Gebirges an; hier fan=
den ſie nun die blühendſte Viehzucht; Rindvieh und
Schafe waren vorzüglich groß und ſchön, und die Wol=
le gab in Anſehung ihrer Feinheit der beſten ſpaniſchen
nichts nach. Der Fürſt erkundigte ſich auch, ob die
Wolle gut verarbeitet würde, und erfuhr zu ſeiner
größten Freude, daß in den benachbarten Städten die
vortrefflichſten Wollentuch= und Zeug=Manufakturen

zu

zu blühen anfengen. Mit Einem Wort, überall, wohin er seinen Blick wendete, da fand er Segen und Gedeihen.

Nun bemerkte Timotheus, der gleichsam den Reise-Marschall machte, ein Haus am Fuße eines Hügels, neben einer grünen Wiese; es sah ziemlich groß und ansehnlich aus, dies bewog ihn, den Fürsten zu fragen: ob er irgend dorthin gehen und sich erkundigen sollte, ob etwa ein Lüdenbeck da wohne? — Da es ihm erlaubt wurde, so trabte der treue Oberknecht und ehmalige Gänsehirte dorthin, kam aber bald wieder, und sagte: es bedürfe keines Aufschlagens der Zelte; denn der Mann, der dort wohne, habe Platz für die ganze Gesellschaft und ihre Thiere. Die beiden vorigen Nächte hatte man in Gasthöfen geschlafen; diese waren aber hier am Ende des Landes und im Gebirge vollends gar nicht zu erwarten, folglich hatte man Zelte mitgenommen.

Der Mann, der in dem großen schönen Haus wohnte, war wieder ein Deutscher, der damals bei Samarkand unter die Parsen gekommen war, als Eugenius den weniger cultivirten Völkern Europäer zutheilte, die wie wohlthätige Funken Licht und Feuer unter ihnen anzünden sollten; er hieß Franz Anton Zwinger, und war in seinem Vaterlande Justizrath gewesen, allein eben darum, weil er die Justiz liebte, sehr verfolgt worden. Hier hatte er nun die Landwirthschaft allen andern Geschäften und Bedienungen vorgezogen, und da er dieses Gewerbe überaus gut verstand, so hatte er es darin zu einer großen Vollkommenheit gebracht: denn man sah den hohen Grad des Wohlstandes allenthalben, wohin man nur sein Aug wendete.

Zwinger kam mit seiner ganzen Familie, den Fürsten und sein Gefolge einzuholen: denn Timotheus hatte ihm gesagt, wen er zu erwarten habe.

Freude glänzte auf allen Gesichtern, so wie es auch
seyn muß, wenn man seinen Landesfürsten sieht, oder
ihn gar beherbergen soll. Daß hier eben so, wie ehemals in Lüdenbeck's Haus, kein Ceremoniel beobachtet werden durfte, brauch' ich wohl kaum zu erinnern.

Der Abend wurde in vertraulichen Gesprächen zugebracht, besonders aber erkundigte sich Eugenius bei
Zwinger nach der Beschaffenheit des Gebirges, und
ob er nicht zu Zeiten Wanderungen in dasselbe anstell-
te? — Zwinger bejahte das, und erbot sich, den
Fürsten zu begleiten; zugleich versicherte er, daß man
schwerlich irgendwo auf der Erde die unentweihte freie
Natur in erhabenerer Gestalt und Wirkung würde sehen
können. Diese Nachricht machte die ganze Gesellschaft
froh, und des Morgens früh mit Tages Anbruch
machten sie sich heiter und vergnügt unter Zwinger's
Anführung auf den Weg.

Zuerst gieng der Weg durch ein einsames Wiesenthal allmählig hinauf, durch welches ein starker Bach
herabrauschte, der bei Zwinger's Haus vorbeifloß.
Nach einer Stunde Gehens gelangten sie oben ans Ende des Thals, wo sich unersteigliche Felsen auf einander
thürmten.

Hier mußten sie sich also rechter Hand durch einen engen Weg hinaufarbeiten; doch kamen die Pferde
und Cameele noch ziemlich leicht und ohne Gefahr auf
die Höhe.

Hier hatten sie nun eine weite Fläche vor sich,
und das Vorgebirge überstiegen. Auf dieser Fläche
schwelgte gleichsam die sich selbst überlassene Natur in
Gewächsen aller Art und von den seltsamsten Gattungen; hin und wieder erhoben sich waldichte Hügel, und
zwischen ihnen senkten sich flache Thäler in weiten Krei-
sen gegen das Vorgebirge herab; auf den smaragdenen

Rasenflächen liefen Hirsche und Rehe im Frieden umher: denn Niemand stand ihnen nach dem Leben, so lang sie nicht auf die Aecker und Wiesen des Landmanns herauswechselten, und in den Blumengebüschen sangen die Vögel ihr tausendfältiges Concert der aufgehenden Sonne entgegen.

Hier wars einem zu Muth, als wenn man in seligen Gefilden umherwandelte, und man mußte sich besinnen, ob man nicht träume oder gar unvermerkt in die andre Welt hinübergeschlummert sey? — Lichtsgestalten sahe man hier nicht umherwandeln, aber man ahnete ihre Gegenwart.

Bei solchen Gelegenheiten konnte Timotheus nicht schweigen, die Rede ängstigte ihn dann im Bauch, wie ehmals den Elihu, er fieng also an: Lieber Fürst! verzeihe mir, wenn ich dir meinen Wunsch sage!

Eug. Sag an!

Tim. Hier müßtest du ein Lustschloß bauen, und dabei einen schönen Garten anlegen.

Eug. Wer sollte dann auf dem Lustschloß wohnen?

Tim. Du könntest ja hier zu Zeiten mit deiner Gemahlin von den schweren Regierungs=Geschäften ausruhen.

Eug. Ausruhen kann ich auch zu Uranienburg, und wenn ich mich zu Zeiten erholen will, so kann ich hieher reisen. In Solyma baut man keine Lustschlösser, weil da des Fürsten größte Lust in der Beglückung seiner Unterthanen bestehen muß, und dazu bedarf er nur eine Wohnung.

Timotheus schämte sich und schwieg; Forschern aber thats leid, daß die gute Seele gekränkt wurde; Eugenius wollte ihn freilich nicht kränken, aber er merkte doch auch nicht, daß ihm die etwas ungewöhnlich trockene Antwort wehe that. Daher versetzte For-

scher: verzeihe mir, lieber Fürst! wenn du durch einen
solchen Bau armen Handwerksleuten ein Verdienst zu-
wenden und die Unkosten bestreiten könntest, ohne die
Unterthanen dadurch zu beschweren, so sehe ich doch
auch nicht ein, warum Fürst Eugenius von Solyma nicht allhier ein Lustschloß sollte bauen dürfen?

Eug. Wie? wenn ich aber nun die Summe Gel-
des, die ein solches Schloß kosten würde, nähme, und
damit armen Handwerksleuten, wenns deren in
Solyma giebt! — ein dauerhaftes und beglückendes
Brodgewerbe verschaffte; könnte ich dann nicht mehrere, und diese mehrere nicht beständiger glücklich
machen, als durch einen solchen Bau?

Hierauf wußte nun freilich Forscher eben nichts
Gründliches zu erwiedern, indessen wollte er doch auch
nicht so ganz unbedingt die Segel streichen, er versetzte
also:

Das ist ganz richtig, lieber Fürst! — allein du
kannst Jeden deiner Unterthanen glücklich machen, und
auch über das Alles noch Lustschlösser bauen: denn an
Mitteln zu dem Allen fehlts dir nicht.

Eug. Wenn ich Euch auch das Alles zugebe, so
bleibts doch fest dabei, daß ich noch immer das Heimweh habe, und wo man das hat, da baut man wohl
Hütten, in denen man so lang, als der HErr will,
Schildwache stehen kann, aber keine Lustschlösser. Daß
sich ein Fürst eine anständige, den Kräften seines Landes angemessene Wohnung baut, das tadle ich eben so
wenig, als wenn sich ein honetter Mann ein stands-
mäßiges hübsches Kleid macht; aber wenn man mit
Kleidern und Wohnungen gern jeden Augenblick wech-
selt, so macht man das Heimweh unheilbar; denn man
bekommts erst in allen seinen Qualen nach dem Tode,

wo man dann nicht mehr nach Haus, nämlich auf seine Lustschlösser kommen kann.

Forscher war nun auch aus dem Feld geschlagen; denn er fühlte tief, daß der Fürst im Grund recht hatte, doch wollte er ihm nun zum Beschluß noch einen Wink geben, warum er die Parthie des Timotheus genommen hätte; er fügte also noch hinzu:

Du hast recht, lieber Fürst! wenn mans im strengen Sinn nimmt, aber doch ist es dem Bruder Timotheus zu verzeihen, wenn er von der Schönheit dieser Gegend überrascht, Etwas sagte, das ihm von Jemand, der kaltblütiger und richtig fühlt, widerlegt werden kann.

Durch diese Rede wurde Eugenius aufmerksam, er hielt mit dem Pferd still, sah Einen nach dem Andern an, und sagte: was ist das?

Ihr könnt denken, meine Leser! daß nun Alle still hielten, und den Fürsten bedeuteten, wohin die ganze Sache ziele?

Wenn Ihrs nicht merkt, so thut mirs leid. — Eugenius hatte seinen treuen Diener angemurrt. Das war nicht recht! — daß aber dieses Timotheus so hoch aufnahm, beweist wieder, wie fein und wie genau diese Menschen in ihrem Umgang waren.

Eugenius drückte seinem Timotheus die Hand, und sagte: Bruder! wir sind Menschen, und du weißt, wie ich gegen dich gesinnt bin. Timotheus küßte diese Hand, und antwortete: ich will mich bemühen, weiser zu werden.

Während diesen Gesprächen waren sie dem Mittelgebirge näher gekommen, dunkle Wälder lagen die langen und bretten Bergrücken hinauf, hinter welchen die blauen Felsengipfel himmelan strebten, und hin und wieder bohrte ein beschneiter Coloß durch die Wolken=

Region in den Aether hinan. Der Anblick war sehr
majestätisch, und es schien, als wenn diese zackichte
Felsenreihe ganz und gar nicht zu unserm Erdplaneten
gehörte.

Werden wir aber auch auf jene Riesenberge klettern können? fragte Eugenius; o ja! antwortete
Zwinger: nur müssen wir Alles, was thierisch ist,
am Fuß zurücklassen.

Allmählig kamen sie dem Wald näher; hier sah
es aus, als wenn noch nie ein menschlicher Fuß diese
Gegend betreten hätte; Alles wuchs verworren durch
einander; die Kinder des Pflanzenreichs grünten und
blühten im Moder ihrer Erzeuger, und tausendjährige
Eichen, Cedern und allerhand fremde und unbekannte
Bäume würden, wenn sie Vernunft und Sprache gehabt hätten, vom Jammer des Erdenlebens nichts haben erzählen können. Hier schien es, als wenn die
freie, noch nie durch die Kunst bezähmte Natur den
Menschen den Durchzug nicht erlauben wollte, als wenn
sie sich gegen die Adamskinder verschanzt hätte; allein Zwinger hatte sie ausgekundschaftet, und seitwärts
einen Schleichweg entdeckt, durch welchen er den Fürsten und seine Gesellschaft hinaufführte.

Nach ein paar Stunden gelangten sie auch auf
diese Höhe; noch immer hatten sie Wald um sich her,
durch welchen sie wieder ein paar Stunden allmählig
aufwärts ritten, bis sie endlich aufs Freie kamen.

Hier schwelgte aber nun die Natur nicht mehr,
man glaubte nach Lappland versetzt zu seyn; von den
Schnee= und Eisfeldern her wehte eine etwas mehr als
kühle Luft, und es kam dem horchenden Ohr vor, als
wenn es zu Zeiten aus der Ferne von den Schneegebir-
gen her ein dumpfes, aber doch durchdringendes Donnern
vernähme. Hier schwieg das Concert des Waldes, und

jede Pflanze schien zu sagen: mich hungert und dürstet! Indessen waren sie noch lange nicht in den Regionen des ewigen Schnees, sondern sie mußten noch eine gute Strecke über die Heide fortreiten, wo sie dann endlich an einen erhabenen steinigten und mit Moos bewachsenen Hügel kamen, den sie bestiegen, um einmal einer erstaunlichen Aussicht zu genießen.

Hier standen sie nun Alle beisammen, die Luft war außerordentlich rein und heiter, so daß Eugenius sein ganzes Fürstenthum übersehen konnte. — Weit und breit lag nun Solyma mit allen seinen Hügeln und Thälern wie ein großes Gemälde zu seinen Füßen. Hinter sich sah er die Welt, so wie sie vor sechstausend Jahren aus dem Schoos des Tohu Vapohu emporstieg, und vor sich überschaute er die Blüthe zu ihrer Vollendung. —

In jedem Betrachte eine erstaunliche Aussicht!

Nun suchte auch Eugenius mit forschendem Blick sein Schilderhäuschen, wohin er für dieses Leben zur Wache beordert war; aber lieber Gott! mit blosen Augen konnte er den großen Tempel, dies Prachtgebäude nicht finden, er mußte also sein Fernrohr zur Hand nehmen, und da fand er dann bald ein röthliches Pünktchen auf einem Berg in der Ferne.

Hätte doch Nebukadnezar, sagte Eugenius, indem er sein Perspektiv in den Sack steckte, aus einem solchen Gesichtspunct seine große Babel überschauen können, so würde sie vor seinen Augen zum Ameisenhaufen geworden seyn, und er wäre vielleicht nicht zur Strafe des Grasfressens verdammt worden. Wir haben hier keine bleibende Stätte, sondern die zukünftige suchen wir. — Selig sind, die das Heimweh haben, denn sie sollen nach Haus kommen! — mein unsterblicher Geist schämt sich des Gedankens, das rothe Fleck=

ben dort sey ein Tempel. Daß sich Gott erbarm!
— Schändlich! und abermal schändlich ist es, daß der
Mensch in dem Theil, in welchem er so gar nichts ist,
in seiner sinnlich-physischen Existenz Größe sucht,
nur allein als ewiger, eines unendlichen Wachsthums
fähiger Bürger des sittlichen Reichs Gottes ist er erha-
ben und ehrwürdig! — daß er Kartenhäuschen hienieden
baut, das ist ihm zu verzeihen; aber Freunde! — neh-
met mirs nicht übel! Lusthäuser — Lustschlösser bauen,
Hütten, in denen sein Geist Nahrung sucht, worin er
daheim seyn will — Nein! das soll er nicht.

Lieber Fürst! versetzte Timotheus, jetzt mag ich
auch keine Lustschlösser mehr; aber es war ja auch nur
ein Luftschloß von mir, und wer baut nicht zuweilen
eins? — besonders wenn er noch auf dem Wege vom
Gänsehirten zum Oberknecht ist?

Eug. Lieber, lieber Bruder! Vergiß nun des
Lust- und Luftschlosses, und vergieb mir meine Uebereilung.

Aber nun mußte die Reise fortgesetzt werden.

Gegen die Schneegebirge zu stieg man vom Hügel
flach und zwar eine lange Strecke hinab, hier hörte
nun die bekannte Vegetation fast ganz auf, Felsen
thürmten sich auf Felsen, und nur die ewige Haus-
magd, oder auch Hebamme der Natur, die Crypto-
gamie trieb in Moosen, Flechten u. dgl. ihr Wesen.

Hier am Eingang zu den Kindern des Chaos
wurde ein Zelt aufgeschlagen, in welchem man über-
nachtete, und des andern Morgens dann seinen Stab
weiter setzte; zwei Knechte blieben hier bei den Thieren zurück, die andern aber mußten mitgehen, und
Speise tragen. Nun hatte der Fürst den Plan gemacht, daß er diesen Tag einen der nächsten und höchsten Schneegipfel besteigen und dann zurückkehren woll-

te, um am Abend wieder bei dem Zelt zu seyn. Die
folgende Tage wollte er dann zur Rechten gegen Mittag hin Excursionen machen, um zu sehen, ob er irgend etwas Nützliches würde entdecken können; diesen
Morgen gieng also nun Eugenius mit seiner Begleitung; und unter Zwinger's Anführung in eins von
den schrecklichen Felsenthälern hinein, die um den Fuß
des Berges herum lagen; man konnte sie eher Felsen-
klüfte als Thäler nennen: denn sie sahen gerade so
aus, als wenn viele hundert Klafter hohe Granit-
Massen in der Mitte zersprungen, und die Stücke
dann um etliche Ruthen weit von einander gerückt
worden wären. In diesen dunklen, schauervollen
Schlünden stiegen unsre Wanderer bei anderthalb
Stunden ziemlich steil aufwärts, bis sie endlich vor
eine Felsenwand kamen, wo es schien, als wenn hier
an kein weiteres Fortkommen zu denken wäre; allein
Zwinger wußte den Schlupfwinkel, denn er drängte
sich rechter Hand in eine Spalte des Felsen, die sich
immer mehr erweiterte, und kroch dann auf Händen
und Füßen steil hinauf; die Andern folgten ihm, und
so kamen sie, mit vieler Mühe endlich, nach langem
Kriechen oben wieder ins Freie.

Aber hier überfiel sie, bei dem Anblick einer neu-
en Naturscene, Grausen und Entsetzen: einige Schritte
vor ihnen hin war ein so ungeheuerer Abgrund, daß
sie kaum den Boden erkennen konnten: denn auch hier
wars finster auf der Tiefe. Von hier aus zog sich
dies Thal der Schrecken, welches dieser Abgrund bildete, weit gegen Nordosten hin, dann lenkte es sich
links um gegen Solyma zu, wo es sich dem staue-
nenden Auge entwand.

Diese große und fürchterliche Aussicht wurde nun
noch erhabener, und gleichsam belebt durch die vielen

Wasserfälle, die von den östlichen Gebirgen in die
Tiefe hinabstürzten; zu Zeiten kamen auch ungeheuere
Schneemassen, die wie Wolkengebirge von oben herab-
rollten, und sich dann hier mit fürchterlichem Gebrüll
in die Tiefe stürzten; dies war der ferne Donner, den
sie gestern gehört hatten; der Mensch wird gleichsam
zu nichts, wenn er sich an Orten befindet, wo die
Natur in ihrer Riesenstärke wirkt.

Nachdem sie diese Scene eine Weile angestaunt,
und sich vor Dem, der dies Alles gemacht hat, ge-
demüthigt hatten, so sahen sie sich nun nach dem Weg
um, den sie, um auf die Spitze zu kommen, nehmen
mußten; rechts, im weiten Bogen herum, mußten
sie über den Rand des Abgrundes hinklettern, der aber
breit genug war, um ohne Gefahr darüber hin zu
kommen; dann lief eine schroffe Felsengräte schief den
Berg hinauf, die von Ferne wie eine schwarze Linie
aussah, und wo also kein Schnee lag; diesen ganzen
Weg bis auf die Spitze legten sie in zwei Stunden zurück, und waren nun ganz droben.

Von der Aussicht will ich nichts sagen, denn die
war groß und unermeßlich; und eben so wenig von
den Empfindungen, die sie theils im Körper, theils
auch in ihrem Gemüth bemerkten; man darf nur die
Briefe des Herrn de Luc, und die Beschreibung des
Herrn Saussure von seiner Besteigung des Mont blanc
lesen, so kann man seine Neugierde über diesen Punkt
befriedigen; aber ein Gefühl von ganz anderer Art, eine
sehr unerwartete Empfindung erfüllte sie mit Staunen,
als sie die Gegend in Nordosten etwas genauer betrach-
teten.

Eugenius hatte sein Gesicht gegen Norden gerichtet, um zu beobachten, wohin sich das gräßliche
Thal wendete, an dessen Rand sie diesen Morgen vor-

bei gekrochen waren, und er fand, daß es sich in seinen Wendungen allmählig verflächte, und sich dann endlich gegen die nordöstliche Ecke des Landes Solyma zwischen den Vorgebirgen verlor. Hier floß ein ziemlich starker Strom aus der Oeffnung des Thals heraus, der sich immer mehr verstärkte, und sich etwa sechs Stunden oberhalb Ostenheim in den Jordan ergoß.

Als dieses der Fürst, mit dem Fernrohr vor dem Auge, ausgekundschaftet hatte, so warf er nun auch einen Blick auf die andere, nordöstliche Seite des Gebirges; er schaute — schaute scharf, staunte, und rief: Großer Gott! was ist das?

Alle seine Begleiter erschracken, und horchten mit starrem Blick auf ihn, mit offenem Mund und gespannten Ohren; er aber sah, und sah, als wenn er dort in der Ferne einen Berg mit seinen Augen durchbohren wollte. Dann gab er Forschern das Perspektiv, zeigte mit dem Finger gegen Nordosten in ein Thal, das sich weit in die Ferne erstreckte, hier aber sich nahe am Fuß des Berges an einer Felsenwand endigte.

Forscher schaute hin, erschrack, daß er erblaßte, und gab dann das Fernrohr dem Merck.

So giengs in der Gesellschaft herum; wer gesehen hatte, der staunte in starrem Tiefsinn, und wer noch nicht gesehen hatte, der sog mit seinen Blicken am Fernrohr und an der nordöstlichen Gegend.

Nach und nach war das Fernrohr in jedermanns Händen gewesen, und nun rief der Fürst: Fort! Fort! damit wir hier nicht bemerkt werden. Im Hui waren sie den Berg herunter, und in weniger als der Hälfte der Zeit des Aufsteigens bei ihrem Zelt.

Hier setzten sie sich nun im Kreis herum, blos um auszuschnaufen, denn das, was sie gesehen hatten,

war von der Art, daß der Fürst schleunige Maßregeln
ergreifen mußte.

Um nun auch meinen Lesern aus der Noth zu
helfen, so sollen sie wissen, daß unsre Reisenden einen
neu gemachten Weg bemerkten, der aus der Ferne,
durch das nordöstliche Thal, bis zu einer großen Oeffnung heran lief, die von Menschenhänden in die oben
bemerkte Felsenwand hineingebrochen war.

Sie zählten fünf Brücken, die auf dem neuen
Wege über Bäche geschlagen waren, und es fehlte auch
an einzelnen Menschen nicht, die auf dem Wege zum
Eingang in die Felsenwand ab- und zugiengen.

Das hatte Fürst Eugenius auch schon bemerkt,
daß nach dem Augenmaß zu rechnen, nur einige hundert Klafter durch den Felsen brauchten durchgehauen
zu werden, um auf der Solymaer Seiten, und zwar
unten in dem gräßlichen Thal, wo es anfieng sich
gegen Norgwesten zu lenken, heraus zu kommen.

Diese Entdeckung war wichtig und sehr bedenklich;
alle unsre Reisenden waren daher äußerst niederge-
schlagen, vorzüglich aber Zwinger: denn er sah ein,
wie leicht da in einer Nacht ein ganzes Heer herein-
ziehen, und die ruhigen und sichern Einwohner von
Solyma überfallen könnte.

Eugenius ermannte sich indessen zuerst, und
sprach: ich danke meinem Gott, daß ich diese Bergreise
unternommen habe; noch zur Zeit muß keine Gefahr
vorhanden seyn, es hätte sonst Allarm gegeben, und
man hätte mir Bericht erstattet; indessen sind wir
schon etliche Tage von Haus — wir haben also keinen
Augenblick zu verlieren, sondern wenn wir etwas Nahrung zu uns genommen haben, so müssen wir die Bie-
gung des Thals untersuchen und sehen, ob vielleicht der
Weg durch den Berg schon durchgehauen ist.

Alle waren einstimmig, daß dies der beste Vorschlag sey, und so bald, als sie sich mit etwas kalter Küche und Wein erquickt hatten, setzten sie sich auf ihre Pferde, und ritten schnell zwischen den Mittel= und Vorgebirgen fort, bis sie endlich gegen Abend auf einen Hügel gelangten, wo sie die ganze gegenüberstehende Seite, und zwar in der Gegend, wo der unterirrdische Gang herauskommen mußte, übersehen konnten. Alle bedienten sich des Perspectivs, alle überschauten die felsichte Bergseite genau, aber keiner konnte die geringste Spur von irgend einer Oeffnung entdecken, so daß sich der Fürst schon höchlich freute, und sagte: jetzt will ich denen, die da durchbrechen wollen, eine Falle stellen, in der sie gewiß gefangen werden sollen.

Bei diesen Worten lächelte Timotheus, und versetzte: erlaube mir doch, lieber Fürst! daß ich dorthin gehen, und die Gegend genauer untersuchen darf: denn ich bin versichert, daß die Feinde klug genug gewesen sind, den Ausgang unkenntlich zu machen.

Eugenius sah seinen Getreuen bedeutend an und sagte: dieses weise und vernünftige Mißtrauen hätte ich keinem Hans Ehrlich zugetraut: denn Leute von deinem Schlag trauen immer Andern mehr Gutes zu, als sie thun sollten, sie glauben, Jeder sey so ehrlich wie sie.

Das ist nur der Fall, wenn sie hartlehrig sind, antwortete Timotheus: sind sie lehrbegierig und folgsam, so führt sie die Erfahrung so oft in die Schule, bis sie die nöthige Klugheit gelernt haben. Laß mich nur immer dorthin klettern: denn ich traue dem Handel nicht.

Alle hielten nun diese Untersuchung für nöthig, und deswegen entschloßen sie sich auch, sie Alle mit einander gemeinschaftlich anzustellen: denn viele Augen sehen immer mehr als zwei.

Nun konnten sie aber nicht gerades Weges dahin kommen, weil die Gegend rauh und voller Klippen war, sondern sie mußten linkerhand hinab ins Thal, durch das Wasser und dann wieder rechts hinaufsteigen; das Alles geschah ohne Aufschub. Hier bemerkte nun Forscher hin und wieder, wo entweder Sand oder weiche Erde war, menschliche Fußtritte, die eine gewisse Richtung gegen die östliche felsichte Bergseite hatten; Alle und besonders Eugenius wurden darüber bestürzt, und angetrieben, dieser Richtung zu folgen, und bald entdeckte Timotheus, der immer voran war, den Ausgang; er war ganz mit Gebüschen bedeckt, das man zu dem Ende vor die Oeffnung gepflanzt hatte, und hier bemerkte man Fußtritte genug, die sich aber bald vertheilten, so daß kein gebahnter Fußpfad entstehen konnte.

Was war nun zu thun? — Hier mußten schleunige Maßregeln ergriffen werden; den Gang durch den Berg zu untersuchen, wäre ein vermessenes Wagstück gewesen: denn erstlich wußte man die innere Beschaffenheit nicht, und zweitens ließ das jenseitige Ab- und Zugehen vermuthen, daß inwendig im Berge ein Aufenthalt seyn könnte, der mit Menschen besetzt wäre.

Das Beste war also, sich schleunig und unvermerkt wegzumachen; und dann durch eine versteckte, wohlbewaffnete Wache den Aus- und Eingang hier beobachten zu lassen, um allenfalls den Einen oder den Andern gefangen zu nehmen, von dem man dann ein mehreres von diesem schrecklichen Geheimniß würde erfahren können; oder auch, wenn bewaffnete Männer da herausschlupfen sollten, sie so einzeln, wie sie nur zum Vorschein kämen, niederzuschießen.

Dieser Plan wurde beschlossen, und da drei Stunden von dem Ort, wo sie sich jetzt befanden, die Parsische Stadt Ariema lag, so eilte der Fürst mit seinen Begleitern dahin; vorher hatten sie sich aber verabredet, daß niemand auch nur das Geringste von der wichtigen und gefährlichen Entdeckung laut werden lassen sollte, bis die gehörigen Maßregeln genommen wären.

Kaum war unsere Gesellschaft an diesem Ort angekommen; so ließ der Fürst den Bürgermeister zu sich kommen, erst fragte er ihn, ob alles ruhig wäre? — Nicht so ganz! antwortete der Bürgermeister: es geht etwas unter dem Volk vor, das wir noch nicht ergründen können; die benachbarten Beamten sind mit uns beschäftigt, hinter die Sache zu kommen, allein es hat bisdahin nicht gelingen wollen; indessen haben wir vor zwei Tagen einen Bericht an dich abgeschickt, um uns Verhaltungsbefehle zu erbitten.

Eug. Daran habt ihr wohl gethan! — allein was ists denn eigentlich, das ihr bemerkt?

Der Bürgerm. Wir bemerken in der Stadt und in der umliegenden Gegend eine gewisse Kälte, einen Geist des Widerspruchs und der Tadelsucht gegen unste Obrigkeit und Verfassung; zugleich zeigt sich auch bei Vielen Zweifel gegen die wichtigsten Religionswahrheiten, und in allen diesen Stücken sind die Deutschen, die unter uns wohnen, die schlimmsten, und gleichsam die Anführer.

Eug. Also hat denn doch das schreckliche Weib den Weg hieher gefunden! Geh', bestelle mir alsofort zwanzig Mann mit scharfgeladenem Gewehr, und jeden mit zwanzig Patronen, zugleich müssen sie auch mit Säbeln versehen seyn, damit ich sie diesen Abend um zehn Uhr an einen gewissen Ort senden könne.

Der Bürgermeister begab sich weg und gehorchte.

Nun trug der Fürst dem Timotheus die Anführung dieser kleinen Armee auf, der sie auch gern und mit Freuden übernahm; dann sandte er Zwinger mit dieser Nachricht nach Uranienburg, und trug ihm auf, Alles seiner Gemahlin zu erzählen, und ihm dann auch die Neuigkeiten mitzubringen, die allenfalls dort vorgefallen seyn möchten. Zwinger ruhte also nur einige Stunden aus, und eilte dann fort.

Um zehn Uhr stellten sich die zwanzig Mann gern und willig ein, Timotheus bekam seine Ordre, und nun begaben sie sich in der Stille an den Ort, wo es galt; hier versteckten sie sich in der Nähe herum, damit sie nicht bemerkt werden konnten; Timotheus aber nahm seinen Posten nahe bei dem Ausgang aus dem Berg.

Es war leicht zu vermuthen, daß die plötzliche Ankunft des Fürsten zu Ariema bei allen, die kein gutes Gewissen hatten, Nachdenken, Furcht und Vorsicht erwecken mußte; und eben so wahrscheinlich ward auch, daß die inländischen ihren auswärtigen Freunden in dieser Nacht schon, und zwar durch den, wie sie glaubten, ihnen allein bekannten Weg, von diesem Vorfall Nachricht geben würden. Und wirklich Timotheus war zu dieser Vermuthung auch schlau genug; er stand also sehr aufmerksam hinter seinem Strauch, und regte sich nicht, aber seine Falkenaugen regten sich desto mehr.

Gegen drei Uhr bemerkten sie, daß ein Kerl schleunig durchs Gesträuch einherrauschte; auf einmal war er umringt, da stand er nun und war ganz starr vor Schrecken.

Auf die Seite! rief nun Timotheus mit gemäßigter Stimme, man könnte da zum Loch heraus-
schie-

schießen; Ihr Drei da gebt auf den Fuchsbau Acht!
Wenn Einer mit gespanntem Hahn zum Vorschein kommen sollte, so schießt ihn nieder, guckt aber einer, so
ruft: geh heraus! thut er das nicht, so drückt auf
ihn los!

Nun wendete sich unser Commandant zum Gefangenen, und sagte: Hör' einmal, du dienstbarer
Geist! jetzt ziehst du dich aus bis auf die Haut, bringst
du aber eine Hand nur nahe an den Mund, so thut
sie dir weh, dafür stehe ich!

Der Gefangene fieng an zu lamentiren, und sagte
mit kläglicher Stimme: ist es denn in Solyma möglich, daß man seiner Kleider auf Wegen und Stegen
beraubt wird? —

Tim. Wo es solche Bergwerke giebt, wie hier,
da verändern die Umstände die Sache; du ziehst dich
jetzt einmal aus, bis man keinen Finger auf deine Haut
dupfen kann, wo sie nicht der Thau des Himmels be-
feuchtet. Wenn dann deine Hitze hinlänglich abgekühlt
ist, so sollst du alle deine Kleider wieder haben, und
sie dann auch anziehen.

Der Mensch gehorchte, man durchsuchte seine Kleider, und fand nun in der Tasche einen versiegelten Brief,
sonst aber nichts. Diesen Brief nahm Timotheus
zu sich, da nun keine Addresse darauf war, so sagte
er: die Aufschrift ist vergessen, der Brief gehört aber
an unsern Fürsten, dem sollst du ihn bringen, und damit du dich nicht verläufst, so sollst du drei zur Begleitung mit nach Ariema nehmen; ziehe dich geschwind
an, die Sache hat Eile. Alles wurde befolgt, und nun
begleiteten diesen Menschen drei Schützen nach dem
Aufenthalt des Fürsten.

Als er nun fort war, und sich Timotheus freudig gegen seine Begleiter ausdrückte, so fieng einer

von den Schützen an: lieber Bruder Timotheus!
du bist ja auch ein Bürger von Solyma?

Timoth. Ja, mein Lieber.

Er. Du weißt ja auch, daß wir alle gelehrt worden sind, uns unter einander wie Brüder anzusehen?

Timoth. O ja! und ich mache mir eine Freude
daraus, so viele gute und liebe Brüder zu haben.

Er. So weißt du auch das, daß ein Bruder dem
andern eine liebreiche Erinnerung zu gut halten und
sie in Liebe annehmen muß!

Timoth. Allerdings! weißt du eine, so sag' sie
nur frei heraus!

Er. Gut! so will ichs denn sagen: ein Vater
hatte etliche wohlgezogene Söhne, die ihm viel Freude
machten; nun bemerkte er endlich, daß ihm aus seinem fest verschlossenen Garten Obst von den Bäumen
gestohlen wurde; lange konnte er nicht begreifen, wie
das zugieng, endlich aber trug er zweien seiner Söhne
auf, des Nachts zu wachen, ob sie etwa den Dieb er-
tappen würden? — Die Söhne wachten, und siehe! um
Mitternacht kam einer ihrer Brüder herangeschlichen,
dieser zog einen Schlüssel aus der Tasche, und schloß
den Garten auf, im Hui waren seine Brüder über ihn
her, und fiengen ihn; nun klopfte der ältere in die
Hände und frohlockte; haben wir dich Vogel jetzt gefangen? rief er mit sichtbarer Freude, und sein Herz
war voller Jubel. Nun sage mir, Bruder Timotheus! möchtest du dieser frohlockende Bruder seyn?

Timotheus war schamroth und betroffen, er
fühlte, daß dieser Mann recht hatte; denn auch er
hatte über der Freude des glücklichen Fangs die Pflichten der Menschenliebe aus den Augen gesetzt, und des
unglücklichen gefangenen Bruders gleichsam gespottet;
mit Thränen fiel er dem edlen Schützen um den Hals,

und dankte ihm herzlich für diese Erinnerung; als er sich aber besann, und über diesen Vorfall weiter nachdachte, so kam er sich selbst so abscheulich vor, daß er bitterlich zu weinen anfieng, und laut ausrief: Mein Gott! mein Gott! wie konnte ich mich so vergessen!

Lieber Bruder! redete ihm nun der Schütze zu, es ist blose Uebereilung, die der Sündentilger wegen beiner Reue schon weggenommen hat, ich habe noch weit größere Fehler begangen, aber ich habe sie bereut, hab' mich zu fleißigerer Wachsamkeit gestärkt, und so die Ruhe der Vergebung meiner Sünden empfunden.

Dem Allem ungeachtet blieb doch Timotheus noch einige Tage traurig: denn dieser Fehltritt demüthigte ihn außerordentlich.

Gegen zehn Uhr des Morgens kam nun Forscher mit zwanzig Mann, um den Timotheus mit seinen Leuten abzulösen; dieser kehrte schwermüthig nach Artema zurück, wo er dem Fürsten seinen Fehltritt, und die brüderliche Erinnerung des Schützen erzählte. Eugenius wurde sehr dadurch gerührt, er tröstete seinen getreuen Diener, und dem Schützen gab er sein Wohlgefallen sehr lebhaft zu erkennen.

Diesen Morgen hatte nun schon der Fürst den Gefangenen abgehört, bei welchem Verhör Merck das Protocoll führte, der arme betrogene Mensch war ein Deutscher, Namens Peter Lobbring; er hatte erst kürzlich geheirathet, und seine Wirthschaft angetreten; durch das liebreich ernste Zureden des Fürsten war ihm sein Herz zerschmolzen, und unter tausend Thränen erzählte er Alles, was er von der Sache wußte, die dann der aufgefangene Brief noch weiter aufklärte.

Das, was jetzt herausgebracht wurde, verhielt sich folgender Gestalt:

Vor etwa dreiviertel Jahren waren zwei Männer erschienen, die sich für Bürger von Solyma und für geborne Deutsche ausgaben. Sie hatten vorgegeben, sie seyen Gelehrte aus dem Abendviertel, und sie reisten nur herum, um die Natur und die Menschen zu studiren. Der Name des Einen war Helferich Saftey, und der Andere hieß Richmuth Hochsteigel. Beide blieben immer beisammen, und hielten sich bald in Städten, bald auf dem Lande auf; lebten immer sehr tugendhaft, und durch ihr sanftes und demüthiges Betragen hatten sie sich allgemeine Liebe und ungetheilten Beifall erworben.

Nach und nach, so wie sie die Bewohner dieser Gegend näher kennen lernten, schloßen sie sich an diejenigen, die sie zu ihrem Zweck am fähigsten zu seyn glaubten, auch näher an, und diesen entdeckten sie dann unter dem Gelübde der Verschwiegenheit, daß sie eine geheime Gesellschaft stifteten, durch die sie höhere und sehr wichtige Kenntnisse in der Religion und in der Natur mittheilen wollten; sie betheuerten jedem bei seiner Aufnahme in den Orden, daß er, wenn er sich von ihnen würde führen laßen, ein höchstglücklicher Mensch, und im höchsten Grade deßelben, erst ein wahrer Bürger von Solyma, und Mitstifter des zu erwartenden Reichs des Friedens und der Glückseligkeit werden sollte. Bei allen ihren Reden aber äußerten sie immer eine große Ehrfurcht und Liebe zu Christo, und auch des Fürsten Eugenius gedachten sie nie anders, als mit Anstand und Würde.

So betrugen sie sich bei der Aufnahme in den ersten Grad; in diesem lehrten sie genau die nämlichen Grundsätze, die auch die wahren Eingeweihten und

Kreuzritter in den ersten Grad mittheilen, folglich konnte nicht der geringste Zweifel an der Aufrichtigkeit und wahrhaft christlichen Gesinnung dieser Menschen entstehen. In diesem ersten Grad lernte man das innere große und erhabene Sittengesetz kennen.

Bis dahin konnte der wahre Christ ohne Schaden mitgehen, aber nun führte man die Ordensglieder zum zweiten Grad, in welchem Richmuth Hochsteigel eigentlich Unterricht gab; bei der Aufnahme in diesen Grad wurde nun das Gelübde der Verschwiegenheit, das man bei der ersten Aufnahme geschworen hatte, noch sehr geschärft, und zwar aus dem Grund, weil man auf dieser Stufe hochheilige Geheimnisse erfuhr, die nur weit geförderte Seelen fassen konnten, und die man, um des gefährlichen Mißbrauchs willen, nicht Jedermann entdecken durfte.

Hier wurde nun die so wohlthätige Philosophie der Eingeweihten auf eine erschreckliche Art gemißbraucht: denn anstatt daß Hochsteigel aus dem sittlichen Unvermögen der Menschen die Nothwendigkeit der Erlösung durch Christum hätte herleiten sollen, wie solches ja gleichsam von selbst folgt, so übergieng er hinterlistiger und boshafter Weise dieses natürliche Verderben, und lehrte folgende Sätze:

1. Der Mensch hat die sittlichen Kräfte selbst, er braucht keiner höheren Mitwirkung, sondern nur Ernst, so kann er nach und nach die Sittengesetze alle halten.

O des elenden Menschenkenners!

2. Das Sittengesetz lehrt den Menschen in jedem Augenblick, was er zu thun und zu lassen habe, er bedarf also, so bald er nur auf jenes Gesetz in sich selbst recht aufmerksam ist, gar keiner sittlichen Vorschriften, folglich auch der Bibel nicht: denn diese ist höchstens nur ein Elementarbuch für die Unmündigen.

O des erbärmlichen Volkslehrers! weiß er denn
nicht, oder will er denn nicht wissen, daß die Bibel
das einzige Mittel ist, das Sittengesetz in uns immer
mehr und mehr zu entwickeln, und daß sie viele höchst
nöthige Wahrheiten enthält, die nicht im Sittengesetz
liegen, und die uns unser Verderben unentbehrlich gemacht hat?

3. Christus ist endlich nur der Lehrer derjenigen, die das heilige Sittengesetz in sich noch nicht kennen, für diese ist er Erlöser von der Unwissenheit; für
die Aufgeklärten ist er nur ein verdienstvoller Mann, ein
bloser Mensch, der sich aber nicht unterstehen muß,
Männern zu befehlen, die nun im achtzehnten Jahrhundert weit mehr wissen, als Er.

O du herrlicher Richmuth Hochsteigel! daß
du doch nicht vor achtzehnhundert Jahren lebtest, um
Christum und seine Apostel ein wenig zurecht zu
weisen, und sie in deiner Philosophie zu unterrichten!

In unsern Tagen ist die Luft so verpestet, und
dazu unsere Diät so verdorben und widersinnig, daß
alle diese Sätze gleich einer ansteckenden Pestflamme
allenthalben zünden, fast allenthalben Geblüt und Säfte vorbereitet finden, sie aufzunehmen.

Der Mensch, der von dem Geist unserer Zeit
schon eingenommen ist, stellt sich hin, lächelt und
sagt: Ei mein Gott! sind denn diese Sätze nicht wahr?
— und was haben sie denn Unvernünftiges oder Gefähr-
liches? — Antwort: Sie sind überzuckerte, wohlrie-
chende und wohlschmeckende Pillen, die aber das ge-
fährlichste Gift in sich enthalten, das je die moralische
Natur erzeugt hat. Schlimm genug und zu bedauren
ist es, daß eben die berühmtesten Aerzte unserer Zeit
diese Pillen als eine Wunder-Arznei empfehlen, und
daß sie durchgehends so gern genommen werden,

Wer diese Sätze einleuchtend findet, der lese doch mit Bedacht, mit Prüfung und ohne Vorurtheil die egyptische Einweihung des Fürsten Eugenius, und seinen Unterricht auf dem Berge Sinai im zweiten Band dieses Heimweh's nur noch einmal durch, so wird er finden, daß sie blos und allein auf sophistischen Scheinschlüssen beruhen.

Diese Sätze sind das Resultat unserer so hochgepriesenen Aufklärung — bis dahin hat sich der Genius der Philosophie verstiegen.

Jüngst traf einer meiner Freunde auf der Reise eine Gesellschaft an, unter welcher sich auch französische Emigranten befanden; man redete viel von der heutigen Aufklärung und ihren Folgen, und endlich kams zur Untersuchung, wie wohl das Wort Aufklärung auf lateinisch gegeben werden müßte? ein Franzos glaubte, man könnte wohl den Ausdruck Luciferatio gebrauchen.

Ja wohl Luciferatio! —

Der gefangene Peter Lohbring war nur bis in den zweiten Grad gefördert, von den Geheimnissen des dritten konnte er noch nichts entdecken, denn er wußte sie noch nicht, und so wie jetzt die Umstände waren, lernte er sie auch nie kennen.

Seine so übel gelungene Gesandtschaft hatte den Zweck, seinen Brief in dem durchgehauenen Berg, in welchem sich ein wichtiger Mann mit einiger Mannschaft, die von außen hereingekommen und scharf bewaffnet war, aufhielt, an diesen Mann abzugeben, welcher dadurch benachrichtigt wurde, daß der Fürst Eugenius mit einigen seiner geheimen Räthe nach Ariema gekommen sey, und daß man deswegen auf seiner Hut seyn müsse, weil die Sache noch lange nicht reif sey u. s. w.

Wo sich jetzt die beiden Missionarien aufhielten, das wußte Lohbring nicht, indessen zeigte er doch vier ihrer vornehmsten Freunde an, bei denen sie sich gewöhnlich aufzuhalten pflegten.

Jetzt wurde nun der Gefangene dem Bürgermeister zu treuen Händen und sorgfältiger Bewahrung empfohlen, und dann wieder eine hinlängliche Anzahl Schützen bestellt, die auf folgende Nacht verschickt werden sollten; ein Theil derselben wurde gebraucht, Forscher mit seinem Detaschement abzulösen, uud diese Leute commandirte nun Merck; und die andern wurden abgeschickt, um die Rädelsführer aufzuheben, und gefänglich einzuliefern. Das Obercommando bekam wieder Timotheus, der es sich ausbat, und dem es auch der Fürst gern übertrug.

Als nun dieses alles verfügt war, so überlegte der Fürst mit seinen Freunden, wie man den neuen Paß durch den Berg verwahren, und was man überhaupt für Maßregeln nehmen sollte, um das Land gegen dergleichen Gefahren zu sichern? und es wurde beschlossen, den durchgehauenen Berg so lange streng zu bewachen, bis man den Zugang von außen in Sicherheit gesetzt habe, dann sollte Tamashir Chan durch eine Gesandtschaft ersucht werden, mit einer hinlänglichen Mannschaft die östliche Gegend zu reinigen, und jenen Zugang unmöglich zu machen, wofür er dann in Ansehung der Kosten hinlänglich schadlos gehalten werden sollte, und endlich wurde der Plan zur Anlage einer hinlänglichen Anzahl Wachtthürme auf den östlichen, nördlichen und westlichen Gebirgen, und ihrer Besatzung entworfen. Von allen diesen neuen Einrichtungen gab der Fürst alsofort der Regierung zu Ostenheim Nachricht, und vorläufigen Befehl zu Ausführung.

Nach zwei Tagen kam Zwinger wieder zurück,

und brachte unter andern den Bericht das Bürgermei=
sters zu Ariema, und dann auch einen wichtigen
Brief vom Tamaschir Chan mit, in welchem dieser
rechtschaffene und treugesinnte Fürst berichtete, wie er in
Erfahrung gebracht habe, daß sich auf der Ostseite von
Solyma ein ansehnliches Heer von Tibetanern
zusammenziehe, bei dem sich Europäer und viele La=
ma's befinden sollten; da er nun zwar wisse, daß
Solyma durch unersteigliche Gebirge befestiget seye,
so habe er es doch für seine Pflicht gehalten, den Für=
sten Eugenius davon zu benachrichtigen, um auf
seiner Hut zu seyn. Er selbst möchte nicht gern mit
seinen Nachbarn in Krieg verwickelt werden, und wün=
sche also, daß sich Solyma selbst vertheidigen möch=
te, welches ja ohnehin eine leichte Sache sey.

Eugenius fand diese letzte Aeußerung billig, er
beschloß also, ihn nicht um Hülfe anzusprechen, und
sich selbst zu schützen, so sehr er auch wünschte, nie in
die Lage zu kommen, Menschenblut zu vergießen.

Es blieb also bei dem gemachten Plan, den Berg=
paß zu vertheidigen, und allenthalben auf den Gebir=
gen Wachtthürme anzulegen. Jetzt aber schrieb der
Fürst auch an den Generalissimus Josua Abdollam
und an seinen getreuen Hessen Philemon, und erzähl=
te beiden die ganze Lage der Sache, mit der unbe=
schränkten Vollmacht, die besten Maßregeln zur Verthei=
digung des Landes zu nehmen, und nach bestem Wissen
und Gewissen auszuführen.

Was nun in Ansehung dieses Plans geschehen ist,
das wird sich im Verfolg zeigen; der Fürst bekam in=
dessen wieder ein neues Geschäft: denn der schlaue Ti=
motheus war so glücklich gewesen, die beiden Gesand=
ten des Abgrunds, den Richmuth Hochsteigel und
den Helferich Saftey bei ihren vier Freunden zu

erhaschen: denn da sie von der Entdeckung, die der
Fürst gemacht hatte, noch kein Wort wußten, und sie
Timotheus so ganz unverwarnter Sachen überfiel,
so hatten sie an keine Rettung gedacht, und daher war
es auch unserm braven Anführer möglich gewesen, sich
aller ihrer Papiere zu bemächtigen.

Timotheus erschien vor seinem Fürsten mit einem Angesicht, das vor lauter Freude glänzte, und indem er ihm die gefundenen Papiere einhändigte, erzählte er das Wesentliche seiner so wohlgelungenen Expedi-
tion; Eugenius hörte ihm mit Vergnügen zu, und
so wie er endigte, antwortete der Fürst: ich danke dem
Herrn Obristen für seine Treue; es ist endlich einmal
Zeit, daß ich dich zum wirklichen Oberknecht mache, du
bist nun mein Generaladjutant, und der Hesse Philemon von nun an Generallieutenant.

Timotheus wurde bestürzt vor Freude; die Thränen traten ihm in die Augen, und er wußte nicht,
was er sagen sollte; endlich versetzte er: mit Worten
kann ich dir nicht danken, mein theurer Fürst! aber
desto mehr soll es mit der That geschehen. Lieber Gott!
wer sollte das gedacht haben, als ich über meinen
Gänsehirtenstand weinte! —

Eugenius erwiederte: Treue und Thätigkeit för-
dern uns von Stufe zu Stufe, und wenn wir, so wie
wir steigen, immer demüthiger und menschenliebender
werden, so rücken wir auch im Reich Gottes immer
höher hinauf.

Timoth. Je mehr Gnade du mir erzeigst, desto
mehr fühle ich meine Unwürdigkeit; ich hoffe also auch
immer demüthiger und menschenliebender zu werden.

Es ist etwas Eigenes um die Generaladjutanten im Reich Gottes und in Solyma; der Apostelfürst
Paulus giebt den Seinigen in seinen Briefen an den

Timotheus, den Taufpathen von dem Unsrigen, wichtige Lehren; freilich sind sie nicht so durchgehends auf alle Generaladjutanten anwendbar, aber eine gilt doch allenthalben, nämlich diejenige, welche im ersten Brief, im vierten Capitel Vers 7. steht: Uebe dich selbst in der Gottseligkeit! diese ist zu allen Dingen nütze, und hat die Verheißung dieses und des zukünftigen Lebens. Alle Adjutanten könnten sie brauchen.

— ⚫ ————————

Mit dem Papierschatz, den der neue Obrist Timotheus aufgetrieben hatte, war es so gethan, daß Eugenius die Worte, was bedürfen wir weiter Zeugniß? — besser brauchen konnte, als ehemals der Hohepriester Kajaphas. Die Gefangenen konnten ihre Handschrift nicht verläugnen, und die Gräuel, die nun heraus kamen, waren folgende:

Erstlich fand man die Regeln des dritten Grads, die nachstehende saubere Grundsätze enthielten:

So bald der Mensch das Sittengesetz in sich erkennt, und es zu seinem Führer angenommen hat, so hat er den erhabensten Gesetzgeber und Regenten in sich selbst, er ist alsdann frei, und bedarf für sich keiner äußeren Obrigkeit mehr; und da ihn der Despotismus nur an der Ausführung seiner Pflichten hindert, so muß er immer thätig seyn, ihn zu schwächen, ihm entgegen zu arbeiten und, wo er kann, ihn zu stürzen.

Ein gar artiges und sehr einleuchtendes Sophisma! — so schloß auch Fürst Lucifer, als er sich so recht in aller seiner Herrlichkeit selbst gefiel. Gerad als wenn der Mond ohne die Sonne leuchten könnte? und wenn er das nicht kann, wie soll er dann ohne sie der Aufklärer der Nacht seyn?

Je mehr Leute in einem Land unter dem Sitten-

geſetz ſtehen, deſto freier muß es werden, und ſich im=
mermehr der reinen Demokratie, der Freiheit, der
Gleichheit und dem Genuß der Menſchenrechte
nähern: denn den Gerechten iſt kein Geſetz gegeben; ſie
ſind ſich ſelbſt ein Geſetz; jeder Regent, auch der gütig=
ſte und gelindeſte, der ſich anmaßt, ein ſolches Volk zu
regieren, iſt ein Tyrann, und muß geſtürzt werden.
Nur die Aufgeklärten dürfen nach den Vorſchriften
des Sittengeſetzes regieren, und je aufgeklärter ſie ſind,
deſto größer muß ihr Wirkungskreis in den Regie=
rungsgeſchäften ſeyn.

Ha! Hah! rief Timotheus, als er dies las, da
liegt eben der Haaſe im Pfeffer! Die Aufgeklärten
wollen regieren, die Richmuth Hochſteigels und
die Helferich Saftey's. — Wie bald würde da So=
lyma eine Mördergrube ſeyn! Gott Lob und Dank!
daß dafür geboten iſt!

Daß die Aufgeklärten, die Luciferirten, les
Luciferees würde jener Emigrant ſagen, die Welt regie=
ren, das iſt, luciferiren wollen, liegt am Tage;
um das zu erkennen, brauchen wir den Haaſen in ſei=
nem Pfeffer nicht mehr aufzuſuchen. Robespierre hat=
te die Bahn dieſer Aufklärung bis auf den höchſten Gi=
pfel durchlaufen; ſeinen Hinſturz von dem Angeſicht des
HErrn und ſeiner herrlichen Macht ſahen wir; welcher
Weltruin aber ſeinen Abramelechs=Geiſt aufgefan=
den hat, das weiß nur der HErr aller Welten, und
der, den Er würdigt, in die ernſten Gerichtsprotokolle
zu ſchauen.

Nun folgt endlich das Reſultat dieſer erſtaunli=
chen Weisheit:

Da in Solyma alle Bürger unter dem Sittenge=
ſetz ſtehen, ſo kann der Natur der Sache gemäß hier
keine Monarchie ſtatt finden, ſondern hier muß eine

reine Demokratie eingeführt werden; zu dem Ende muß das Volk Deputirte wählen; dieser Nationalconvent muß die Alleraufgeklärtesten zu Ausführern der Gesetze bestimmen; unter dieser Regierung ist dann erst die wahre Gesetzgebung und die Einführung des herrlichen Reichs Gottes möglich.

Wie schön! wie weise! und wie vernünftig! — da versteht sich ja von selbst, daß man Niemand anders als den Richmuth Hochsteigel und den Helferich Saftey zu pen höchsten Aemtern wählen wird, denn diese sinds ja eben, von denen alle Weisheit herkömmt.

O wie viele Brüder, und vorzüglich Schwestern, haben diese Stifter der falschen Aufklärung! — in unsern Tagen hat sich schrecklich geäußert! Die französische Revolution hat das Innerste des Herzens bei Vielen an den Tag gebracht. Ungeachtet man all den Jammer sieht, der in Frankreich die Menschheit drückt, und ungeachtet alles des Blutvergießens und des Unglücks, das so viele unserer Mitbrüder trifft, fährt man fort zu wünschen, daß es auch bei uns zur Revolution kommen möchte. — Welcher Geist durchweht die Geister, auch der sanftesten und gesittetsten Menschen? — gewiß nicht der Geist der Religion des Friedens und der Liebe, des Duldens und der selbsteigenen Besserung! —

O die Tage beginnen, wo sich ein Volk über das andere, und ein Königreich über das andere empören wird! — und welch' eine Erscheinung! — die weiblichen Seelen — die sanfter, duldender und feiner fühlende Herzen des Frauenzimmers, sind ergrimmter, tobender, revolutionssüchtiger als die Männer. Mir sind Ausdrücke von Weibern bekannt, bei denen einem das Blut in den Adern erstarrt, aber ich will sie schonen, sie sollen ihre Schande nicht in meinem Heimwehbuche lesen. Ich will der Personen Freund und der Sache Feind seyn.

Wir leben ruhig unter unserm Weinstock und Feigenbaum, von eigentlichem Despotismus im Allgemeinen wissen wir, Gott Lob! nichts; nur daß unsre Erde kein Himmel ist, wo es nichts zu klagen giebt; und wir können wünschen, unter der Botmäßigkeit des gemeinen Volks und seinen blut- und raubdürstigen Demagogen zu stehn? — wir können durch unser Räsonniren über Fürsten und Regenten die allgemeine Unzufriedenheit vermehren, und den schrecklichen Feuereifer der mit Recht über uns zürnenden Gottheit reizen? — und den glühenden Tag des hohen Gerichts mit seinen an der Stirne emporsträubenden Haaren über uns herbeiziehen? — Ach! er wird ohnehin früh genug kommen, er wird brennen wie ein Ofen, und dann werden alle Verächter Stroh seyn!

Täuscht Euch nicht, Ihr weichgeschaffene menschenliebende Seelen! — die Ihr die Revolution wünscht, weil Ihr glaubt, daß dadurch etwas Gutes für die Menschheit, mehr Freiheit und mehr Wohlstand entstehen würde, — ja täuscht Euch nicht! — bei dem hochgestiegenen Grad des Luxus und der Sittenlosigkeit sind wir am wenigsten der Freiheit fähig. Bei uns würden die Ohnehosen noch unbarmherziger rauben, und noch wüthender morden, als in Frankreich.

Und Ihr, von Reichmuth Hochsteigels und Helferich Saftey's Sippschaft, müßt ja nicht glauben, daß ihr lange die durch die wüthende Revolution geleerte Thronen besitzen werdet! — Wo sind denn die Herren, die die erste französische Constitution schmiedeten? — Wo sind die großen Männer, die die Bourbonen und den edlen wohlwollenden Ludwig vom Thron bis aufs Schafot stürzten? — Herrschen denn

nun diese Erzeuger der Revolution? — ich meine, daß
sie herrschen! — die Fäulniß zehrt an ihren Gebeinen,
und Würmer schwelgen in ihrem Moder, ehe ihre Tage
vollendet waren, und ihre Geister irren im ewigen
Dunkel.

Ferner fand auch Eugenius die Liste der Ordensglieder im ersten, zweiten und dritten Grad; im ersten
waren ihrer schon über achthundert, im zweiten beinahe dreihundert und im dritten hundert und zwanzig.

Endlich entdeckte er auch den ganzen Plan dieser
schwarzen Verschwörung: das Wesentliche desselben war,
daß man eine Armee von Tibetanern durch den
durchbrochenen Berg hereinführen und die Revolution
beginnen wollte, so bald als die Anzahl der Ordensglieder zur Unterstützung groß genug seyn würde. Von
diesem Plan wußten nur die Glieder des dritten Grades,
der durchbrochene Berg wurde aber schon im zweiten
bekannt gemacht, und auf die Entdeckung desselben hatten die Rädelsführer die Strafe eines martervollen
Todes gesetzt.

Daß die Frau von Traun, mit ihrer Gehülfin
in der Bosheit, von diesem Allem die Triebfeder war,
und daß sie durch einen ausserordentlichen Gesandten
am Hof des Dalai Lama Alles dirigirte, läßt sich
leicht errathen.

Auch erhellte aus den Papieren, daß mitten im
durchbrochenen Berg eine große Höhle ausgehauen worden, in welcher sich dreißig bewaffnete Männer aufhielten.

———

Daß die ehrenvollen Männer jenseits des Berges
sich wundern mußten, warum sie in so langer Zeit von
innen heraus keine Nachricht bekamen, das ist leicht zu

denken; und eben so erwartete auch die inländische
Wache, daß sich mit der Zeit Einer oder der Andere
hereinwagen würde, um auszukundschaften, wie es
stände?

Einige Tage also nach der Gefangennehmung des
Lohbring's, als Gottfried das Commando an dem
Berg hatte, brachte man des Morgens früh einen Kerl
nach Ariema, der sich um Mitternacht herausgewagt
und den man beim Kopf genommen hatte; aus den
Briefen, die man bei ihm fand, erhellte in der Hauptsache nichts mehr, als was man schon wußte; die
draußen wunderten sich, daß sie keine Nachricht bekommen hatten, und der Verfasser des Briefs war ein
Franzose, Namens du Bois, der das Commando im
Berg hatte.

Eugenius beschloß, diesen Boten wieder zurück-
zuschicken, doch wollte er erst abwarten, was seine Ge-
nerale beschließen und vornehmen würden. Auf diesen
Beschluß aber brauchte er nicht lange zu warten: denn
an dem nämlichen Tage langte der General Philemon
bei dem Fürsten an, und legte ihm folgenden, im geheimen Rath zu Uranienburg entworfenen Plan vor.

Da nach der Entdeckung des gefährlichen Passes
durch den Berg und bei den sorgfältigen Wachtanstalten
durchaus kein Ueberfall auch von der stärksten Armee
zu befürchten ist, so hält der gesammte geheime Rath
unmaßgeblich dafür, daß es der Verfassung des christlichen Fürstenthums Solyma am gemäßesten sey, blos
den Bergpaß von innen fest zuzumachen, dann eine
kleine Vestung vor dem vermauerten und verschütteten
Ausgang anzulegen, und in derselben beständig dort
eine hinlängliche und mit Kanonen und Musqueten ge-
nugsam bewaffnete Besatzung zu unterhalten, und dann
alle

alle diejenigen, die sich jenseits versammelt haben, an
sich selbst zu überlassen.

Eugenius war mit diesem Vorschlag vollkommen
zufrieden, er unterschrieb ihn, gab Ordre zur schleuni-
gen Ausführung, übertrug dem Philemon die Aufsicht
über Alles, und sandte dann den gefangenen Boten mit
folgendem Billet ab:

An den Befehlshaber im durchgrabenen Berg.

„Der ganze Plan der Frau von Traun und ihrer
„Freundin Nischelin ist diesseits entdeckt, und ihre
„Missionarien sind alle in meiner Gewalt. Bis dahin
„ist kein Menschenblut vergossen worden, und wir an
„unserer Seite werden auch dazu keinen Anlaß geben;
„sollte aber Einer von Euch das Herz haben, wieder
„bei uns ans Tageslicht zu treten, so wird er auf der
„Stelle niedergeschossen. Diese Nachricht giebt Ihnen
„zur Warnung, der Fürst Eugenius von Solyma.“

Mit diesem Briefchen war nun diese ganze weit-
aussehende Sache, in Ansehung der Auswärtigen, abge-
than: denn man hörte und sah nie wieder Etwas von
ihnen, es kam also jetzt nur noch darauf an, daß auch
innerhalb Landes Ruhe und Ordnung wieder hergestellt
wurde.

Zu dem Ende bestimmte Eugenius einen Tag,
an welchem Alle, die er auf der Liste der drei Ordensgrade fand, nach Ariema citirt wurden, er befahl,
daß bei Leib- und Lebensstrafe Keiner, im Fall er gesund wäre, ausbleiben sollte, und im Gegentheil versprach er auch, daß Keinem, der daselbst erscheinen
würde, etwas zu Leide geschehen sollte.

Zugleich wurde ein Courier mit der Liste aller dieser Ordensbrüder an den Hauptpaß des Landes Solyma gesandt, und dem dortigen Befehlshaber befohlen,

keinen von diesen unter keinerlei Beding hinaus und
keinen Auswärtigen ohne strenges Examen und ohne einen Paß vom Fürsten Philaletha Carmashir herein zu lassen.

Als nun die Ordensglieder, deren über 1200 waren, sich zu Ariema versammelt hatten, so ließ sie
der Fürst auf dem Marktplatz alle zusammenkommen,
trat dann auf eine zu dem Ende aufgerichtete Redner-
bühne, und sprach folgender Gestalt zu ihnen:

Bürger von Solyma!

Ich habe Euch hier unter Gottes freiem Himmel
und vor seiner heiligen Allgegenwart versammeln lassen,
um Euch ein Wort der Wahrheit und der landesväter-
lichen Ermahnung ans Herz zu legen; bei Männern, die
die Vorsehung theils dem Verderben entrissen und hie-
hergeführt, theils aber auch durch weise Lehrer unter
ihrer mütterlichen Aufsicht erzogen hat, hoffe ich, Eingang zu finden.

Drei Classen stehen hier vor meinem Angesicht: die
erste enthält diejenigen, die sich von den Gesandten der
Finsterniß in den ersten Grad ihres verderblichen Ordens haben aufnehmen lassen; die zweite besteht aus
denen, die in den zweiten, und die dritte aus denen,
die in den dritten aufgenommen worden sind. Vor allen drei Classen will ich mein gedrängtes Herz ausleeren, meine Pflicht als Fürst des Volks Gottes erfüllen,
und dann das Fernere seiner gütigen Leitung und Va-
terhuld empfehlen.

Euch Gliedern des ersten Grads sind, so viel ich
aus den gefundenen Papieren sehe, keine Unwahrheiten
vorgetragen worden; Euer Vergehen besteht also nur
darin, daß ihr von fremden und unbekannten Männern,
deren Absichten Ihr nicht kanntet, und vielleicht auch

noch nicht kennt, Unterricht angenommen habt, da es
Euch doch nicht an Lehrern fehlt, von denen Ihr alles erlernen könnt, was Euch zu Eurer Vervollkommnung und
zu Eurem zeitlichen und ewigen Glück nothwendig ist;
blos die sträfliche Neugierde und ein unzeitiger Vorwitz
riß Euch hin, Dinge zu erfahren, von denen Ihr nicht
wußtet, ob sie Euch nicht vielleicht mehr schaden als
nützen würden. Das aber ist unverzeihlich, daß Ihr
Männern den Eid der Verschwiegenheit leistet, deren
Absichten Ihr durchaus nicht kennt, und von denen Ihr
weiter nichts wißt, als was Ihr in wenigen Tagen an
ihnen bemerkt habt. Ihr seyd also strafbar, Bürger
von Solyma! und habt Ursache, dem großen Sündentilger mit Demuth und Reue zu Fuß zu fallen; Eure
bürgerliche Strafe aber soll nicht von mir, sondern von
unpartheiischen Richtern abhangen: denn in dieser Sache bin ich der beleidigte Theil, und kann also auch
nicht zugleich Richter seyn.

Die Glieder von der zweiten Classe sind keine Christen mehr, wenn sie anders die Grundsätze des zweiten
Grades angenommen haben: denn wer das sittliche
Verderben des Menschen nicht glaubt, und wer die Erlösung durch Christum und die Bibel nicht als die
einzigen Mittel zur sittlichen Vervollkommnung oder
Heiligung anerkennt, der kann unmöglich als ein Christ
angesehen werden; sollte aber Einer oder Anderer unter
Euch seyn, der sie nicht angenommen hat, so ist er
deswegen ein strafbarer Verbrecher gegen mich und unsere Staatsverfassung, daß er die schädliche Fortpflan-
zung dieser Lehre verschwieg — hier band ihn kein unzeitiger Schwur, — es war schon ein großes Verbrechen,
daß er ihn leistete, aber ein noch weit größeres, daß
er ihn hielt, nachdem er die Gräuel dessen, was er be-
schworen hatte, erkannte.

14 *

Muß ich Euch Männern, muß ich Bürgern von Solyma noch die Wahrheit und den Werth der christlichen Religion beweisen? — Habt Ihr nicht die innere Seelenruhe, den hohen Gottesfrieden empfunden, der denen unausbleiblich zu Theil wird, die zur Fahne des Erlösers geschworen, diesen Bund, bei öfteren Abweichungen, aber doch auch eben so oft wiederholter Wiederkehr zu dieser Fahne, treulich gehalten, und dabei seine Vater= und Regententreue so augenscheinlich erfahren haben? — Muß ich Euch beweisen, daß es eine Sonne gebe, die Licht und Wärme durch die ganze Natur verbreitet, jetzt da sie unbewölkt vom hohen Himmel herab uns und unser Friedensland bestrahlt? —

Ihr habt Euch aus dem Reich des Lichts, wo Ihr Leben und volle Genüge fandet, wieder ins Land der Finsterniß und der Schatten, aus dem Reich der Wahrheit ins Land der Täuschungen zurückbegeben; dort soll Euch nun der Irrwisch, den Ihr Vernunft nennt, den Weg zu Eurer Bestimmung zeigen — Euch! — die Ihr so oft gesehen und erfahren habt, daß diese blinde Führerin der Blinden mit ihren Zöglingen in den Abgrund des Verderbens hinuntergestürzt ist. O die Vernunft ist ein herrliches Geschenk der Gottheit! sie ist freilich unsre einzige Führerin, aber nur dann erst, wenn sie vom Licht der göttlichen Wahrheit, das ganz allein aus der heiligen Urkunde der Offenbarungen Gottes auf uns herabstrahlt, durchdrungen und erleuchtet wird.

Ihr habt also Eure Hände an den Pflug gelegt, und sie hernach wieder zurückgezogen, Ihr habt die Kräfte der zukünftigen Welt geschmeckt, und doch seyd Ihr wieder abgewichen, und habt das erhabene Blut des neuen Bundes mit Füßen getreten; sprecht Euch nun Euer Urtheil selbst, ich wage es nicht, es über meine Zunge gehen zu lassen, sondern empfehle Euch der unendlichen Erbarmung Gottes.

Hier seht Ihr nun, Ihr Glieder des ersten Grades, was Ihr im zweiten zu erwarten hattet — es war nichts geringers, als der Verlust Euerer so theueren Religion — der Verlust des so großen Vorrechts, Kinder Gottes zu seyn.

Nun wende ich mich aber auch zu Euch, die Ihr es in Eurer vermeintlichen Vervollkommnung so weit gebracht habt, daß Euch die Gesandten der Finsterniß den dritten Grad ertheilten. Ihr hundert und zwanzig Söhne Korah, Dathan und Abiram! — Euch wars noch nicht genug, JEsum Christum den HErrn der Herrlichkeit zu verwerfen, und unserem großen Monarchen im Orient den Gehorsam aufzukündigen, sondern Ihr wolltet nun auch noch mich — Euern Wohlthäter, der Euch bisher mit Brudertreue auf den Händen getragen, auch noch mich wolltet Ihr von einem Thron stürzen, den ich nie suchte, vor dem ich zitterte, ehe ich ihn bestieg, und den ich nur aus Gehorsam und durch die Gerechtsame meiner Gemahlin annehmen mußte.

Jetzt bedenkt nun einmal, welche Ursachen Euch zu dieser Empörung bewegen konnten! — Ihr wählt Euch Eure geistliche und weltliche Vorgesetzten; und diese durch Eure Wahl bestimmte Männer wählen die noch höheren Stände, und wenn Einer oder der Andere von denen, die jetzt mein Ministerium ausmachen, stirbt, so suche ich mir immer wieder Gehülfen aus denen Männern aus, die durch Eure freie Wahl ihre Aemter bekleiden. Was könnt Ihr nun mehr verlangen? — Wollt Ihr selbst regieren, so hat ja jeder Bürger in Solyma das nämliche Recht! — und wenn nun jeder selbst regieren will, wer sind denn diejenigen, die re-

giert werden sollen? — wer soll dann gehorchen? —
dann bleibt nichts anders übrig, als daß jeder Hausvater sich selbst und sein Haus regiert: so kann er nicht
auch zugleich die Pflicht haben, zu gehorchen.

Wenn Ihr also eine vollkommene Demokratie verlangt, so verlangt Ihr nichts anders, als das Recht,
Euch Eure Vorgesetzten wählen zu dürfen, und dies
Recht habt Ihr ja! — Wollt Ihr Euch aber auch noch
über das alles Euren Fürsten wählen, so müßt Ihr
bedenken, daß alsdann das ganze Volk der Bürger
von Solyma gleiche Rechte habe; so bald aber der
größte Theil dieses Volks diese Wahl verlangt, so bin
ich entweder seiner, oder es ist meiner nicht mehr würdig — dann bin ich schuldig, die Regierung in die Hände Dessen wieder zu übergeben, der mir sie anvertraut hat; Ihr seht selbst ein, daß ich weiter nicht gehen kann — so lang Eurer so wenig sind, so lang kann
Euer Wunsch nicht erfüllt werden; Ihr müßt alsdann
entweder meinen Verordnungen Folge leisten, oder wenn
sie Euch nicht gefallen, geziemende Vorstellungen thun,
oder in ein Land wandern, wo Euer Verlangen zu regieren besser Statt finden kann, als hier.

Besinnt Euch nur einmal, o Ihr betrogene und
verführte Männer! — Würde man Euch, wenns Euch
gelungen wäre, mich zu stürzen, zu Regenten gemacht
haben? — Nein! Eure Verführer hättet Ihr gewählt,
und diese würden mit der Zeit ihre schwere Hand auf
Euch gelegt und Euch mehr als irgend ein Despote in
der Welt gedrückt haben; — Ihr hättet dann oft Euren
Bruder Eugenius zurückgewünscht, aber vergebens;
und Gott, den Ihr in Eurem Unsinn ebenfalls verworfen habt, würde sich Eurer in Eurem Jammer nicht
erbarmt haben. Denkt nun darüber in der Stille nach,
und erwartet nicht von mir: (denn ich wiederhole, daß

ich in dieser Sache nicht Richter seyn will), sondern vom ganzen Volk Euer Urtheil.

Es ist leicht zu denken, daß sich mehrere als die Schuldigen vor dem Rednerstuhl des Fürsten versammelt hatten; kaum hatte er also ausgeredet, so entstand ein vermischtes Getöse, fast alles Volk weinte, Viele waren äußerst unwillig, und einige drohten. Da nun Eugenius befürchtete, es könnten Thätlichkeiten und Unruhen entstehen, so kehrte er bei dem Absteigen von der Bühne noch einmal zurück, winkte zur Stille, und sprach:

Vergreift Euch nicht an Euren verirrten Brüdern! — laßt sie nun in Ruhe nach Haus gehen: denn wenn ichs nicht wage, sie zu verurtheilen, so dürft Ihr es noch viel weniger. Wenn Ihr dermaleinst um Eure Stimme befragt werdet, so könnt Ihr das Eurige zur Bestimmung ihres Schicksals beitragen. Denkt, daß der Zorn nie thut, was vor Gott recht ist! Verurtheilen und strafen muß nach der Ordnung der Gesetze und nie tumultuarisch geschehen. Jeder verfüge sich nun nach Haus! denn ich gehe nicht von der Stelle, bis dieser Befehl befolgt ist.

Was der Fürst gebot, das geschah im Augenblick, in einer Minute war der Platz leer; aber der Unwille über diese Rotte Korah wuchs von Stunde zu Stunde, und verbreitete sich bald durch das ganze Land, so daß sich fast keiner von den Ordensbrüdern sehen lassen durfte.

————

Jetzt war nun auch diese Gefahr abgewendet, und der letzte Versuch der Frau von Traun, Solyma mit seinem Fürsten zu Grund zu richten, zu nichte gemacht. Desto wüthender treibt sie nun noch ihr Wesen in Eu-

ropa, und da stehts aus, als wenns ihr gelingen sollte! — Wirds ihr wirklich gelingen? — Nein! Ihr
Heimwehkranken! das wird es nicht! — Der König der
Menschen wird sie es bis aufs Höchste treiben lassen;
durch sie wird er alle Völker züchtigen, die mit ihr ge-
buhlt, mit ihr die Ehe gebrochen haben; er wird sie
zum Probefeuer gebrauchen, um seine Getreuen zu be-
währen und zu läutern, aber wenn auch dieser Zweck
erreicht ist, so wird die Welt über ihren Fall erstaunen; Zittern und Beben wird die Nationen überfallen,
wenn sie von Ferne stehen, und ihr schreckliches Gericht ansehen werden.

Hie ist Glaube und Geduld der Heiligen nöthig! —

O möchtet Ihr aufmerken, Ihr, die Ihr noch auf
dem Scheideweg steht! — Denkt an die Ordensgrade
Richmuth Hochsteigels und seines Cameraden! —
Sie mißbrauchen die Wahrheit auf die schändlichste
Weise; sie brauchen die Religion zur Lockspeise, und
wen sie fangen, dem blenden sie die Augen, und führen ihn dann an den Rand des ewigen Abgrundes.

Sie sind dem Thier in der Apocalyse, das hinter
dem Berge emporsteigt, gleich; sie sehen aus wie ein
Lamm, aber sie reden wie der Drache; sie sind im eigentlichen Sinn Wölfe in Schafskleidern.

Das Herz blutet dem redlichen Beobachter der Zeichen dieser Zeit, wenn er sehen muß, wie die falsche
Aufklärung mit ihrer Allgewalt die edelsten und hoff-
nungsvollesten Jünglinge hinreißt, und sie zu Aposteln
der Irreligion und des Unglaubens bildet! — Und doch
glauben ihre Lehrer, sie thäten Gott einen Dienst daran!

Vater! ists möglich, so gehe dieser Kelch bei mir
vorüber! — oder erlaube mir wenigstens, daß ich bei
ihm vorübergehen und meinem Heimweh folgen darf!
— doch nicht mein, sondern dein Wille geschehe! —

Es kann noch wohl dazu kommen, daß die Zeugen der Wahrheit die Religion mit ihrem Blut versiegeln müssen: denn der Tolerantismus ist nichts weniger als tolerant; der Unglaube duldet nur seines Gleichen; dann Vater der Menschen! dann gieb Kraft in dieser kraftlosen Zeit! — Vater! ists möglich, so gehe dieser Kelch vor mir vorüber, doch nicht wie ich will, sondern wie du willst.

Lächelt nicht spöttisch darüber, Ihr Aufklärer und Erzieher des Menschengeschlechts! — Wenn Euch Einer vor zehen Jahren vorausgesagt hätte, was nächstens geschehen würde, so hättet Ihr gewiß auch gelächelt; ich ahnete es, wurde belächelt, auch wohl von Rezensenten verspottet, und höhnisch, überquer mit den Augen gemessen, aber ich wanderte meinen Gang fest und gerade fort, und was ich ahnete, ist geschehen.

HErr! laß es mir gehen, wie dem Jona, und meine Ahnung nicht eintreffen!

Was wandelt nicht Alles am Rande der Zeit herauf! —

———

Eugenius kehrte nun wieder nach Ostenheim oder Uranienburg zurück, und der Gedanke, daß ihn die Vorsehung so sichtbar an der Hand führe, war ihm wie ein Engel Gottes immerdar zur Seite. In einer solchen Gesellschaft hat man keine Ursache sich zu fürchten.

Die beiden Luziferanten, Hochsteigel und Saftey ließ der Fürst nach Ostenheim transportiren, und dort so lang gefänglich aufbewahren, bis man über ihr Schicksal entschieden hatte; dazu bedurfte es aber keiner langen Zeit, und nicht viel Ueberlegens: denn sie hatten die Strafe der Hochverräther verdient, indeſſen nahm man mit ihnen ſo genau nicht, ſondern da man ſich nun hinlänglich gegen künftige Ueberfälle von der Art geſichert hatte, ſo begnügte man ſich damit, ſie über die Gränze von Solyma zu bringen, und ſie dann ihrem Schickſal zu überlaſſen.

Ach, hätte man ihnen doch dort ihre Lebenslampe ausgeblaſen! Hier fehlt uns der Odem dazu! — Aus Mißmuth kochen ſie nun in Deutſchland Gift und Galle, und miſchen dann dieſen Zaubertrank unter alle Victualien auf den Märkten und bei den Krämern; wer kann da geſund bleiben?

Ueber die 1200 Bürger von Solyma ließ Eugenius durch das ganze Land jeden Hausväter ſeine Meinung ſagen, und durch die Beamten die Stimmen ſammeln. Es verſteht ſich aber von ſelbſt, daß dem Volk vorher die ganze Sache mit allen ihren Umſtänden bekannt gemacht wurde. Das allgemeine Urtheil über dieſe Abtrünnigen fiel nun dahin aus, daß

1. die Glieder des erſten Grads, wegen ihres Gelübdes der Verſchwiegenheit an fremde und unbekannte Männer, auf eine Zeitlang von der Gemeinſchaft der chriſtlichen Kirche ausgeſchloſſen, und dann erſt, wenn ſie ſichere Kennzeichen der wahren Reue an den Tag gelegt hätten, wieder aufgenommen werden ſollten.

2. Die Glieder des zweiten Grads ſind für Ungläubige zu erklären, und werden daher wieder unter die Catechiſanten verwieſen; ſo viel ihrer nun ſich dem neuen Unterricht, der von den Lehrern ſehr gründlich und zweckmäßig gegeben werden muß, unterwerfen, und durch Wort und That wahre Umkehr und Beſſerung zeigen, werden in ſo fern angenommen, daß ſie in Solyma bleiben dürfen, aber nie in ihrem Leben kann ihnen irgend ein Amt anvertraut werden; die

sich aber diesem Unterricht nicht unterziehen wollen, werden des Landes verwiesen.

3. Was aber nun die dritte Classe betrifft, so kann sie nicht länger in der Gesellschaft der Bürger von Solyma geduldet, sondern sie muß alsofort aus dem Lande entfernt werden: denn diese Männer haben sich nicht nur des öffentlichen und allgemeinen Zutrauens, das im gesellschaftlichen Leben unentbehrlich ist, verlustig gemacht, sondern auch das Heiligthum der öffentlichen Sicherheit geschändet; und endlich

4. den Weibern und Kindern der Hausväter, die kraft dieses aus dem Lande Solyma verwiesen werden, wird vollkommen frei gestellt, hier zu bleiben, oder auch ihre Männer und Väter zu begleiten.

Dieses Urtheil der gesammten Nation wurde vom Fürsten und dem geheimen Rathscollegio gesetzkräftig gemacht, und dann den Verbrechern publizirt. —

Diese Bekanntmachung that eine unerwartete Wirkung: — die ehmalige Rede des Fürsten hatte die Herzen erweicht und vorbereitet, und nun vollendete das Urtheil des gesammten Volks die gänzliche Umkehr und die herzlichste Reue: denn als die Beamten Anstalten machten, das Urtheil zu vollziehen, so versammelten sich alle 1200 Hausväter mit ihren Weibern und Kindern, und einer unter ihnen, der zum Sprecher ernannt worden, bat flehentlich um Aufschub; weil sie alle entschlossen wären, gleiche Schuld und gleiches Schicksal mit einander zu tragen, und vorher nur noch versuchen wollten, ob die herzlichste und aufrichtigste Reue vermögend wäre, Gnade für sie zu erflehen. Dieser Bitte um Aufschub gaben die Beamten Gehör, und sandten einen Eilboten an den Fürsten ab, um Verhaltungsbefehle einzuholen; zu gleicher Zeit sandten aber auch die Büßenden einen Courier ab, dem sie eine von ih-

nen allen unterschriebene Bittschrift mitgaben, welche
folgender Gestalt abgefaßt war:

Erhabener, verehrungswürdigster Fürst!

Nicht um uns über dein und deines Volks Ur=
theil zu beschweren, sondern um deine Gnade anzufle=
hen, wenden wir uns an dein treues, edles und men=
schenliebendes Herz und bitten es demüthigst, sich für
uns bei der Gerechtigkeit dahin zu verwenden, daß
unser Urtheil, nicht gemildert, sondern nur abgeändert
werden möge.

Höre nur die Worte der büßenden Gesell=
schaft! — und wenn du sie gehört hast, so werde un=
ser Mittler zwischen uns und dem Volk, so wie Chri=
stus unser Versöhner ist bei Gott.

Jehovah schwört: Ich will nicht den Tod des
Sünders, sondern daß er sich bekehre und lebe; wir
können nicht schwören, daß wir uns bekehren wollen,
daß wir alle so reumüthige Sünder sind, als je die
Sonne beleuchtet hat: denn wir haben alle, Gott sey
es geklagt! den Credit des Eids verlohren, aber Er,
der Herzen= und Nierenprüfer, weiß, daß unsre Reue
aufrichtig ist.

Wir gestehen alle unsre Verbrechen, wir sehen
im Licht der Wahrheit ein, daß wir den Tod verdient
haben; ein großer Theil von uns wußte die Gefahr
des durchbrochenen Bergs, und dies allein macht uns
des schmählichsten Todes würdig, aber wir waren auf
eine Zeitlang verblendet, wir waren wie die Verrück=
ten, und nicht fähig, die Gräuel einzusehen, in die wir
uns verwickelt hatten. Ja wir haben für eine Zeit=
lang unsern Erlöser verkannt, und an seiner Anbetungs=
würdigkeit gezweifelt, aber wir hatten ihn doch nicht
ganz verworfen, nur das fremde abendländische Gift

hatte unsre Vernunft betäubt; wir wußten kaum mehr, was links oder rechts war. Indessen hoffen wir alle, durch den, der auch für die allergrößten Sünder gebüßt hat, dereinst Gnade bei Gott zu finden. Laß nun auch du, du großer und würdiger Stellvertreter des Königs der Menschen in seinem Lande des Friedens, uns Gnade bei dir und deinem Volk finden, und ändre das Urtheil so, wie wir es uns selbst und einmüthig hier bestimmt haben, und wie wir glauben, daß es unseren schweren Verbrechen angemessen ist.

So wie ehmals die Gibeoniten vom Volk Israel zu den geringsten, niedrigsten und schwersten Arbeiten verurtheilt wurden, so begeben wir uns für unsere Personen unseres Erbtheils im Lande Solyma, bitten aber zugleich, diese Güter für unsere Kinder aufzubewahren, als welche ja unschuldig sind, und an unseren Verbrechen keinen Antheil haben; wir aber wollen uns mit unserer Händearbeit und mit Tagelohn ernähren, bis der Tod unser Andenken von der Erde vertilgt.

Wir schließen uns auch zugleich von aller christlichen Gemeinschaft aus; wir halten uns selbst für verbannet, und der bürgerlichen und menschlichen Gesellschaft unwürdig, so lange bis man unsre Buße für hinlänglich erkennt, und uns wieder zur Gemeinde des Herrn und zum Genuß des heiligen Abendmahls zulassen will. Zugleich bitten wir aber doch demüthigst, zu erlauben, daß wir an einem abgesonderten Ort, nahe an der Kirchthüre, dem Unterricht der Christen zuhören dürfen.

Wir begeben uns auch freiwillig aller Rechte und Privilegien der Bürger von Solyma, namentlich in Ansehung des Stimmegebens bei Wahlen und Anordnungen, und wollen durchaus nicht anders als Knechte und Fremdlinge betrachtet und angesehen werden.

Und endlich, sollte unsre Bitte nicht Gnade vor deinen Augen finden, und das gesprochene Urtheil vollzogen werden müssen, so werden wir alle 1200, denn wir achten uns alle gleich schuldig, aus diesem Lande wegziehen, und mit blutigen Thränen der Reue unsre Fußstapfen benetzen; dann aber bitten wir dich, gütiger, liebreicher Fürst! uns an den Tarmasbit Chan dahin zu empfehlen, daß er uns einen fruchtbaren Landstrich in seinem Fürstenthum anweisen wolle, wo wir uns nähren, und unser Leben vertrauen können; unsern Kindern aber wollest du dereinst, wenn sie sich anders würdig gemacht haben, ihr Erbtheil wiedergeben; wir flehen um die Erhörung unserer Bitte, und bleiben in jedem Winkel der Erde, die Glieder der dich verehrenden Gesellschaft.

Hier folgten nun 1200 und etliche Unterschriften, wo die vier Freunde der Verräther sich zu allererst unterschrieben hatten.

Eine Bittschrift von der Art, und von dem Inhalt ist doch wohl nur in Solyma möglich. — Die Glieder des ersten Grads erklären sich selbst für schuldiger, als das Urtheil ihrer Richter — und das thut nicht etwa ein Reumüthiger, sondern mehrere hundert zugleich. — Das ist Wirkung der Religion, und nicht der Vernunft.

Eugenius wurde über diese sonderbare Erscheinung tief gerührt, er antwortete den armen Verirrten, nun aber Büßenden gnädig, und versprach ihnen, die Sache dem ganzen Volk bekannt zu machen, und sie bestens zu empfehlen; welches Versprechen er auch auf der Stelle ausführte.

Nun wäre mirs Leid um die Bürger von Solyma, wenn sie auf ihrem ersten Urtheilsspruch bestünden! — nicht an jenen begnadigten Knecht dächten, der hernach seinen Mitknecht schlug! —

Würdest du ihnen vergeben, lieber brüderlicher oder schwesterlicher Leser? — Wem viel vergeben worden, der liebt viel! — würdest du ihnen vergeben? — prüfe dich! es kommt viel darauf an! —

Die Bürger von Solyma verziehen ihnen einhellig, nicht Einer blieb dahinten; die allgemeine Sicherheit, oder irgend eine Gefahr machten aber auch die Entfernung der büßenden Gesellschaft nicht nothwendig. Die Entscheidung lautete folgender Gestalt:

„Der Fürst und das Volk von Solyma heben „das erste Urtheil, gegen die sogenannte büßende Gesell„schaft auf, und nehmen das von ihr selbst gesprochene, „doch mit der Abänderung an: daß sie ersucht wird, „von der selbst gewählten Knechtschaft abzustehen, auf „ihren Gütern zu bleiben, und sie ferner wie bisher „zu bewirthschaften. In allen übrigen Puncten wird „den Gliedern dieser Gesellschaft eine Probezeit von „fünf Jahren angesetzt, nach deren Abfluß dann nach „Befinden verfahren werden soll.“

„Eugenius, Fürst von Solyma, „im Namen seines Volks.“

Die büßende Gesellschaft hielt Wort, und alle ihre Glieder wurden mit der Zeit wieder angenommen. Der gefangene Peter Lohbring wurde auch dieser Gesellschaft zugezählt, und hatte mit ihr gleiches Schicksal.

Wer unter Euch ohne Sünde ist, der werfe den ersten Stein auf eine solche büßende Gesellschaft! —

Es wird mehr Freude seyn im Himmel über 1200 wie=
derkehrende büßende Sünder, als über einige hundert=
tausende, die der Wiederkehr nicht nöthig haben.

Das ist eine harte Rede, wer mag sie hören! —

Ei, warum hart? — Je mehr Feinde Einer hat,
desto mehr muß er kämpfen, um zu überwinden, einen
desto bessern Willen und desto mehr Kraft hat er nö=
thig; wer den besten Willen und die mehreste Kraft hat
zum Kampf gegen die Sünde, der ist Gott am werthe=
sten. Wer also die mehresten und mächtigsten Leiden=
schaften hat, sie aber nach und nach bekämpft und
überwindet, bei dem muß auch Wille und Kraft vor=
züglich stark seyn, Gott liebt ihn, und vergiebt ihm
um Christi willen alle seine Sünden; je mehr nun
wiederum dem Sünder vergeben wird, desto stärker liebt
er, und diese Liebe, die da stärker ist als Tod und Höl=
le, hilft ihm nun vollends siegen und überwinden.

Wo aber die Sünde mächtig ist, da ist doch die
Gnade viel mächtiger worden, auf daß, gleichwie die
Sünde geherrscht hat zum Tode, also auch herrsche die
Gnade durch die Gerechtigkeit zum ewigen Leben, durch
JEsum Christum, unsern HErrn. Was sollen wir
aber nun hiezu sagen? Sollen wir denn in der Sün=
de beharren? Sollen wir Rebellen, Ungläubige, mit
einem Wort: erst Luziferanten werden, um uns her=
nach zu bekehren, und so die Gnade gegen und in uns
zu erhöhen, um desto mehr Freude im Himmel zu
verursachen?

Das sey ferne! — auf die Weise mag ich meines
Orts die Freude der Seligen nicht vermehren.

Das

Das vierte Buch.

Eugenius vergaß die Preisfrage, wie der Luxus, dieses Uebel aller Uebel in Solyma könne vermieden werden, ganz und gar nicht; er gab sie den Gelehrten seines Landes auf, und sie wurde genugthuend beantwortet.

Der Geiz ist eine Wurzel alles Uebels, aber das Nämliche läßt sich auch vom Luxus sagen.

Die Neigung zur Pracht, zur Wollust und zur Ueppigkeit beweist, daß das Herz seinen Vervollkommnungstrieb auf sinnliche Gegenstände, auf die Güter dieser Welt, und nicht auf die Güter des Reichs Gottes gerichtet habe. Wie kann es aber da, in vergänglichen endlichen Dingen, von denen ihm nur eine kleine Portion zugemessen werden kann, seinen ewigen unendlichen Hunger stillen? —

Der Luxus ist ein Blutsauger, der nie satt wird, sondern immer ruft: bring her! bring her!

Während der Zeit verdorrt der ohnehin so zärtliche verkümmerte Zweig in der Seele, der zum Baum des Lebens erwachsen sollte, hingegen der Baum der Erkenntniß des Guten und des Bösen wächst immer fort, und der Mensch streckt unablässig seine Hand aus, um den Tod an seinen Früchten zu essen.

Der Luxus zehrt das Vermögen und die Befriedigungsmittel aller Bedürfnisse weg; er macht Reiche und Wohlhabende arm, und die blos Genughabenden zu Bettlern.

Der Luxus schwächt die Nerven, er macht die Weiber schwächlich, krampficht; sie mißgebären, und können ihre Kinder nicht tränken; die Männer aber werden schlechte Erwerber und schweifen aus.

Der Luxus schwächt allen Muth zum Kampf gegen die Sünde; Gott hat den Menschen aufrichtig gemacht, aber der Luxus verleitet ihn zu Sophismen gegen die Religion, und setzt dafür seine Vernunft, die er zu seiner Mätresse, zur babylonischen Hure herabgewürdigt hat, auf den Thron.

Erst rebellirt der Luxus gegen Christum, dann gegen die Obrigkeit, dann gegen Gott. Alle Revolutionen, die der Luxus bewirkt, endigen mit dem praktischen Atheismus, und dann ist sein Urtheil das Schicksal der gefallenen Engel.

Wer wird uns erlösen von diesem schrecklichen Engel des Todes? — Ich danke Gott! durch Christum unsern HErrn.

Der Regent, der diese Heerschaar des Luzifers, des Vaters der falschen Aufklärung, aus seinen Gränzen verbannt, der verdient eher den Beinamen des Heiligen, als jener heilige Ludwig von Frankreich, der die Sarazenen aus dem gelobten Lande jagen wollte, und selber darüber zu Grund gieng. — Was hatte er aber auch mit der Ausziehung eines Splitters im gelobten Lande zu thun, da ein so großer Balken in seines eigenen Reichs Augen steckte?

Der Bürger von Solyma, der für seinen Fürsten ein Orakel der Weisheit war, der den Preis gewann, nannte sich nicht, er blieb unbekannt, aber der Vater, der ins Verborgene sieht, hats ihm gewiß öffentlich vergolten; und dereinst, wenn einmal aller Menschen Gedanken werden offenbar werden, dann wird er da stehen, und sein Angesicht wird glänzen wie die Sonne immer und ewiglich.

Der Geist seiner Preisschrift bestand in folgenden Grundbegriffen:

Der Luxus schwächt die sittlichen Kräfte des Menschen; was diese schwächt, ist ein Gegenstand der Religion, folglich auch der Luxus.

Er zerrüttet das häusliche Glück des Bürgers, indem er das Vermögen wegzehrt, und seine Folge die bitterste Armuth ist; gegen ihn mit aller Macht zu kämpfen, ist die höchste Pflicht jedes Hausvaters.

Durch die Macht des Verähnlichungs- oder Nachahmungstriebs zerstört er auch alles, was Staats-Glückseligkeit heißt, und stürzt also jede Staatsverfassung früher oder später ins unvermeidliche Verderben; er ist also auch der wichtigste Gegenstand der allgemeinen Gesetzgebung.

Der Luxus äußert sich in Kleidung, in Nahrung, in Mobilien und im Bauen; auf alle vier Stücke muß die gesetzgebende Gewalt ihr Augenmerk richten.

Der Fürst bestimme also eine zierliche, reinliche und bequeme Kleidung, die Jedermann, ohne Unterschied der Stände, trägt; die Feinheit der Stoffe, die Form, der Grad der Kunst und die Farben müssen festgesetzt und nie überschritten werden. Alle Theile der Kleidung bis auf den geringsten Gegenstand, sowohl für das männliche, als für das weibliche Geschlecht, werden vorgeschrieben.

Alle Speisen und Getränke müssen Landesprodukte seyn, deren Zubereitung zwar willkührlich ist, doch wird die Trunkenheit unausbleiblich mit Excommunication, und wenn dieses nicht hilft, mit stufenweis steigender Strafe belegt. Alle Tractamente und Gastereien werden verboten, und die Freundesmahle und Familienfeste sollen durchaus gewöhnliche Mahlzeiten seyn. Der gesetzgebenden Gewalt bleibts überlassen, ob sie alles genauer bestimmen will.

In Ansehung der Mobilien muß ein Register entworfen werden, welches alle nur mögliche Hausgeräthe

15 *

enthält; jedes Stück wird alsbann in Ansehung seiner rohen und Hülfsmaterialien, seiner Form, seiner Zweckmäßigkeit und seiner Auszierung bestimmt. Damit aber doch die Erfindung neuer Bequemlichkeiten oder Schönheiten nicht dadurch gehemmt werde, so muß jeder Handwerksmann, Künstler oder Fabrikant verpflichtet werden, jede neue Entdeckung, von der kleinsten bis zur größten, dem Oberpolizeicollegium zu Ostenheim vorzulegen, auf dessen Entscheidung es dann ankommt, ob die Erfindung gesetzmäßig werden soll, oder nicht.

In Ansehung der schönen und gelehrten Kunstwerke muß die übermäßige Anschaffung der Bücher, der Kupferstich- und Gemälde-Sammlungen, und der Kunst- und Naturaliencabinette blos aufs Nöthige und Nützliche eingeschränkt werden; zugleich aber soll die Regierung dafür sorgen, daß in allen Städten und Aemtern öffentliche und reichlich versehene Anstalten von dieser Art angelegt werden.

Die gesetzgebende Gewalt schreibt jedem Stand, je nach seinen Bedürfnissen, eine zierliche, angenehme und bequeme Wohnung vor, so wie sie den verschiedenen Berufsarten angemessen ist. Die inneren Auszierungen aber müssen wieder bei allen gleich seyn. Von diesen Gesetzen werden jedoch alle öffentlichen Gebäude ausgeschlossen; an diesen kann sich der Geist der Erfindung und der Kunst nach Wohlgefallen üben.

Es würde aber doch sehr bequem seyn, wenn jeder Stand ein gewisses Zeichen über seiner Hausthür, und auf seinem Kleid auf der Brust trüge, an welchem man sein Amt oder Beruf alsofort erkennen könnte.

Damit alle diese Gesetze unverbrüchlich gehalten werden mögen, so muß jedes mit einer zweckgemäßen Strafe geschärft werden. Das mächtigste Mittel aber, welches die Menschen zur Beobachtung derselben leitet,

ist die Religion; deswegen muß den Eltern, Kirchen-
und Schullehrern ernstlich anbefohlen werden, von
der Wiege an bis ins Alter, dahin zu arbeiten, daß
alle unnütze sinnliche Vergnügen vermieden, hingegen
die Gemüther zum Genuß der sittlichen angewöhnt
werden mögen. Wenn dieses treulich beobachtet wird,
so braucht man an der durchgängigen Befolgung der
Gesetze gegen den Luxus ganz und gar nicht zu zweifeln.

Der Lehrer, der die Lehre von der Verläugnung
der sinnlichen Lüste und von der Versöhnung durchs Leiden und Sterben Christi zur Hauptsache macht, der hat
die Urquellen der Heiligung geöffnet, von seinem Leibe
werden Ströme des lebendigen Wassers fließen.

Diesen Vorschlag legte Eugenius dem geheimen
Rath vor, und es wurde beschlossen, ein besonderes
Collegium in Ostenheim anzustellen, welches sich
mit nichts anders, als mit Verhütung des Luxus beschäftigen sollte; dieses Collegium wurde also errichtet,
und es bekam den Namen des ökonomischen Cen-
surgerichts, Gottfried wurde Präsident desselben.

Um die Unkosten zu vermeiden, so wurden fünf
Jahre zur Einführung der neuen Kleiderordnung festge-
setzt, indessen aber doch alle hieher gehörige Handwerks-
leute vereidet, alles Neue nach derselben zu machen.
Die Speis- und Trank-Ordnung wurde vom Tag der
Publikation an eingeführt.

Die Mobilien-Reform bekam zehn Jahre Frist,
und die Bauordnung bezog sich nur auf die Häuser,
die von nun an gebaut wurden.

In Ansehung der Kleider-, Speis-, Trank-
und Mobilien-Gesetze gieng nun der Fürst und der
Hof mit vollkommenem Beispiel vor; da aber alle herrschaftlichen Gebäude, Tempel und Kirchen ausgenom-

men waren, so bliebs in Ansehung dieser Dinge bei dem Alten.

Ach Gott! warum kann hier nur blos von Solyma die Rede seyn?

———————

Noch einmal, aber auch zum letztenmal, gelang es dem Drachen, in eitler dunkler Nacht aus seinem begeiferten Loch herauszuschlupfen, um Unheil in Solyma zu stiften; doch es gelang ihm nur halb: denn Eugenius jagte ihn in sein Nest, und riegelte so hinter ihm zu, daß er nur noch zum Gitter heraus züngeln, und also niemand vergiften konnte, der ihm nicht freiwillig zu nahe kam.

Bald nach allen diesen Geschichten erhielt der Fürst wieder einen Bericht, welcher folgender Gestalt abgefaßt war:

Lieber theurer Landesvater!

Ein verirrter und vom Wege der Einfalt abgewichener Bürger aus Solyma wagt es, dir seine Vergehungen zu entdecken, und zugleich das Unglück und Verderben anzuzeigen, in welches sich Viele, die mit mir auf dem nämlichen Wege gewandelt haben und noch wandeln, ohne Aufenthalt stürzen, wenn sie nicht durch eine höhere Hand gerettet werden.

Ich bin Schullehrer im Ostviertel, in der Parsischen Stadt Oruan, und von Jugend auf sehr lernbegierig gewesen, immer gieng mein Trieb dahin, neue Kenntnisse in der Philosophie und in der Natur zu erwerben; doch bewahrte mich der Geist der Gnaden und des Gebets vor dem Grübeln in Glaubenslehren; ich blieb bei dem vernünftigen Wortverstand der heiligen Schrift, und glaubte ihr unbedingt; denn ich urtheilte

so: entweder haben wir eine göttliche Offenbarung nöthig, oder nicht; wenn wir keine nöthig haben, so
müssen die größten Denker alle in gewissen Grundsätzen
über die Bestimmung des Menschen übereinkommen; da
das aber ganz und gar nicht der Fall ist, so bedürfen
wir einer besondern göttlichen Offenbarung; diejenige
Schrift nun unter allen, welche sich für göttliche Offen=
barungen ausgiebt, die sich als solche am vollkommen=
sten an der menschlichen Vernunft legitimirt, und die
der Bestimmung des Menschen am gemäßesten ist, diese
Schrift muß die göttliche Offenbarung enthalten, folg=
lich die Bibel; enthält aber nun diese die göttliche Offenbarung, so bin ich verpflichtet, das, was sie als solche
erklärt, zu glauben.

In allen übrigen Wissenschaften aber war ich
gleichsam unersättlich; als ich nun mit meinem Vater
im fünfzehnten Jahr meines Alters hierher kam, so mußte ich ihm bei seiner neuen Einrichtung an die Hand
gehen, dieß nahm mir die Zeit weg, so daß ich wenig
mehr lesen konnte; dazu kam noch, daß es mir auch
hier an Gelegenheit fehlte, allerhand Bücher zu bekommen, und endlich suchte mich auch mein Vater sowohl,
als unser Kirchenlehrer von der unersättlichen Begierde
viel zu wissen abzubringen: denn sie sagten immer: viel
Gutes thun, und in der seligmachenden Erkenntniß zu-
zunehmen, mit einem Wort, Gott und die Menschen
lieben, sey weit besser, als alles Wissen.

So wurde also mein Trieb eingeschränkt, bis ich
endlich im Anfang des drei und zwanzigsten Jahrs meines Alters hieher nach Oruan kam, um die Kinder zu
unterrichten; jetzt bekam ich wieder Freiheit zu lesen
und zu studiren, und ich gestehe offenherzig, daß ich
zu weit gieng.

Einstmals vor zwei Jahren erfuhr ich, daß drei

Stunden von der Stadt entfernt ein Mann lebe, der ganz besonders hohe und geheime Kenntnisse besäße; er seye ein Deutscher, und nenne sich Brenndorf; alsbald beschloß ich, an einem Samstag Morgen dahin zu gehen, um mich mit ihm zu unterreden, und von ihm zu lernen. Ich fand an ihm einen sehr frommen, christlichen und bescheidenen Mann, der bald mein Herz an sich zog. Ich begab mich mit ihm in ein Gespräch, wo er dann meine unersättliche Neigung zu hohen Geheimnissen erfuhr und mich seiner Freundschaft würdigte. Nachdem ich nun meinen Besuch bei ihm einigemal wiederholt hatte, so wurde er allmählig offener gegen mich, und nun fand ich, daß er ein Alchymist war, und den Stein der Weisen suchte. Jetzt machte er mich auch mit seinen Büchern bekannt; unter andern lehnte er mir eins, dessen Titel die Fraternität des goldenen Rosenkreuzes heißt; dies Buch verschlang ich gleichsam, und ich wurde dadurch dergestalt hingerissen, daß ich wohl fühlte, ich könnte in der Welt keine Ruhe haben, wenn ich nicht auch ein Rosenkreuzer würde, und den Stein der Weisen bekäme. Ja, ich gestehe aufrichtig, daß ich Solyma wieder verlassen, und die Welt durchgewandert hätte, wenn ich nicht in Solyma selbst Gelegenheit gefunden, zu meinem Zweck zu kommen: denn als ich meinem Freunde Brenndorf sein Buch wieder brachte, und ihm zugleich meine heiße Begierde nach Beförderung in dieser erhabenen Wissenschaft entdeckte, so offenbarte er mir endlich das wichtige Geheimniß, daß in Solyma eine wahre Rosenkreuzer=Gesellschaft bestände, und daß alle diejenigen, die in diesen ehrwürdigen Orden aufgenommen würden, wenn sie anders würdig wandelten, im dritten Grade das Geheimniß des großen Universals kennen lernten.

Jetzt wars mir zu Muthe, als wenn mich ein Engel zu den höhern Regionen des Lichts emporgehoben
hätte, und ich ließ nicht nach, flehentlich zu bitten,
bis mir Brenndorf versprach, bei den Vorstehern des
Rosenkreuzer-Ordens für mich anzuhalten, daß man
mich in diese in meinen Augen göttliche Gesellschaft
aufnehmen möchte.

Ich glaube, ich wäre untröstlich gewesen, wenn
ich eine abschlägige Antwort erhalten hätte, allein zu
meiner größten Freude erhielt ich sie nicht, sondern
Brenndorf ließ mich wissen, daß man mich in Rücksicht auf meinen frommen und untadelhaften Wandel
aufnehmen würde; ich möchte also nächsten Samstag
über acht Tage zu ihm kommen, er wollte mich an Ort
und Stelle und so zum erwünschten Zweck führen.

Das hohe Vergnügen, welches ich bei Erhaltung
dieser Nachricht empfand, läßt sich nicht beschreiben;
ich lief in einen verborgenen Winkel, fiel auf meine
Knie, und dankte Gott inbrünstig für die unausprech-
liche Gnade, deren er mich würdigte.

Die Idee, die ich mir vom Stein der Weisen oder
von dem großen Universal machte, war aus den Unter-
redungen mit Brenndorf und aus dem Lesen des oben
angeführten Buchs entstanden; sie war so groß und er-
haben, daß ich mir für dieses Leben nichts Größeres
denken konnte; ich glaubte durch dessen Besitz in die
Gemeinschaft mit den Geistern zu kommen, von denen
ich Vieles würde lernen können; der Natur hoffte ich
zu gebieten und Wunder zu wirken; die Heilung aller
Krankheiten sollte mir ein Leichtes seyn; ich wollte dann
die Welt durchziehen, und wie Christus Kranke gesund
machen; ja ich fieng sogar an zu vermuthen, daß unser
Erlöser vielleicht das große Universal besessen, und durch
dessen Kraft so große Thaten verrichtet hätte; mit dem

Goldmachen wollte ich mich eben nicht sonderlich abgeben, doch nahm ich mir vor, den Armen zu helfen,
und allenthalben so viele Wohlthaten zu erzeigen, als
ich nur könnte, u. s. w.

Diese Träumereien erfüllten meine Seele Tag und
Nacht, mein Amt wurde mir zur Last, und ich versah es nur noch um des Gewissens willen.

Endlich brach der so sehnlich herbeigewünschte Tag
an, ich gieng nicht, sondern ich lief zu meinem Freunde Brenndorf, der nun anfieng, mich auf meine
Aufnahme vorzubereiten; er eröffnete mir solche my-
stische und unbegreifliche Dinge, daß mein Verstand
dabei stille stand, und meine Erwartung aufs höchste
gespannt wurde. Endlich nahte sich die große Stunde
meiner Aufnahme; Brenndorf kleidete sich an, und
wurde nun immer ernster und feierlicher, dann nahm
er seinen Wanderstab, und befahl mir, ihm zu folgen,
meine Gedanken aus aller Zerstreuung zu sammeln,
und zu Gott zu erheben. Ich that, was ich konnte,
und schritt in schauervoller Erwartung in der Abenddämmerung hinter ihm her; wir hatten anderthalb
Stunden zu gehen, bis wir an Ort und Stelle kamen,
und fanden nun ein schönes Haus in einer einsamen
reizenden Gegend, wo die Rosenkreuzer-Loge gehalten
wurde.

Bei dem Eintritt in diesen Tempel der Weisheit
überfiel mich ein heiliger Schauer; allenthalben wars
stille, und ich fand nur eine freundliche artige Frau
mit etlichen Kindern in der Wohnstube, zu der ich einstweilen so lange geführt wurde, bis Alles zu meiner
Aufnahme vorbereitet war.

Hier saß ich etwa eine halbe Stunde, dann kam
Brenndorf wieder, und holte mich ab; erst führte
er mich durch etliche enge dunkle Gänge in eine kleine

Kammer, die einem Gefängniß ähnlich war, wo ich einige schauervolle Prüfungen auszuhalten hatte, und dann mit verbundenen Augen unter mancherlei seltsamen und mehrentheils schreckenden Ceremonien aufgenommen wurde.

Bei der Oeffnung meiner Augen befand ich mich nun in einem durchaus himmelblau tapezirten Saal, in welchem gegen Morgen ein Thron auf Stufen stand, über dessen Sitz der flammende Stern funkelte; was hier alles zu sehen war, das übergehe ich mit Stillschweigen, und bleibe nur bei dem Wesentlichen.

Jetzt bekam ich nun den ersten Unterricht, der mir in allegorischen Bildern und mancherlei Hieroglyphen ertheilt wurde; die Hauptsache aber lief dahin aus, daß ich im ersten Grad die rohe Materie bearbeiten und bis zum Verschluß ins hermetische Ei befördern sollte; nun sagte man mir aber nicht, was die rohe oder prima materia philosophorum eigentlich sey, sondern ich sollte sie theils aus einem mir mitgetheilten, alchymisch-mystisch geschriebenen Bericht, theils auch aus gedruckten Büchern, die man mir lieh, errathen und kennen lernen. Da ich aber noch wenig von der gemeinen Chymie wußte, die doch nothwendig erfordert wurde, so gab man mir auch ein sehr gutes Lehrbuch mit, nach welchem ich mich zuerst unterrichten, und woraus ich die Grundkenntnisse dieser Wissenschaft erlernen sollte.

In dieser ersten Loge befanden sich zwanzig Männer, die außer dem Meister vom Stuhl alle im Lehrlingsgrad standen; mit diesen wurde ich nun verbrüdert, und vertraulich bekannt, und da es erlaubt war, daß Einer den Andern belehren und unterrichten durfte, so hoffte ich vieles von ihnen zu lernen. Die Bücher, welche ich mitbekam, waren: der Sincerus Renatus, die Aurea Catena Homeri und das Alterthum der Magie vom Eugenius Philaletha.

Nun giengs ans Studiren, zugleich baute ich mir einen Laborirofen, und machte allerhand Versuche, wobei mir dann meine Brüder im Lehrlingsgrad treulich an die Hand giengen; kurz, ich erlernte die Chymie, wie ich glaube, aus dem Grund, und freute mich königlich über diese Wissenschaft, die dem forschenden Geist so vielen Stoff zum Nachdenken giebt. Dabei aber versah ich mein Amt so ziemlich; wenigstens hörte ich keine Klagen, außer daß ich manchmal Ursach zu klagen gehabt hätte, weil ich viel Geld brauchte, und es mir oft am Nöthigen mangelte; ich erfuhr aber bald, daß es meinen Ordensbrüdern eben so gieng.

Bei allem brüderlichen Beistand aber erfuhr ich doch die rohe Materie nicht, denn Jeder mußte sie selbst finden; endlich gerieth ich auf einen Einfall, der mich so freute, als wenn er eine göttliche Offenbarung gewesen wäre, ich fand nämlich, daß der Salpeter wunderbarer Weise alle die Eigenschaften hatte, die von der rohen Materie gefordert wurden. Nun durfte ich aber auch meine Entdeckung Niemand offenbaren, sondern ich mußte sie für mich behalten, und auch für mich allein bearbeiten.

Jetzt gab ich mich erst recht ans Werk: ich produzirte meine Materie aus faulenden Substanzen, und reinigte sie bis zur crystallinischen Klarheit, dann verfügte ich mich zum Meister vom Stuhl, und zeigte ihm an, daß ich glaubte, meine Materie sey geschickt, ins hermetische Ei verschlossen zu werden. Der Meister stutzte, lächelte, schüttelte den Kopf und zweifelte; da ich ihm aber ins Ohr sagte, in welcher Materie ich arbeitete, so sah er mich mit Erstaunen an, und versetzte: Bruder! du bist auf einem guten Wege, es wird dir gelin-

gen, aber eins fehlt dir noch; du hast wohl das Weib
Luna gefunden, aber den Mann Sol noch nicht, diese
beiden müssen mit einander vereinigt und dann ins
hermetische Ei verschlossen werden.

Nur halb vergnügt kehrte ich nach Haus zurück,
und gab mich wieder ans Forschen; endlich gerieth ich
aufs Meersalz, und als ich immer weiter nachdachte
und seine Eigenschaften gegen das verglich, was die
Alchymisten Sol nennen, so fand ich abermals die
größte Gleichheit; ich reinigte also auch dieses Salz
bis zum höchsten Grade, und gieng dann freudig wieder zu meinem Meister.

Jetzt war er vergnügt und zufrieden mit mir,
und kündigte mir zugleich an, daß meine Aufnahme in
den Gesellengrad nächstens vor sich gehen sollte.

War meine Erwartung bei der ersten Aufnahme
hochgespannt gewesen, so war sie's jetzt noch mehr;
denn nun hoffte ich die wichtigsten Dinge zu erfahren;
ich harrte also auf die Stunde meiner neuen Beförderung mit Ungeduld, bis sie sich endlich näherte, und
ich nun zum Meister vom Stuhl eilte, der mich weiter
führen sollte.

Bruder Brenndorf war im zweiten Grad, und
hoffte bald in den dritten zu kommen, er war also
auch bei dieser Aufnahme gegenwärtig, die in eben der
Loge, doch mit noch feierlichern und geheimnißvollern
Ceremonien vor sich gieng. Jetzt wurde ich mit ganz
neuen Symbolen und Hieroglyphen bekannt, die man
mir wieder, wie ehmals, so erklärte, daß diese Erklärung mich nur noch heißhungriger machte. Ich bekam
auch wieder einen geschriebenen Unterricht und andere
Bücher, nämlich die Schriften des König Gebers, des
Grafen Bernhards von der Treviser-Mark, des
Baron Schröders und noch andere mehr. In die

sem Grad sollte ich nun meine Materie im hermetischen Ei zur Reife bringen.

Ich eilte gegen Morgen wieder nach Haus, gab mich ans Studiren, ans Forschen und Versuchen, und schätzte mich nun schon weit glücklicher, als alle Sterblichen, die nicht im Rosenkreuzer-Orden waren.

Indessen fanden sich von aussen Trübseligkeiten ein: ich hatte Schulden, und konnte sie nicht bezahlen; man merkte Saumseligkeit in meinem Amt, und erinnerte mich an meine Pflicht; und meine ehemaligen Freunde, die ich nun vernachlässigte, wurden kalt gegen mich.

Alles das trug ich mit Geduld, und arbeitete mich so gut durch als ich konnte; in meinem Amte aber fieng ich an, wieder treuer zu seyn, doch mit dem Gemüths-Vorbehalt, es niederzulegen, so bald als ich das große Universal würde erfunden und mir dadurch den nöthigen Unterhalt verschafft haben. Mit dem hermetischen Ei hatte man mich bekannt gemacht, ich brachte es also auch leicht zu Stande, und durch fleißiges Nachdenken und Studiren meines Unterrichts und in meinen Büchern glaubte ich auch die wahre Methode der Behandlung meiner Materie gefunden zu haben. Ich suchte über dem auch Rath bei meinen Brüdern im Gesellengrad, deren acht waren, fand aber weniger Licht bei ihnen, als ich bei meinen Genossen im ersten Grad gefunden hatte; allenthalben traf ich Zurückhaltung an, und ich begann mit der Zeit zu merken, daß dieses kluge Schweigen wohl Unwissenheit zum Grund haben könnte.

Ich arbeitete indessen fort, nach und nach bemerkte ich auch mit himmlischem Vergnügen die auf einander folgende Zeichen der Verwandlung, so wie sie in meinen Büchern beschrieben standen, und endlich nach

mehr als dreiviertel Jahren war ich so weit gekommen,
daß ich glaubte, ich hätte meine Materie zur Reife gebracht.

Mit heimlichem Stolz wanderte ich jetzt wieder
zum Meister vom Stuhl, der mich sehr lobte, alle meine
Sachen gut hieß und mir darauf die Aufnahme in den
dritten oder Meistergrad ankündigte. Wer war froher
als ich? — Hätte mir Jemand jetzt eine Tonne Goldes leihen wollen, ich hätte sie angenommen, und mit
gutem Gewissen und Zuversicht versprochen, sie innerhalb Jahr und Tag wieder zu geben. Ich borgte also
auch, so viel als ich Credit fand, und das alles ohne
die geringste Furcht, nicht wieder bezahlen zu können:
denn ich hatte ja das große Universal so gut als fertig; ich gieng so gar so weit, daß ich mehreren unheil-
baren Kranken versicherte: wenn sie Gott nur noch eine
kurze Zeit leben ließe, so würde ich ihnen gewiß zur
vollkommenen Gesundheit helfen; andern Bedürftigen
gab ich die Versicherug, daß ich sie bald mit Geld
würde unterstützen können. So baute ich ein Luftschloß
nach dem andern, ohne daran zu denken, was aus mir
werden sollte, wenns allenfalls fehlen und ich mit dem
großen Universal nicht zu Stand kommen würde.

Endlich, endlich kams denn auch zur Aufnahme in
den dritten Grad, wo ich nun unsern Großmeister kennen lernte; — aber Gott! wie ward mir, als ich ihn
zuerst sah, und nun fand, daß ein mir wohlbekannter,
in seinen häuslichen Umständen äußerst zerrütteter und
ganz mit Schulden belasteter Mann unser Aller Führer war? — Das konnte ich nicht begreifen; denn ich
urtheilte so: hat er den Stein der Weisen, wie kann er
dann Schulden haben? — und hat er ihn nicht, so
versteht er ihn entweder nicht zu machen, oder wenn
er die Kenntnisse dazu hat, warum macht er ihn denn

nicht? Hat er aber diese Kenntnisse nicht, so ist er ein abscheulicher Betrüger, indem er Andere, mit einem großen Glück täuscht, und sie ins größte Unglück führt.

Jetzt wurde ich mißtrauisch und schwermüthig: denn ich fühlte wohl, was aus mir werden würde, wenn die ganze Sache der Rosenkreuzer ein Phantom wäre; um aber nun dieses mit Gewißheit zu erfahren, so ließ ich mich in den dritten oder Meistergrad aufnehmen. Alle Feierlichkeiten und die erhabensten Hieroglyphen machten nur einen schwachen Eindruck auf meine nunmehr zweifelnde Seele, und die pompösen Worte, verbunden mit der Zuversicht, mit welcher der Großmeister sprach, erregten einen unbeschreiblichen Ekel und Widerwillen in mir; doch verbarg ich alle Regungen meines Herzens sorgfältig, damit ich bei den Andern kein Mißtrauen erwecken, und dadurch mein nunmehriger Zweck vereitelt werden möchte.

Nachdem ich aufgenommen war, so wurde mir nun das ganze Geheimniß entdeckt, welches in nichts anders bestand, als daß man eine Gesellschaft gestiftet hatte, in welcher alle Mitglieder, jeder auf seinem eigenen Wege, suchen sollte; fände es nun Einer, so erfuhr es niemand Anders als die Meisterloge, die dann dadurch in den Stand gesetzt wurde, mit diesem großen Geheimniß zu schalten und zu walten; jetzt aber hatte es noch Keiner gefunden, und ich merkte auch, daß wir Alle noch nicht so nahe am Ziel wären.

Die Schande, die mich nun drückte, und die Gewissensbisse, die ich fühlte, hinderten mich, daß ich nicht alsofort meinem theuern Fürsten das Bekenntniß meiner Vergehung ablegte; allein es kamen nun noch Entdeckungen dazu, die mirs zur unnachlässigen Pflicht machen, dieses Bekenntniß so bald als möglich zu beschleunigen.

In

In der Meisterloge waren unserer zusammen Sechs; da es nun wohl möglich seyn konnte, daß der Eine oder der Andere roch wichtige Entdeckungen gemacht haben könnte, die meinen gesunkenen Glauben wieder aufzurichten fähig seyn möchten, so beschloß ich, sie alle der Reihe nach zu besuchen.

Zuerst wanderte ich zu einem Landmann, der mir unter allen am weitesten gekommen zu seyn schien; er sprach wenigstens am meisterhaftesten und gelehrtesten von der Sache. Er wohnt etwa ein Stunde von Oruan, und ich kam um fünf Uhr des Abends in seiner Wohnung an. Das erste, was mir alsofort auffiel, war die Vernachläßigung seines Landguts und seiner ganzen Haushaltung; aber der zweite Anblick nebst dem, was ich weiter sah, zerriß mir das Herz: vor der Thür saß ein alter schwacher Greis in der Abendsonne; kaum konnte er noch den Odem ziehen, und es ward ihm sauer, das Bißchen Leben aufrecht zu erhalten. Ich stand eine Weile, sah ihn an und schwieg; endlich redete ich ihn an, und sprach: Wie ists mit dir, Vater? — bist du krank?

Er. Nein, mein Sohn! ich bin hungrig.

Ich. Großer Gott! hungrig?

Er. Ja! mein Sohn wendet Alles ans Laboriren, und verspricht uns von einem Tag in den andern goldene Berge, allein es wird nichts daraus, und wir vergehen indessen vor Elend. Aber ich weiß (hier wendete der Greis seinen Blick sehnlich aufwärts) ich weiß — Er wird mich bald sättigen mit den reichen Gütern seines Hauses.

Ein Strom von Thränen hemmte meine Zunge, ich lief in die Stube, und fand da sein Weib in den Wochen, sie lag abgezehrt im Bett, drei Kinder wie

Skelette nagten an trockenen Brodkrusten, und der kleine Säugling schien todt zu seyn.

Schwester! rief ich: ist denn dein Kind todt?

Sie. Kaum hörbar: nein! aber es wird nicht lang mehr mit ihm währen, ich habe keine Nahrung für den armen Wurm, weil ich selbst nichts zu essen habe.

Ich. Aber mein Gott! woher kommt das?

Sie. Ach Gott! mein Mann arbeitet sehr fleißig daran, uns reich und wohlhabend zu machen, allein es will nicht dazu kommen.

Ich. Nimmt sich denn Eurer kein geistlicher oder weltlicher Vorsteher an?

Sie. Die thun ihr Bestes, um meinen Mann auf andere Gedanken zu bringen, aber es hilft Alles nichts, jetzt gehen sie damit um, uns einen Vormund anzustellen.

Nun eilte ich zu meinem Ordensbruder, ein Kind führte mich hinten ins Haus in sein Laboratorium, wo er sehr ämsig beschäftigt war.

Bruder! fieng ich an; ich muß dir etwas sagen: du versäumst über der Nebensache deine Hauptpflichten; deine Hausgenossen verhungern, — das dürfen sie nicht, und wenn du auch nie zum Besitz des Steins der Weisen gelangtest.

Er sah mich mit einem Blick voller Verzweiflung an, und sagte mit Ungestümm: Mein Gott! quäle du mich doch nicht! — du mußt ja das Ding besser wissen, als meine Leute; siehe! da bin ich ja mit der Projection beschäftigt, und innerhalb ein paar Tagen werde ich ein Pfund Gold haben, dann können wir uns ja alle satt essen.

Ich. Weißt du das gewiß? — in welcher Materie arbeitest du denn?

Er. Ich arbeite an einem Particular auf Kupfer.

Ich. Durch die Cadmia?

Er. Ja!

Ich. Du arbeitest also nach dem König Geber?

Er. Freilich!

Ich. Armer Bruder! da bist du unrecht dran: denn die Cadmia oder der Zink aus der Cadmia (Gallmey) verwandelt das Kupfer nicht in Gold, sondern in Composition oder Similor.

Er stand und starrte mich an — fast wüthend schmiß er die Kohlzange hin, und sagte: Bist du ein Bruder, und willst mir den letzten Trost rauben?

Ich schlich fort, und da ein anderer Bruder nur eine halbe Stunde von da wohnte, so lief ich voller Wehmuth und Verzweiflung noch den nämlichen Abend auch zu diesem. — Ich fand ihn mit seiner Frau und Kindern am Abendessen, aber ich merkte gleich, daß es auch hier nicht richtig war: die Frau glühte im Gesicht und weinte, er saß da und aß mit sichtbarem Unmuth, und die Kinder weinten still und verschluckten ihre Thränen.

Ich nahte mich ihnen, und sagte: ich will diesen Abend ein Stück Brod mit Euch theilen!

Stillschweigend setzte mir der Bruder einen Stuhl, und stillschweigend legte mir seine Frau vor. Kaum hatte ich mich gesetzt, so fieng ich an: Wie gehts Bruder? — ihr scheint mir nicht vergnügt zu seyn!

Er. Wie kann ich vergnügt seyn, da mich meine Frau Tag und Nacht mit Vorwürfen quält?

Sie. Freund! laß mich reden! du bist unpartheiisch und sollst urtheilen: mein Mann war immer ein fleißiger und thätiger Hausvater, wir liebten uns zärtlich, und Gott segnete uns auf allen Seiten, so daß wir Ueberfluß hatten, und auch noch Dürftige unterstützen konnten; allein seit zwei Jahren geht Alles

16*

hinter ſich, wir haben Alles verſchuldet und es iſt bald
an dem, daß wir im Land des Segens werden betteln
gehen müſſen.

Hier fuhr der Mann auf, ſchlug auf den Tiſch,
und ſchrie: Hab ich dir denn nicht wohl hundertmal
und noch ſo eben geſagt, daß wir bald reicher ſeyn
werden, als Einer in ganz Solyma?

Die Kinder ſtoben vor Schrecken aus einander und
weinten laut, und mir wollte das Herz zerſpringen; das
gute Weib aber war wie vom Donner gerührt, blaß
und der Ohnmacht nahe. Jetzt war ich ſchon ſatt, ich
winkte dem Bruder, und er folgte mir hinaus vor die
Thür.

Hier ſtellte ich ihm nun vor, wie Unrecht er hätte,
allein er fuhr mich an und ſagte: So kannſt du reden?
— du mußt aber wiſſen, daß ich morgen ein reicher
Mann ſeyn werde: denn ich bin ſchon an der Multi-
plication.

Ich. In welcher Materie arbeiteſt du denn?

Er. Ich arbeite doppelt, einmal im Vitriol
und Schwefel, und dann auch im Antimonium.

Ich. Du haſt dir alſo den Baſilius Valenti-
nus zum Führer gewählt; aber ich verſichere dir, du
findeſt ſtatt des Goldes, glänzendes Elend.

Dieſe Worte brachten ihn ſo auf, daß er mit
ſolchen Geberden auf mich eindrang, die mich veran-
laßten, ſchleunig aufzubrechen, und wegzugehn. Ich
eilte alſo nun noch am ſpäten Abend nach Haus; was
ich auf dieſem Wege für Betrachtungen anſtellte, und
wie mir zu Muth war, das iſt leicht zu denken.

Wir alle leben in Solyma, im Lande des Friedens, und wir verunehrten dies Land durch unſern ſträf-
lichen Vorwitz! — wir zogen die unausſprechliche Gnade
Gottes auf Muthwillen — was hatten wir verdient,

und was sollte aus uns werden? Nun war ich fest entschlossen, dir, mein theurer Fürst! Alles zu schreiben,
doch wollte ich noch erst sehen, was der dritte Meister
machte; denn wie es um die übrigen drei, den Großmeister, den Meister vom Stuhl und mich stand, das
wußte ich leider gar zu wohl.

Als ich daher am folgenden Tage meine Amtsge-
schäfte verrichtet hatte, so gieng ich am Abend wieder
fort zum dritten Bruder, der anderthalb Stunden von
Oruan wohnte.

Unterwegs wandelte mich eine gewisse, mir unbe-
schreibliche Empfindung an, es war mir immer, als
wenn mir ein großes Unglück bevorstände; oft wollte
ich wieder nach Haus gehen, allein dem widerstand
Etwas in meinem Gemüthe, ich gieng also gleichsam
unwillkührlich fort.

Als ich zu dem Hause meines Freundes kam, so
lief mir ein kleines halbnackendes Kind von etwa vier
Jahren entgegen, das arme Kind weinte und rief:
Ach! unser Haus ist zerbrochen, und der Va-
ter schläft und die Mutter schläft. Mich über-
fiel ein Schrecken, und ich fand bald die Scene des
Jammers; der arme Mann hatte hinten im Haus sein
Laboratorium, wo er noch so eben gearbeitet hatte;
vermuthlich war ihm seine Frau dabei an die Hand
gegangen; jetzt lagen nun Beide da sinnlos in ihrem
Blute, und alles war über und durch einander ge-
schmissen, genau so, als wenn sich eine beträchtliche
Masse Schießpulver dai entzündet hätte. Die beiden
Fenster waren ganz zerschlagen, so daß man keine
Scheibe mehr sah: — Ich stand da starr vor Schrecken.

Als ich mich besann, so suchte ich die beiden verunglückten Eheleute wieder zu sich selbst zu bringen,

aber als ich sie genauer betrachtete, so fand ich, daß Beiden die Köpfe ganz zerschmettert waren.

Nun untersuchte ich die Ursache dieses schrecklichen Unglücks, und entdeckte bald, daß der entseelte bedauernswürdige Bruder in Gold und salzigen Substanzen gearbeitet hatte; aus Mangel an den gehörigen chymischen Kenntnissen war ihm Schlaggold unter den Händen entstanden, und dies hatte nun den Jammer angerichtet.

Ich gieng hinaus, um in der Nachbarschaft Hülfe zu holen, allein dieser Mühe bedurfte es nicht: denn die beiden älteren Kinder hatten schon dafür gesorgt, und so wie ich vor die Hausthür kam, so sahe ich schon Leute die Wiese herauf kommen.

Mitleiden und Unwillen kämpften in den Seelen dieser guten Nachbarn mit einander, und ich hörte lauter Worte, die eben so viele Dolchstiche in meinem Herzen waren; ich konnte es nicht lange aushalten, sondern wanderte in einem Zustand nach Hause, der nahe an die Verzweiflung gränzte.

Ob nun gleich die Orts = Obrigkeiten, besonders nach dem letzten Unglück, sehr thätig sind, dem Unwesen ein Ende zu machen, so trieb mich doch mein Herz, dir, o bester Fürst! Alles selbst zu sagen, und dich zu bitten, du wollest Gnade für Recht ergehen lassen, und uns nicht zu hart strafen; dann auch, mich als Anzeiger nicht entdecken. Uebrigens wird dir deine eigene Weisheit sagen, was in dieser Sache zu thun ist. Ich bin u. s. w.

––––––––––

Ich fürchte, an diesem Jammer ist Philomystes schuld, sagte Urania, als ihr Eugenius die-

sen Bericht vorlas; dieser vermuthete es ebenfalls, und
ließ ihn auf der Stelle rufen.

Philomystes kam, er las den Bericht, und
vergoß Thränen. Ich habs gedacht, sagte er endlich
mit einem tiefen Seufzer, aber Gott weiß, daß ich nie
auf die entfernteste Art Anlaß zu diesem unseligen
Trieb, Gold zu machen, gegeben habe — im Gegentheil, ich habe bei jeder Gelegenheit davor gewarnt.
Das ganze Unglück rührt von den Parsen her, die
mich in Balk kannten, und die mit mir hieher gekommen sind; dort war mein seliger Freund als ein Adeptus bekannt, und ich als sein Erbe wurde auch dafür
ghalten. Da ich aber doch unverschuldeter Weise Ursach an diesem Jammer bin, so laß mich Alles wieder
gut machen; ich habe also weiter nichts zu bitten, als
um Vollmacht für mich und Forschern.

Die sollst du haben, versetzte der Fürst, aber laß
mich erst wissen, was du thun willst: denn du kannst
dir vorstellen, daß ich dir, bei allem Zutrauen, das ich
zu deiner Weisheit und Rechtschaffenheit habe, doch
keine ungemessene Vollmacht geben darf.

Philomystes entwickelte seinen Plan auf der
Stelle mit dem Eugenius und seine Gemahlin äußerst zfrieden waren, und wofür sie ihm mit innigster Rührung dankten.

Schon des folgenden Tages machten sich die beiden
Commissarien auf den Weg, und am Abend des dritten
Tages kamen sie in Druan an; sie entdeckten aber
Niemand, wer sie waren, sondern sie gaben sich blos
für Reisende aus.

Das Erste, was sie nun vornahmen, war, daß sie
den Schulmeister zu sich kommen ließen, der ihnen die
Namen aller Rosenkreuzer in die Feder dictiren mußte,
ihrer waren zusammen dreißig.

Des folgenden Morgens besuchten sie den Bürger=
meister, dem sie den Zweck ihrer Reise entdeckten, ihre
Vollmacht zeigten, und ihn dann ersuchten, ihren Si=
ßungen mit beizuwohnen. Dieser Beamte war aus der
Maßen froh, daß er eine so mächtige Hülfe in einem
Geschäft bekam, welches ihm und seinen Collegen so
viele Sorge und Mühe gemacht hatte, ohne etwas
Wesentliches ausrichten zu können.

Die dreißig Männer wurden citirt, und sie erschie=
nen alle vor der Commission; daß gerade sie dreißig,
keine andere mehr oder weniger, vorgeladen worden,
das machte sie sehr bestürzt; sie standen also da voller
Furcht und voller Erwartung der Dinge, die da kom=
men sollten.

Das Erste, was nun vorgenommen wurde, war
folgende Rede; Philomystes stand auf von seinem
Stuhl und sprach:

Meine Brüder!

Wir Beide sind von unserm verehrungswürdigen
Fürsten hieher gesandt worden, um Euch wegen eines
höchst strafbaren Vergehens gegen die Gesetze und die
Ordnung Gottes, folglich auch gegen unsre Gesetze
und Ordnung zur Verantwortung zu ziehen, und Euch
nach Befinden zu bestrafen oder auch zu verzeihen, die
Zerrüttung, die dadurch entstanden, so viel möglich,
wegzutilgen und Euch wieder zum Wohlstand zu ver=
helfen.

Wir fürchten nicht, daß Solyma bei allen sitt=
lichen Schwächen seiner Bürger doch einen einzigen
Bösewicht enthalte, der frech genug wäre, zu läugnen,
was wir gewiß wissen; wir treten daher mit Freimü=
thigkeit auf, Euch im Namen Gottes und unseres theuern
Fürsten Eure Verbrechen vorzuhalten, deren Größe und

Abscheulichkeit im Licht der Wahrheit darzustellen, und
dann Zeugen von Eurer aufrichtigsten Reue und Wieder=
kehr auf den Pfad der Weisheit und Ordnung zu seyn!

Ich bin Philomystes, der Vorsteher der Aerzte
in Solyma; das Gerücht, das während meinem Auf=
enthalt in diesem Lande von mir sich verbreitete, ich
sey ein Adept, ein Besitzer des großen Universals, hat
vielleicht zu Eurer entsetzlichen Verirrung Anlaß gegeben.
Dies schmerzt mich tief; Paulus wünschte verbannet
zu seyn für seine Brüder, zu diesem Wunsch hätte ich
größere Ursache; wär' ich nicht hieher gekommen, hättet
ihr nie etwas von mir gehört, so hättet ihr den Weg
des Verderbens vermieden, auf dem ihr so weit vor=
wärts gerückt seyd. Doch ist derjenige in größerer
Schuld, der euch verführte, und den unseligen Trieb
nach Reichthum und den Vorwitz, unnöthige Dinge zu
wissen, in Euch weckte.

Vielleicht zeugt Euer Herz in dem Augenblick wi=
der mich; vielleicht empört sich Eure Seele bei dem
Gedanken des Triebs nach Reichthum. — Aber
täuscht Euch nur nicht, meine Brüder! man versteht
doch unter dem Stein der Weisen ein Ding, womit
man ein schlechtes Metall in Gold verwandeln kann,
und dies Ding sucht man — warum anders als Gold
zu machen? — Freilich! will man keine Schätze sam=
meln — aber wenn man das nun nicht will, was
brauchts dann des Steins der Weisen? — Glaubt mir!
hier steht der Hauptverführer, die alte Schlange, die
Evam verführte, noch einmal und zeigt die verbotene
Frucht; er hat sich in einen Engel des Lichts verkleidet,
winkt freundlich und spricht: Eßt nur! ihr werdet dann
seyn wie Gott, und große Kenntnisse erlangen.

Wer nicht Schätze sammeln, sondern nur so viel
haben will, als er in diesem Erdenleben braucht, der

hat ja seinen Beruf, in den ihn die Vorsehung gesetzt hat; wenn er darin treu ist, so wird er sein bescheiden Theil hinnehmen, und noch dazu Gelegenheit und Mittel genug finden, auch dem Dürftigen hülfreiche Hand zu bieten.

Also schon das Suchen des Steins der Weisen ist an und für sich selbst strafwürdig, weil es entweder heimlich oder öffentlich ein durchaus unzulässiges und der göttlichen Ordnung ganz zuwiderlaufendes Mittel, zu Reichthum zu gelangen, zum Ziel hat.

Gesetzt aber auch, Reichthümer seyen nicht der Zweck, sondern nur hohe Kenntnisse und Einsichten, auch etwa ein Umgang mit höheren Wesen; sagt mir, Brüder! wenn das Euer Zweck war, seyd Ihr denn nicht noch strafbarer? — Hat Euch Gott nicht alles offenbart, was Euch hienieden nöthig und nützlich ist? Und wollt Ihr Euch nützliche Kenntnisse sammeln, so habt Ihr ja den ganzen Reichthum der Natur um Euch her, zu dessen Erforschung aller Menschen Leben zu kurz ist. Ihr wißt und seht es vor Augen, daß Gott den Menschen den Umgang mit höheren Wesen untersagt, und ihn nicht gewollt hat; und doch habt Ihr ihn gegen diesen allerheiligsten Willen gewollt; ist das nun nicht Empörung gegen die Gesetze und Ordnung Gottes? Ihr habt gesucht, was Gott nicht will, daß Ihr suchen sollt, sonst hätte Er Euch ja den Weg dazu gebahnt: seyd Ihr nun nicht auf den nämlichen Abweg gerathen, auf dem unsre ersten Aeltern so schrecklich gefallen sind?

Wenn ich Euch aber nun noch über das Alles bei der höchsten Wahrheit versichern kann und wirklich vor Gott betheuere, daß alles Suchen nach diesem großen Universal durchaus vergeblich ist, daß man seine Bereitung nie, weder aus Büchern, noch aus Handschriften, noch auch von solchen, die da vorgeben, die Bereitung zu wissen, erlernen kann, weil sowohl die Verfasser jener Schriften, als auch diese mündlichen Lehrer, die sich für Adepten ausgeben, allemal entweder Betrüger oder Betrogene sind, so fällt abermals eine große Verantwortung auf Euch, daß Ihr, ohne Gewißheit und Kenntniß von der Wahrheit dieser Sache zu haben, Euch an eine Arbeit wagt, die den größten Theil Eurer Zeit und nach und nach auch Euer ganzes Vermögen wegzehrt, ohne die geringste Wahrscheinlichkeit irgend eines Ersatzes zu haben.

Habt Ihr denn nicht gedacht, daß Ihr Eure ganze Zeit und Euer ganzes Vermögen Euren Familien und dem gemeinen Besten schuldig seyd? — Erinnert Euch doch, was Paulus sagt: So aber Jemand die Seinigen, sonderlich seine Hausgenossen nicht versorgt, der hat den Glauben verläugnet, und ist ärger denn ein Heide.

Ihr seyd also mehr oder weniger Glaubensläugner und ärger als die Heiden — dies Urtheil sprechen wir Euch nicht, sondern ein großer Apostel JEsu Christi.

Nicht denen, die das große Universal oder den Stein der Weisen suchen, kann er jemals zu Theil werden, sondern denen, die seiner würdig sind; wer dies unaussprechlich vielwirkende und eben deswegen in der Hand des Unkundigen oder von irgend einer Leidenschaft beherrschten, höchst gefährliche Werkzeug sucht, der kennt es entweder nicht, oder wenn er seine Wirkungen kennt, so traut er sich selbst erstaunlich viel zu; in beiden Fällen ist er also des Besitzes dieses höchsten irdischen Guts ganz unwürdig.

Die Vorsehung bereitet einige wenige Männer von Jugend auf zu großen Werkzeugen; diesen weist sie dies Geheimniß an, ohne daß sie es gewünscht oder verlangt haben; diese Besitzer können nun zwar Gold machen, aber sie machen keins ohne die höchste Noth, weil sie das, was sie bedürfen, auf dem Weg der Ordnung und der Gesetze erwerben, und sie heilen ebenfalls die Krankheiten nach den gewöhnlichen Gesetzen der Natur, und bedienen sich nur da der Universal-Medizin, wo sie die göttliche Weisheit hinwinkt.

Seht, meine Brüder! jetzt kennt Ihr Eure Vergehungen ganz, und Euer Urtheil wäre schon vorhin gesprochen worden, wenn wir die Sache nicht als einen unvorsätzlichen Irrthum einsähen, und Mitleid mit Euren armen und unschuldigen Familien hätten; ohne diese Rücksicht hättet Ihr die Verbannung aus Solyma verdient.

Diese Rede that die gewünschte Wirkung, alle zerflossen in Thränen, sie bekannten alle ihre Sünden, und glaubten alle den Worten eines Mannes, von dem sie überzeugt waren, daß er die Sache vollkommen verstände. Mit der tiefsten Reue und Zerknirschung des Herzens versprachen sie, nie wieder an die Sache zu denken, vielweniger Versuche zu machen, sondern allen Fleiß anzuwenden, um ihre zerrüttete Umstände wieder in Ordnung zu bringen.

Die Commissarien hatten Bürger von Solyma vor sich, denen sie also glauben konnten, daher erklärte ihnen Philomystes den Willen des Fürsten, indem er ihnen ankündigte:

1. Daß allen Mitgliedern des Rosenkreuzer-Ordens so lange Guts-Vormünder angeordnet werden sollten, bis sie durch hinlängliche Proben Beweise ihrer sittlichen und ökonomischen Besserung gegeben hätten.

2. Daß der Fürst die Schulden derjenigen, denen es an Mitteln und Aussicht fehlte, sie bald abzutragen, nach genauer Untersuchung und Berechnung derselben,

bezahlen, und den Schuldnern diese Summe schenken wolle, und

3. daß ihre Strafe in einer Excommunication auf ein'Jahr lang bestehen sollte.

Lauter und mit vielen Thränen begleiteter Dank erscholl aus jedem Munde, und damit wurden die Männer entlassen.

Als nun auch die Commissarien den dortigen Beamten die hiezu nöthigen Aufträge schriftlich eingehändigt hatten, so reisten sie wieder nach Ostenheim zurück.

Philomystes und Forscher legten nun dem Fürsten Eugenius Rechnung von ihrer Commission ab; er war mit Allem wohl zufrieden; in Ansehung des zweiten Punkts aber erklärte der Oberarzt, daß er die Bezahlung der Schulden als ein gerechtes Schuldopfer übernehmen wolle, indem er doch Ursache zu diesem Vergehen gegeben habe, und sich nicht anders als einen unvorsetzlichen Todtschläger ansehen könne.

Auch damit war Eugenius zufrieden: denn er hatte den Grundsatz, dem Gewissen eines jeden Menschen seine vollkommene Freiheit zu gestatten.

Wo unser Schatz ist, da ist auch unser Herz. Ist der irdische Reichthum unser Schatz, so ist auch unser Herz bei ihm; sterben wir nun in diesem Zustand, so bleibt unser Herz bei diesem Schatz zurück, wir gehn also herzlos in die Ewigkeit, ohne Herz aber ist man verdammt und nicht selig, folglich können die Reichen in diesem Sinn nicht selig werden. Wenn man aber die Reichthümer zum Besten des Reichs Gottes verwendet, so ist dieses unser Schatz, wo dann auch unser Herz ist, folglich werden die Reichen dieser Art auch selig werden.

Philomystes war ein Reicher dieser Art — er verstand die Haushaltungskunst eines Bürgers im Reiche Gottes vollkommen; darum war ihm auch so viel anvertraut worden. Er war der Knecht mit fünf Pfunden.

Wenn wir mit Gott abrechnen wollen, so können wir gegen tausend Schuldposten nicht einen einzigen Creditposten aufbringen. Da Er nun Alles, was wir unserm Nebenmenschen Gutes erzeigen, als Credit-Rechnung ansehen will, so müssen wir immer wohlthätig seyn, und dann wird am Ende unsre ganze Schuld gestrichen. Vergieb uns unste Schulden, wie wir auch unseren Schuldnern vergeben!

⁕

Da ward aus Abend und Morgen der erste Tag — und aus Abend und Morgen wird auch wohl der letzte Tag werden.

Da ward aus Herbst und Frühling das erste Jahr — und aus Herbst und Frühling wird auch wohl das letzte Jahr werden.

Gott, dir sey ewig Dank! daß du immer mit Abend und Herbst anfängst, und mit Morgen und Frühling endigst! Bleibe bei uns, Herr! denn es will Abend werden, und der Tag hat sich geneigt! — Thue nicht, als wenn du förder gehen wolltest: denn wir armen Emaus-Jünger fürchten uns; es spucken Geister umher; sie tragen Lämpchen in den Händen, sehen von Ferne weiß, wie abgeschiedene fromme Seelen aus, die bei ihrem Abschied noch Etwas vergessen haben, und locken einen, wie die Syrenen mit ihrem rührenden Gesang — aber wehe denen, die ihrem Lämpchen und ihrem Gesang folgen!. — ehe man sichs versieht, steht man auf dem Rande, und rücklings stürzen

sie einen hinab, so daß man auf ewig des Wiederkeh-
rens vergißt.

Bleibe bei uns, Herr! — und halte unsre Augen
nicht länger! auch u n s e r Herz brennt in uns, wir
möchten dich a u c h gerne einmal wieder sehn — der
Glaube glimmt nur noch, du wirst ja nicht zugeben,
daß der glimmende Docht vollends auslöscht.

Da wandele ich nun umher am großen Herbst-
abend, um mich zu erwärmen. — Der letzte Sonnenstrahl röthet noch kaum den hohen und noch nie ent-
weihten Gipfel des Berges Gottes, aber hier unten hat
der Frost die Erde gehärtet und ihre Haare gepudert.
Die schönen Blumen, die dieses Brachfeld noch vor
kurzem mit Wohlgeruch füllten, sind nicht mehr; der
Erndte-Jubel ist verhallt, keine Feldgrille zwitschert
mehr, Alles, Alles ist todt und stille — da wandle ich
nun mit wenigen Freunden durchs weite öde Thal hin;
die Thränen des Heimweh's glänzen uns in den Augen;
dort unten, hinter uns, wo Europa den Larvenball
tanzt, da merkten wir Unrath, wir machten uns fort:
denn unter ihm gähnt und lechzt der Abgrund; nur eine kleine Erschütterung, so wird seine Stelle nicht mehr
gefunden.

Freunde kommt, und laßt uns von hinnen gehen! —

Große Ahnungen schweben wie Geister der Zukunft,
besonders in einsamen stillen Augenblicken, meiner Seele vorüber, aber sie sind mir blos wie entfernte Blitze
in der Nacht.

Bald thut mein Geist einen Blick, aber auch nur
einen Blick, auf ein Gemälde, das im Entstehen schon
wieder verschwindet; es ist mir dann, als wenn ich
ein Theilchen vom neuen Himmel und der neuen Erde
sähe, aber ich sehe es immer entweder von der Abend-

oder von der Morgensonne beleuchtet. Aus diesem erhabenen Bild weht dann eine Empfindung zu mir herüber, die meinen ganzen Geist durchdringt, aber auch nur einen Augenblick währt. Könnte meine Seele diese Empfindung, diesen Strahl von Urlicht fixiren, so wär' ich selig.

Gott weiß, daß dies keine Schwärmerei, sondern ein wahres psychologisches Phänomen ist. Aber gebt Euch dran, Ihr Weltweisen, und erklärt es! —

Es giebt in der ganzen Körperwelt keine Aussichten, die diesen sanften edlen Gegenden, oder auch diesen erhabenen Gegenständen, die sich meiner Einbildungskraft ungesucht darstellen, zu vergleichen wären; auch sind es keine Verbindungen des Einfachen ins Vielfache, nein, es sind Landschaften, wofür ich keine Ausdrücke habe, und eben so wenig für die unaussprechlich erhabene Empfindung, die ein solcher Anblick in mir erregt. Ich weiß kein Gefühl, das auf die entfernteste Art damit verglichen werden könnte.

Diese Erscheinungen in meiner Seele sind keine Offenbarungen, aber doch Aeußerungen meines Ahnungsgefühls, das jede Seele unwidersprechlich hat — es kann auch wohl seyn, daß es verkörperte, versinnlichte Ahnungen sind; was es auch sey, so ist es doch immer ein Räthsel für den Psychologen, und für mich ein schnell vorübergehender, aber unaussprechlich hoher Genuß, der allezeit tiefe Eindrücke und mächtige Antriebe, gut und edel zu wirken, hinterläßt.

Ich weiß, was es ist — aber ich kann es meinen vertrautesten Freunden — Freunden, die mich ganz kennen, nur ins Ohr sagen.

Während der Zeit, die ich auf die vier Bände meines Heimwehbuchs verwendet habe, sind mir diese Wesen näher gewesen als sonst — vielleicht waren es

Bru-

Bruderküsse von den Felsenmännern, die mir die Augen zuhielten, und mich dann fragten: Wer bin ich?

Ihr seyd nun auch vorbei, ihr goldnen Stunden des Turteltaubengesangs, oder des Kol Koree's in der Wüste! — mein Heimwehbuch naht sich seinem Ende. Ich hab' ihn gezeichnet, den Weg nach Hause; so wie der Knabe, wenn er die Feder zwischen den Fingern preßt, daß sie braun und blau werden, und dann eine Kirche oder Schloß zeichnet, dem mans kaum ansieht, was es ist.

Auch das waren goldene Stunden, wenn mir mein Vater Wilhelm Stilling erlaubte, mein Malbuch vor die Hand zu nehmen; wo ich dann geschwind den von vielem Gebrauch glänzenden Fingerhut an den kleinen Finger steckte, eine Kirche hinzeichnete, den gelben Wucherblumen, den blauen Kornblumen und der Blutrose den Saft auspreßte, dann Alaun dazu that, und nun schleunig das Dachwerk blau, die Fenster roth und das Mauerwerk gelb malte. — Das war doch wohl kein Illuminatismus, der den Kirchen und Schlössern den Einsturz drohte.

Dann blinzelte zuweilen Eberhard Stilling über meine Schulter, lächelte und sprach: Es muß wohl sehr licht in der Kirche seyn, weil die Fenster roth sind! — der Junge muß Pastor werden!

Nein! lieber Großvater! Pastor bin ich nicht geworden, aber ich hab' ein Heimwehbuch geschrieben, das du hättest lesen sollen, wenn du von Bunian's Christenreise aufstandest, und dann sagtest: Ists doch, als wenn man selber die Reise machte! —

Mein Vater liest noch einige Aehren auf, er mag nichts liegen lassen, aber bald kehrt er ein bei seinem Vater; ich bin noch nicht am Aehrenlesen, aber der

Mandelbaum fängt doch schon an zu blühen und der Feigenbaum auch.

Ich hoffe, meine Väter werden mir die Hand drücken und schütteln, wenn ich einmal zu ihnen komme. Hab' ich doch des Tages Last und Hitze rechtschaffen getragen, und auch mein Theilchen bis daher gearbeitet.

Ich will mich aber nur meiner Schwachheit rühmen: was hab' ich denn gethan, das ich mein Werk nennen könnte? — Was besitz' ich, das ich nicht von dir, du Urquell aller Kräfte! empfangen habe?

Leser! verzeiht mir diesen Erguß meines Heimweh-triebes! der große Herbst-Abend der europäischen Christenheit wirkt mächtig auf mich — wähnt nur nicht, daß ich melancholische Grillen fange, die Zeit wird mich rechtfertigen. Doch es soll ja auch am Abend licht werden! Amen Hallelujah.

———————

Mit rothgeweinten Augen nehme ich nun das letzte Heft von Weißenau's Papieren zur Hand, um noch einen Auszug daraus zu machen; dann hüll' ich mich in meinen Reisemantel, drücke meinen runden Hut in die Augen und pflanze mich dorthin in die Nacht, an die Wegscheide, laß es dann über mir und um mich her donnern und blitzen, und wenns mir zu arg wird, so gehe ich in mein Schilderhäuschen.

Aber ich gehe nicht weg, bis mich mein HErr abruft!

Allen, die einhergallopiren, kutschiren, im Trab oder im Schritt reiten, gehen, hinken, kriechen, und auf Krücken stolpern, oder wohl gar auf Stelzen gehen, um ihre schwarzgewichsten Schuhe und weiße seidene Strümpfe nicht schmutzig zu machen — Allen, Allen werde ich zurufen: Hieher, hieher! diesen Weg müßt

Ihr gehen und nicht jenen! — nur die Männer mit
den Lämpchen laß ich ihren Pfad wandeln, sie mögen
selbst zusehn, wohin sie der Schimmer ihres Nachtlichts
führt.

Ob ich noch vor morgen von meinem Posten ab-
gelöst werde? oder ob mich noch eher der Morgenstern
anäugeln und sich der Purpur des kommenden Tages
in meinem Thränenauge spiegeln wird? — das steht
dahin — es geht mich aber auch nichts an; nur der
gegenwärtige Augenblick soll mich immer beschäftigen.
Nur Eins hab' ich mir vom Herzog der Seligkeit aus-
zubitten, nämlich: daß er mich nicht wie einen hölzer-
nen Wegweiser hier stehen lassen möge: denn ich muß
mit über den Jordan; an der schönen Aussicht auf
dem Berge Pisga genügt mir nicht.

———

In der Pflanzschule des Reichs Gottes in Solyma geht nun Alles gut von statten, Eugenius pflanzt,
Urania begießt und der Paraclete giebt zu allem
Gedeihen. In Europa ists Abend, sinkende Nacht;
in Solyma hingegen ist allwaltender Frühlingsmor-
gen, und so wird aus Abend und Morgen der erste Tag
des herrlichen Reichs Gottes.

Die dreiköpfigte Hydra, Schwärmerei, Unglauben und Aberglauben liegt in ihrem Drachen-
nest, an ewige Ketten der Finsterniß geschmiedet, und
der vernünftige Glaube schwebt wie ein schützen-
der Seraph über Hügel und Thäler, Fluren und Auen
hin, und weht jeder Hütte Friedens- und Segenslüf-
te zu.

Finsterniß bedeckt das Erdreich und Dunkel die
Völker, aber über dir geht auf der HErr, und seine
Herrlichkeit erscheint über dir.

Hier sieht man die Schechinah wieder in ihrem vollen Glanze.

Eugenius hatte nun lange nichts aus den Abend=ländern gehört. — alle seine Freunde sehnten sich mit ihm nach Briefen von Theodor und Ernst Uriel, endlich kamen sie; der Gesandte Elias hatte wieder eine Reise gemacht, und dieser brachte sie mit.

Ich will also nun noch zum Beschluß meinen Lesern einen Auszug aus diesem Paquet mittheilen, und zwar erst den Bericht, den beide unterschrieben hatten, und dann auch ihren Hirtenbrief an die europäische Chri=stenheit.

Schreiben der beiden Gesandten an den Fürsten Eugenius von Solyma.

Lieber theurer Fürst!

Wie der Thau aus der Morgenröthe den Wanderer erquickt, wenn er in einer schwülen Gewitternacht den Hügel erstiegen, und sich durch Räuber und reißende Thiere durchgekämpft hat, so erquicken uns die Nach=richten, die wir von Zeit zu Zeit aus Solyma erhal=ten. Allein unser Hügel ist noch nicht erstiegen, unser Kampf noch nicht gekämpft; aber er hat wirklich sei=nen Anfang genommen: der Krieg schreitet über die vogesischen Gebirge einher, die Haare stehen ihm zu Berge, aufgeschwollen ist sein Gesicht vor Wuth, tausend Donner brüllen aus seinem weit aufgesperrten Rachen, vor ihm kreiset weit umher die Sense des Todes, sein Schritt zerknirscht Leichengebirge; und hinter ihm her flattern Seuchen wie Fledermäuse in der Nacht. Hohläugig und müde steigt der Hunger in ausgeplün=derten und öden Wohnstätten umher, und nagt nun an den Knochen, die er ehmals in satter Fülle weg=

warf. Von Meer zu Meer waltet das Thier aus dem
Abgrund, es hat große eiserne, zermalmende Zähne,
und das ernste Schicksal scheint auch ihm zugerufen zu
haben: stehe auf und friß viel Fleisch! — Was es nicht
frißt, das zermalmt es doch, und zertritt es mit sei=
nen Füßen.

Noch hat es keine Hörner, denn es ist noch jung,
aber sie werden schon kommen und das Erz=Horn mit
den Menschenaugen und mit dem Maul, das große
Dinge redet, wird nicht lange mehr ausbleiben. Und
dann, lieber Fürst! dann ists bald vollbracht.

Deutschland sieht diesen Feind, der nie seines
Gleichen hatte, in der Nähe; es sieht ihn und staunt,
aber anstatt mit aller seiner Kraft und mit neuen, dem
neuen Krieg angemessenen Waffen zu kämpfen, kämpft
es wie einer, dems entweder nicht ernst ist, oder den
das Gift des Basilisken betäubt, matt und kraftlos ge=
macht hat.

Da wandeln wir nun umher, und laden Krüppel,
Lahme, Blinde und Landstreicher ein, und es fehlt
wahrlich an Menschen dieses Schlags in Deutschland
nicht, aber auch diese weigern sich zu kommen: die
Krüppel dienen zu Modellen in den Maler=Akademien,
die Lahmen geben Unterricht im Tanzen, die Blinden im
Zeichnen und die Landstreicher klären auf; da erwirbt
sich also Jeder seinen Unterhalt, und keiner mag dem
zukünftigen Zorn entfliehen; dazu kommt noch, daß sie
alle die besten Aussichten haben, bei der Frau von
Traun, die nun Königin von Frankreich ist, ihr
Glück zu machen: denn diese hat sich einen Adel ge=
schaffen, der noch nie in der Welt seinesgleichen hatte,
man nennt ihn den Sansculotismus, das Ohnehosen=
thum; zu dieser Menschenclasse möchten auch unsre
Krüppel, Lahme, Blinde und Landstreicher gerne ge=

hören. Ach ja, leider! leider! bekommen nach und nach die sittlichen Ohnehosen allenthalben die Oberhand, die Activbürger werden von den Passivbürgern unterjocht.

Das französische Meerwunder, oder besser Abgrunds=wunder wächst indessen zusehends, und seine schamlose Ohnehosenmacht wird durch die allenthalben sich verbreitende Werbanstalten immer größer; einige deutsche Fürsten wehren sich tapfer, und kämpfen für Religion und Vaterland, andere sehen von ferne zu und wissen nicht, was sie thun sollen; alle zusammen aber stehen noch nicht auf dem rechten Gesichtspunkt, aus dem sie dieses Thier ansehen müssen: denn daß es hier um Religion, Leben, Staatsverfassung, Eigenthum und Freiheit gelte, das sieht man durchgehends nicht ein.

Wenn aber das Salz dumm wird, womit soll man dann salzen? — Es ist dumm in Deutschland — die Männer, von denen Regenten und Unterthanen Licht und Belehrung erwarten sollten, begünstigen die Sache des Thiers. Viele treten näher, und winken seiner Leibgarde, den Gräuel der Verwüstung auch an ihre Stätte zu bringen, weil sie es selbst noch nicht wagen mögen, die bluttrunkene Göttin auf den Altar zu stellen. Die Volksmasse taumelt indessen im Wirrwar, wie eine See, deren Wellen noch spielen und nur auf einen beständigen Windstoß warten, um sich wie Gebirgereihen über den Acker Gottes hinzuwälzen, und Alles, was auf Sand gebaut ist, nebst Fluren und Saaten wegzuspülen. Aber sie werden auch den Leuchter, bei welchem bisher der HErr wandelte, wegspülen, und dann ist der peremtorische Termin da.

Wir haben indessen wieder Nachlese gehalten, und dir ein Häuflein zugesandt, aber ach! — die Aehren sind mager! — und doch suchen wir oft ganze Tage, ohne jene zu finden; jede macht uns Freude, wie dem Weibe sein verlorner und wiedergefundener Groschen.

Zu guter Letzte haben wir einen Hirtenbrief entworfen, der durch den Druck allgemein bekannt gemacht werden soll, wovon wir dir hier eine Abschrift beilegen, und aus dem du das Mehrere ersehen wirst. Viel wird er nicht mehr wirken: denn es geht mit der christlichen Religion wie mit einer alten Kleidermode, man schämt sich, damit in Gesellschaft zu erscheinen, und man fürchtet von den Lämpchen = Männern, dieser Polizeiwache des Thiers, prostituirt oder von den belletristischen Gassenbuben, deren es heut zu Tage eine ungeheuere Menge giebt, mit Koth geworfen zu werden, als womit sie in ihrer Bleibstätte reichlich versehen sind.

Fast jede Menschenfigur, die einem begegnet, scheint zu sagen: hebe dich weg von uns, wir wollen von deinen Wegen nichts wissen! Die Physiognomien sind so ausgeartet, daß man selten mehr ein vaterländisches Gesicht antrifft, und die Sprache wird kaum ein Bürger des neuen Jerusalems verstehen können; treffen wir aber auch zuweilen einen Landsmann an, so ist's uns zu Muth, als wenn wir einen Schatz gefunden hätten; indessen sind denn doch diese guten Seelen alle krank am Heimweh, und so haben wir mit ihnen zu leiden. O sende uns doch einen guten Transport Balsam aus Gilead, damit wir gesund bleiben und es in der verpesteten Luft aushalten mögen! Wir können dann auch zu Zeiten einem guten Freunde damit aushelfen.

Diese allgemeine Erkaltung und dieser Manna-Eckel ist aber das Elend noch nicht ganz: in der Tiefe des deutschen und wahrscheinlich jedes christlichen Staatskörpers eitert ein höchstgefährliches und tödtliches Geschwür, das der scharfsichtige Beobachter an der sich

kaum merkbar hebenden Geschwulst ahnet. Hochsprung, Reichmuth Hochsteigel und Helferich
Saftey sind die Giftmischer, die auf Angeben der Frau
von Traun dieses Pestmiasma in die edelsten Einge-
weide derer, die des Gifts empfänglich waren, hinge-
zaubert haben. Du kennst sie alle drei, und hast sie
auch alle drei abgefertigt, dem Hochsprung giengs
wie dem Drachen, er wurde von dir aus dem Himmel hinausgestoßen, und kam nun zu uns auf die Erde, wo er jetzt seinen ganzen Zorn ausläßt.

Hier stiftete er eine geheime Gesellschaft, genau
auf den Fuß, wie sie hernach seine beiden Gehülfen in
Solyma zu errichten suchten; durch die Regeln des
ersten Grads wurden viele Edle verleitet, beizutreten,
die aber hernach, als sie sahen, wo es hinausgieng,
zeitig und schnell zurückkehrten; Andere aber, weniger
in der Wahrheit gegründete, besonders junge Leute verschluckten das Gift mit großer Begierde, und wurden
förmlich angesteckt, um auch Andere anstecken zu können.

Nun stieg eine dunkle Gewitterwolke auf, ein Engel der Rache hatte sich in sie eingehüllt, er blitzte hin,
und siehe! die Verbündeten stoben aus einander, das
sichtbare Band ihres Bundes ward getrennt, aber
ob sie jetzt nicht ein unsichtbares haben, das noch
fester bindet, und noch schädlicher wirkt als vorher?
das ist eine andere Frage. So viel ist wenigstens gewiß, daß ihre Brüder in Paris und Straßburg
an der Elevation und Canonisation des großen Thiers
den größten Antheil haben. Sie geben diesem Thier
Geist, Leben und Haltung, auch sie rufen ihm zu:
Stehe auf und friß viel Fleisch! —

Sind denn die Religionslehrer alle ein dummes
Salz? So wirst du fragen; — nicht alle! theurer
Fürst! Es giebt noch viele, die im Stillen Gutes wir-

ken; hin und wieder tritt auch noch wohl einer auf, und läßt seine Wächterstimme öffentlich hören, allein es hilft nicht viel, denn der Marktschreier sind so viele, daß er selbst sein eigen Wort vor ihrer Publizität nicht hören kann, geschweige, daß es zu den Ohren des Publikums dringen könnte. Indessen sind denn doch bei weitem die mehresten entweder im eigentlichsten Verstand ein dummes Salz, oder sie haben die Brille der speculativen Vernunft auf der Nase, durch welche sie hebräisch und griechisch wie Wasser weglesen können; da bleibt dann kein Tropfen Spiritus zurück, den ein anderer ehrlicher Mann anzünden könnte. O wie schwer wirds besonders so vielen akademischen Lehrern der Gottesgelehrtheit und der orientalischen Sprachen werden, wider den Stachel zu lecken! — — der Eine erkühnt sich, scherzenden Spott über den heiligen Geist auf dem Catheder zu sagen; er würde das wahrlich! nicht thun, wenn sein eigner Geist heilig wäre; der Andere erklärt die Anbetung JEsu Christi für Abgötterei, und Alle erklären den Geist der Weissagung für Dichtergenie. Mit diesen bösen und verführerischen Menschen wirds je länger je ärger, sie verführen und werden verführt, sie lernen immerdar und können nimmer zur Erkenntniß der Wahrheit kommen. Sie sind die Taubenkrämer und Wechsler, die Christus bald wieder aus dem Tempel hinaus geißeln wird. Aber das ist zu erbarmen, daß so viele gute Jünglinge von ihnen verführet und zu Volkslehrern gebildet werden, die dann entweder Stroh-Moral predigen, oder gar zu schrecklichen Heuchlern werden.

Noch einen Versuch hat die ewige Liebe des Menschenvaters gemacht, um Aufklärer und Aufgeklärte zu retten: sie hat einen Weg angewiesen, auf welchem auch ihre so weit abgeirrte und sich so sehr verstiegene

Vernunft wieder umgelenkt und zu Christo geführt werden kann; du wirst vermuthen, daß wir hier die critische Philosophie im Auge haben; aber kannst du glauben, daß die mehresten ihrer wärmsten Anhänger auch so gar hier das enge Pförtchen noch verfehlen, und in einen' noch härteren und bestimmteren Naturalismus verfallen? —

Sie sind durch ihre eigene Grundsätze vom radicalen Bösen in der menschlichen Natur überführt, und doch, da sie 'nun das erhabene Sittengesetz in sich entdeckt haben, und es nun kennen, so gehen sie doch die Quelle aller sittlichen Kräfte vorbei, und wähnen, daß sie, ungeachtet jenes Grundbösen, doch das Vermögen in sich haben, diese Kräfte selbst zu entwickeln; sie bedenken nicht, daß das radicale Böse in der menschlichen Natur eben darin bestehe, daß der Mensch dieses Vermögen nicht hat, und also aus der von Gott geoffenbarten Quelle, der Erlösung durch Christum, erlangen muß.

Die Kantische Philosophie ist also Einigen ein Geruch des Lebens zum Leben, und Vielen ein Geruch des Todes zum Tode.

Man setzt sehr wohlthätig der speculativen Vernunft Schranken, und behauptet, daß sie in geistlichen Dingen nicht urtheilen könne: man wähnt in diesem Uebersinnlichen die practische Vernunft zu brauchen, und will nicht wahrnehmen, daß man noch immer die speculative der praktischen unterschiebt.

Wirf einen Blick auf den jüdischen Staat, einige Jahre vor seinem Umsturz durch die Römer, und trage dann das Bild deiner Vorstellung nach Deutschland, so wirst du beiläufige, aber merkwürdige Aehnlichkeit finden. Es gab in Judäa Jakobiner, gerä-

de so wie in Paris, und in Deutschland sind auch
die Schlangenzähne schon gesäet.

Es liegt ein schönes ebenes, fruchtbares Land am
Ufer des Meers, ein Garten des HErrn; durch Dämme
gesichert, lebten seine Bewohner ruhig und im stolzen
Frieden; allein es entstanden Stürme, das Meer erhob
sich, und drohte die Dämme zu durchbrechen; auf einmal aber entstand ein Strom aus dem hohen Gebirge,
welcher das Land großentheils überschwemmte, und eine
Menge Erde, Sand und Steine gegen das Meer, und
gerade dahin flößte, wo die Dämme am schwächsten
waren.

So schützte der Strom das Land gegen die Ueber-
schwemmung des Meers, durch seine eigene Ueberschwem-
mung.

Aber das Wasser des Flusses war ungesund, sein
Gewässer verlief sich und verdünstete; es entstand in
seinem Schlammbette und in allen Lachen an niedrigen
Oertern ein gifthauchender Moder; die Einwohner wurden
krank und bekamen ein fast unheilbares kaltes Fieber. —
Im Strombette zieht kein Wasser mehr ab, und dort
erzeugen sich nun giftige Thiere von aller Art: Kröten
von ungeheurer Größe, aufgedunsen bis zum Zerplatzen;
schwarz und gelb gefleckte Schlangen mit Kämmen und
Flügeln, welche Kinder mit einem Schnapp verschlingen;
allenthalben wimmelts, plätscherts und knisterts. Aber
es wird ein Feuer vom HErrn ausfahren, dessen Flammen
wie Zungen über den Boden hinlecken, alle Lachen aus-
dörren, und alles Ungeziefer in Asche verwandeln werden. Dann wird alles mit Feuer gesalzen, und wer
diese Probe aushält, dem wird das kalte Fieber vergehen. Diese Bewährten werden alsdann gesund werden,
und lange leben in dem Lande, das ihnen der HErr
aufs Neue gegeben hat. Aus dem schwarzgesengten

und fettgedüngten Boden werden nun in einer neuen Schöpfung Pflanzen des Segens von aller Art hervorsprossen, und dann sollen nicht mehr da seyn, Kinder, die ihre Tage nicht erreichen, oder Alte, die ihre Jahre nicht erfüllen, sondern es wird Knaben geben, die hundertjährig als Kinder sterben, und man wird den für einen fluchwürdigen Sünder halten, der unter hundert Jahren stirbt. (Jesaj. 65, v. 20.)

Wenn Christus jetzt wieder käme, würde er auch Glauben finden auf Erden? — nein! man würde zehn Barrabas losgeben, um Ihn aufs Neue zu kreuzigen, wie dieses in dem neuen großen Babylon, wenigstens im Bildniß schon geschehen ist. Die Vernunft kreuzigt jetzt Christum alle Tage, und läßt so viele Barrabasse in die Welt laufen, daß Person, Freiheit Ehre und Eigenthum nicht vor ihnen sicher ist.

Warum hält man die Seelen derer, die ihre Leiber auf dem Altar für die Religion JEsu geopfert haben, unter diesem Altar gefangen? — Antw. Weil sie den Geist der Rache noch nicht aus ihren Herzen ausgetrieben haben. Aber bald hat ihre Gefängniß ein Ende: denn nun werden vollends dazu kommen ihre Mitknechte und Brüder, die auch noch sollen getödtet werden, gleichwie sie — und dann wird das bluttrunkene Weib reif seyn zum Gericht.

Es giebt einen Pestsumpf, in welchem sich alle bösen Säfte concentriren, und wo sie bis zur Vollendung der höchsten Vollkommenheit im Bösen wirken. Hier arbeitet die Natur der Finsterniß an ihrem Meisterstück, an der Menschwerdung des Satans; sie gebar schon etlichemal, aber Luzifer stand und sprach zu jedem Knäblein, das sie gebar: Immer noch ein und anderer Zug vom Ebenbild Gottes! in-

dessen sie mögen leben und meinem Sohne
den Weg bereiten.

Wer sind nun wohl diese Vorläufer des Wider-
chrifts, diese Vorbereiter gewesen, und wer sind sie
noch? — sie kleiden sich nicht in Cameelhaar, essen
auch keine Heuschrecken und wilden Honig, sondern sie
frohnen dem Luxus, und spotten Dessen, der im Himmel wohnt, und zur Rechten Gottes sitzt. Herr! wer
sind sie, diese grauen Ungeheuer? — Antw. Diejenigen, in welche nach dem Osterlamms-Bissen der Teufel
gefahren ist! —

Dann wird das Himmelreich gleich seyn zehn
Jungfrauen, fünfe sind klug und fünfe thöricht — warum thöricht? — weil sie leuchten wollten, und haben
doch kein Oel in ihren Lampen! — (Merkt euch das,
ihr Männer mit den Lämpchen! denn es möchte euch
wohl gelten.) Diese Mädchen gehen jetzt in die Schule;
ich Ernst Uriel gehe zu Zeiten zu ihnen, und sage:
traut keiner trockenen Lampe, ihr Licht brennt dunkel,
der Docht kohlt nur, und giebt einen erstickenden,
Kopfweh machenden Dampf von sich. Legt euch mit
Fleiß aufs Oelsammeln, und macht, daß ihr gutes bekommt, das nicht ranzicht wird, oder spratzelt, sondern still und hell brennt, auch in der Nähe umher
wärmt. Wenn sie dann fragen, Herr! wo bekommen
wir solch Oel? — so weise ich sie an Bruder Theodor, der versteht sich vortrefflich auf alles, was Licht
macht. Indessen merke ich wohl, welche sich zum
Klug- und Thörichtwerden anschicken.

O es ist traurig, daß sogar die Hälfte der Braut-
jungfern, die doch immer Jungfrauen sind, vor der
Thüre bleiben müssen! — doch denk' ich, der Bräutigam läßt sich erbitten, wenn einmal die Sonne über
alle Hügel scheint. — Das eigentliche gute Lampenöl

wird aber auch erstaunlich rar, die Aufgeklärten haben es confiszirt, um ihren Phosphorus, den sie aus ihren Excrementen ziemlich häufig zu destilliren wissen, an den Mann zu bringen.

Man sagt auch jetzt Vieles vom verlornen Sohn, er soll sich an den Gränzen haben sehen lassen. — O er soll uns, hernach auch dem Hausvater, willkommen seyn! — man kann ja auch diesen Zemach auf den Stamm pfropfen, wenn ihm nun bald alle seine eigenen Zweige abgehauen sind! — er kann den ersetzen, der sein Pfund vergrub, und ohne Hochzeitskleid an der großen Tafel erscheinen wollte.

Wann wird sich doch der große Keltertreter aufmachen? — wann wird er in seinem herrlichen Schmuck, in großer Kraft einhertreten? Wann wird der, der Gerechtigkeit lehrt und ein Meister zu helfen ist, von Edom hinaufschreiten, und die Kelter zu Bozra treten? — besprützt mit Weinbeerblut, röthlich vom Haupt bis zu den Fußsohlen, wird er siegprangend zurückkehren! — er wird die Kelter allein treten, kein Potentat wird ihn unterstützen; er allein wird die Kinder Edom, diese falschen Brüder, in seinem Zorn keltern, und in seinem Grimm zertreten; bald erscheint der Tag der Rache, und das Jahr der Erlösung seines Volks. Rette sich aus Edom und Bozra aus .... und .... wer nicht mit in die Kelter will! — Das wird ein heißer Tag seyn!

So stehts, lieber Fürst! bei uns in Deutschland — kannst du aber glauben, daß dennoch alles ruft, es ist Friede und hat keine Gefahr! — kannst du dir vorstellen, daß man diesen gegenwärtigen Krieg nur für eine gewöhnliche Fehde zwischen Volk und Volk ansieht? — und wenn es nun vollends bald Friede wird, dann wirds erst über uns los gehen, und

des Spottens wird kein Ende seyn; allein solche Frie-
densperioden sind nur kleine Ruhepuncte, in denen sich
die Wuth des Thiers stärkt, um hernach mit gespannte-
ren Kräften zu wirken.

Der Geist der Revolution und der Zerrüttung, der
Geist des Christen=Hasses oder des Widerchristen, und
der Geist des Egoismus herrschen auf allen Gassen und
Straßen, in Städten und Dörfern, in Pallästen und
Strohhütten, vorzüglich aber auf Cathedern und Can-
zeln, und darin ist die allgemeine Stadt=Frau Baase,
des heil. röm. Reichs Erzklätkherin und Waschweib,
die Madam Publizität am mehresten schuld; unter der Aegide der Preßfreiheit, und auf Unkosten der
Wahrheit, aber unter dem Vorwand Gutes zu stiften,
(im Grund ihren Herren den Beutel zu spicken) geht
sie von Haus zu Haus, und verlästert Gott, Christum,
Fürsten und ehrliche Leute. Noch nie haben Klätscherei-
en und Verläumdungen Gutes gestiftet.

Nun, theuerster Fürst! grüße unsere Urania, und
alle unsre Lieben! — gedenkt unserer, und aller derer,
die für unseren HErrn kämpfen, in Eurem täglichen
Gebet. Wir freuen uns stündlich auf die große Vollendung; nach seinem Sieg wird ihm sein Volk willig
opfern im heiligen Schmuck; — dann werden wir nicht
dahinten bleiben. Sorge nur für unsern Schmuck;
hier giebts keine Schneider mehr, die so etwas machen
können. Wir bleiben ewig deine u. s. w.

Abschrift des Hirtenbriefes der beiden Gesandten
des Königs aus dem Orient.

Wir Theodor Josias von Edang und Ernst
Uriel von Ostenheim, beide Gesandten des Königs
aus dem Orient, wünschen allen Regenten der gesamm-

ten Christenheit, allen geistlichen und weltlicheu Staats-
dienern, allen Ständen und Nationen der Christen, Geduld und Hoffnung, Weisheit und Stärke, Glauben
und Liebe, von Dem, der war, ist und seyn wird,
nach der Herrlichkeit seiner Macht, für die gegenwärtigen und zukünftigen Zeiten. Amen!

Das Wehen des Geistes der Zeit, und der allwal-
tende Genius des hinsinkenden achtzehnten Jahrhunderts
fordern uns auf, kraft unserer erhabenen Vollmacht
aufzutreten, und der gesammten Christenheit mit in
Sonnenfeuer getunktem Pinsel ihr nächst künftiges
Schicksal zu entwerfen, und sie mit einem Gerichts-
Posaunenton, mit der Weckstimme der sieben Donner
empor zu schrecken, um durch diesen Aufruf, im Namen des erzürnten Weltrichters, Loths aus Sodom,
und treue in in dieser letzten Versuchungsstunde bewährte Seelen, Judäens letztem Gerichte, nach Pella zu retten. *)

Wer Ohren hat zu hören, der höre!

Die durch die gelehrten Stände ausgebrütete, von
daher sich aber auch unter den gemeinen Ständen immer
mehr verbreitende Denkungsart der gegenwärtigen Zeit
schleicht, wie ein furchtbares, alles verheerendes Ungeheuer in der Nacht umher, und vergiftet die Luft, und
jedes Brod und Wasser des Lebens. Umschaffung der
christlichen oder geoffenbarten Religion und der Staats-
verfassungen ist der Zweck ihres stolzen Plans, auf dessen Erfüllung unausbleiblich die grausamste Barbarei,
und allwaltender Greuel der Verwüstung erfolgen wird;
der Beweis ist nicht schwer.

Der

---

*) Pella war eine Stadt in der Nachbarschaft des gelobten
Landes, wohin sich die ersten Christen kurz vor der Zer-
störung Jerusalems flüchteten.

Der Regent und Staatsdiener, der des Morgens
bei frühem Erwachen vor dem Thron des Lichts hinsinkt,
seinen Geist mit den Strahlen des Urlichts bis zur
Sättigung tränkt, dann an seine Geschäfte eilt, Segen
und Wohlthaten aus seiner Fülle auf Alle, die sich ihm
nahen, strömen läßt, des Abends dann wieder alle Handlungen des Tages in diesem Licht prüft, und mit neuen
Vorsätzen das Versehene zu bessern, einschläft;

Der Gelehrte und Volkslehrer, der seine Vernunft
blos von der Sonne der Geisterwelt erleuchten und erwärmen läßt, dann dieses reine und sanfte Licht weit
um sich her verbreitet, und so in jedem Geist reine
Erkenntniß, und in jeder Seele demüthige und sanftmüthige Gottes = und Menschenliebe redet;

Der Unterthan, der seinen Regenten liebt, seine
menschlichen Fehler trägt, und mit dem Mantel der
Liebe bedeckt; der sich und seine Hausgenossen treulich
versorgt, ein guter Gatte, Vater und ein vortrefflicher
Bürger und hülfreicher Nachbar ist; und

Der Mensch, der Beleidigungen erduldet, und mit
Wohlthun vergilt; der im Unglück unverzagt, der Vater-
hülfe Gottes vertraut; der im Glück sanft, wohlthätig
und freundlich hülfreiche Hand bietet, und bei allem
Reichthum an Tugenden immer fühlt, daß er Nichts,
Gott aber Alles sey. —

Wer unter Euch eine Zunge zum Reden hat, der
rede!

Sind nicht alle diese angeführten Beispiele, Muster vortrefflicher Menschen?

Wir wissen, daß des HErrn Wort in jeder Seele,
die dieses lieset, Ja und Amen, spricht; aber eben
dieses Ja und Amen des treuen und wahrhaftigen
Zeugen tönt nun auch mit Sinaitischem Donner in jedes Ohr: Verflucht ist der, der nicht hält alle Worte

dieses Gesetzes, daß er darnach thue, und alles Volk
soll sagen: Amen!

Nun heitert alle Euren Blick, und schauet umher!
— Wir wollen nicht fragen, sind alle Menschen so,
oder auch nur auf dem Wege so, zu werden? — Nein!
— wir wollen nur fragen, obs ihrer Viele gebe? —
Jeder frage: Bin ich so?

Heitert Euren Blick und sehet mit Augen des Et-
bers, und Ihr werdet entdecken, daß Alles der Sinnlichkeit frohnt, daß Augenlust, Fleischeslust und
hoffärtiges Leben durchgehends mit einer Inbrunst
gesucht wird, als wenns die große Bestimmung der
Menschheit wäre.

Höret, Ihr Himmel, und du weiter Erdkreis, merke
auf, unser Wort donnere von einem Pol zum andern,
und ihr hellleuchtende Orione seyd Zeugen am großen
Weltgericht, daß wirs gesagt haben: Wir heben unsre
Hände auf zu Dem, der ewig lebt, und schwören feierlich: So hat die ewige Weisheit die Menschen nicht geschaffen, — Sie schuf sie mit
Gerechtigkeit und Kraft zum Guten, zur Er-
reichung ihrer sittlichen Bestimmung, aber
sie vernünftelten, und so ward der sinnliche
Genuß Bestimmung des zum sittlichen Genuß
erschaffenen Geistes. Daher peitscht nun die
unendliche Begierde, der ewige Hunger, den an flei-
scherne Ketten gefesselten unsterblichen Geist, durch
alle Reiche der Natur, aber ach! sie sind zu arm für
ihn! —

Und diesem armen Abgewichenen, wollt Ihr, o
Ihr blinde Leiter der Blinden! die Natur-Religion als
die einzige wahre anpreisen! — Ihr ruft dem, durch
eigene Schuld, an Händen und Füßen gelähmten,
am Wege todt krank liegenden, mit Eiter und Geschwü-

ren bedeckten, im Fieber delirirenden Wanderer zu: stehe
auf, und steige den schmalen Felsenweg am Rande des
Abgrunds hinan! stehe auf! du bist gesund und stark!
— ja das bin ich! — lallt der Arme in der Fieberwuth,
bleibt aber liegen, und geht verloren. Und nahe bei
ihm, am Wege, wartete der Engel der Hülfe, die Reli-
ligion für verlorne Sünder, — die Sünder=Reli-
gion JEsu Christi harrete, der Kranke brauchte nur
zu wollen, so trug sie ihn auf Armen der Liebe hinan
zum Ziel, und machte ihn gesund.

Ihr raubt also dem armen gefallenen Menschen
das einzige Erlösungsmittel; wird und kann das Der,
der den Tod des Sünders nicht will, wohl ungeahndet
lassen?

Muß man Euch aufgeklärten, hochweisen Männern
noch einmal sagen, daß die natürliche Religion die
wahre und einzige Führerin nichtgefallener, die
christliche aber eben so die wahre und einzige Rette-
rin gefallener Menschen sey? — Eben so ist auch die
demokratische Staatsverfassung blos für sittlich=voll-
kommne Wesen anwendbar, aber für sittlichver-
dorbene, für ungezähmte Begierden die Loslassung eines Heeres raubsüchtiger Wölfe, Löwen und Tiger. O
Ihr europäische Christen Alle! starrt doch hin auf die
Millionen Leichen, die auf Frankreichs Boden gäh-
nen, und auf all den Jammer, den dort die Aufklärung
anrichtete! — die nämliche Aufklärung, die Ihr in Euren Zeit= und Volksschriften so eifrig befördert. Ihr
wollt nicht, daß der sanftmüthige, liebevolle, wohlthätige Freund reumüthiger Sünder, JEsus Christus,
über Euch herrschen soll, Ihr wollt nicht mehr die
Söhne derer Familien, die die Vorsehung Jahrhunderte hindurch auf Euren Thronen erhielt und schützte,
zu Regenten, Ihr wollt selbst herrschen, Eure Vernunft

soll Eure einzige Führerin zu einem Gott seyn, den ihr nicht kennt, und Ihr wollt dem im sinnlichsten Luxus versunkenen Pöbel seine menschliche Freiheit gestatten, da doch der Engel im Himmel seine Obrigkeit haben und abhängig seyn muß, weil er ein eingeschränktes Wesen ist. Ach! zieht den Vorhang auf, der Euch die Zukunft verhüllt, und schaut! schaut ins künftige Jahrhundert, und seht Eure Gärten und segensvolle Fluren mit Bürgerblut, mit Eurem eigenen Blut gedüngt, und eine lange traurige Brache feiern; alles Saitenspiel und alles Freudengetöne ist verhallt; Eure Palläste und Häuser sind nun alte Ruinen, in welchen Zihim und Ohim hausen, und Eulen kreischen.

Eure Tempel, die Euch anekelten, weil JEsus Christus darin verehrt wurde, sind nun Steinhaufen, und der einsame Zeitgenosse wird mit lechzendem Hunger und Durst nach dem Brod und Wasser des Lebens bei dem alten Gemäuer vorbeischleichen, und Zähren der Verlassung werden über seine blassen hohlen Wangen herab träufeln, — dann wird er rufen, aber der HErr wird ihn nicht hören.

Wacht doch auf! — öffnet die Augen, und seht in den Abgrund vor Euren Füßen! — bedenkt doch, daß zur Tilgung des von außen in Eure Natur eingeschlichenen Uebels auch ein außernatürliches Mittel, die geoffenbarte Religion, nöthig sey! — Hört doch einmal auf, Eure Vernunft Dinge zu fragen, die sie nicht wissen kann, weil sie sich auf Geschichte gründen; auf Thatsachen, die nur ein Unsinniger bezweifeln kann, weil ihre unmittelbaren Folgen vor Jedermanns Augen liegen — lehrt dann nicht die Erfahrung das unaussprechlich große sittliche Verderben? — sagt Euch nicht Eure Vernunft, daß der Höchstvollkommene solche Unvollkommenheiten nicht schaffen kann? — Muß also

der Mensch nicht zu einer gewissen Zeit aus seinem an-
erschaffenen Zustand gefallen seyn?

Und auf der andern Seite:

Seht Ihr denn nicht, oder wollt Ihr nicht sehen,
daß die einzelnen stillen Seelen, die von Herzen an
Christum glauben, an Sittlichkeit und wahrer Heiligkeit immer mehr zunehmen? daß sie von Gottes- und
Menschenliebe beseelt, die überwiegende Macht der
Sinnlichkeit nach und nach überwinden, und also durch
ihren Glauben außernatürliche Kräfte erlangen, die
Euch die Natur-Religion nimmermehr geben kann?
Wenn nun der Glaube an die Erlösungsanstalten JEsu
Christi so unläugbar große Dinge wirkt, wollt ihr
denn doch noch die Erfahrung durch Eure arme Vernunft bekämpfen, die nicht einmal erklären kann, wie
der Magnet das Eisen anzieht? Beobachtet nur Einmal unpartheiisch den Gang eines jeden wahren Christen durch dies Leben, und läugnet dann, wenn Ihr
könnt, daß Jesus Christus Gebete erhöre — daß er
jeden kleinen und großen Vorfall mit ewiggütiger Weisheit so lenke und regiere, daß er zur Heiligung und
Beseligung dienen muß! Durchdenkt ruhig und unpartheiisch den großen Gang der Religion JEsu bis auf
diesen Tag, und Ihr werdet finden, daß sie bei allem
Widerspruch, bei aller Macht der Finsterniß, die immer
gegen sie kämpfte, doch immer am Ende siegte, und daß
sie aus jedem Kampf, mit immer größerer Herrlichkeit
bekrönt, hervortrat! — Erwägt das Alles ruhig, und
läugnet dann, wenn Ihr könnt, die Anbetungswürdig-
keit JEsu, und seine immer thätige und höchst weise
Regierung!

Und dann eilt mit Ehrfurcht ans Sterbebette des
wahren Christen, und hört seine Klagen über seine ihm
immer noch anklebende Sündenhaftigkeit; hört, wie der

sinaitische Posaunenton tief in seiner Seele die ganz
vollkommene Erfüllung des Sittengesetzes von der Geburt an, bis in den Tod fordert, mit Recht fordert,
weil der Schöpfer alle Kräfte dazu hergab, der Mensch
sie aber im Taummel der Sinnlichkeit verpraßte. Seht
wie nun der Edle, der jeden Tag seines Lebens mit
guten Werken ausfüllte, an allem eigenen Werth ver-
zweifelnd, den sehnsuchtsvollen Blick mit Reue und Zerknirschung nach Golgatha erhebt, das Versöhnblut
im Glauben ergreift, und nun ganz allein in jenem
großen Tod des Welterlösers Ruhe und Seligkeit findet!

Und das Alles, o Ihr Lehrer der Religion nach
der Mode! — das Alles ist Euch Thorheit, Aberglauben — weil Ihr es nicht begreiffen könnt, oder wollt?
— Ihr vermessene und stolze Egoisten! könnt Ihr denn
die Wirkungen und die Wege des Lichts begreiffen, das
doch jeden Tag in Eure Augen strahlt? — könnt Ihr
gründlich erklären die Natur der Schwere, oder irgend
einer Urkraft der Euch umgebenden Materie? — Habt
Ihr die Bande gesehen, womit der Ewige Feuer und
Wasser, Licht und Finsterniß, Geist und Körper zusam-
menknüpfte? und Ihr untersteht Euch, Dinge zu begreiffen, die gar nicht in die Sinne fallen; weigert
Euch dem Gott des Lichts und der Wahrheit, das, was
Er Euch durch tägliche Erfahrung predigt, auf sein
Wort zu glauben! —

An jenem großen Tage, wenn der von Euch ver-
achtete König der Menschen in aller seiner Herrlichkeit,
mit vielen Tausenden seiner Heiligen umgeben, erscheinen wird, dann werden die Sokrates und Seneka's
und Epictets aller Völker und aller Zeiten Eure Richter seyn. Wie herrlich benutzten diese Edlen das kleine Lichtchen der geoffenbarten Religion, das durch so
viele Zurück- und Widerstrahlungen und Fortpflanzun-

gen schiefgeschliffener, dunkeler und fleckichter Spiegel kaum mehr einen Strahl von Urgestalt zeigte, und Ihr steht am hellen Mittage unter dem heitern und unbewölkten Himmel, und seht die Sonne nicht, und glaubt, das Licht, das Euch umglänzt, strahle von Euren Körpern aus! — o schämt Euch! schämt Euch Eures Stolzes! bei aller Eurer Armuth wähnt Ihr reich zu seyn! und wißt nicht, daß Ihr elend, jämmerlich, arm, blind und bloß seyd. Zittert aber und bebt bei der Erinnerung an die furchtbare Stunde, in welcher der gerechte Richter die verlornen Seelen alle, die durch Eure Schuld verloren gegangen sind, von Euren Händen fordern wird.

Gewinnt wieder die Religion lieb, alle Ihr Regenten der Christenheit! — Ihr seht nun, wohin der Geist Frankreichs, der leider! leider! so lange Euer Vorbild war, am Ende führt! Fürchtet Gott! und liebt seinen Sohn JEsum Christum, haltet seine Gebote und glaubet an ihn; bestellet die Lehrämter in Kirchen und Schulen mit frommen christlichen Männern, und laßt die stolzen Aufklärer ihre eigene Wege gehen, sie mögens unter sich ausmachen, aber Eure guten Unterthanen sollen sie nicht zu Grund richten.

Wenn Ihr so durch fromme Wiederkehr auf den königlichen Weg des Glaubens an JEsum Christum, und durch einen christlichen Lebenswandel dem erzürnten Vater in die Ruthe fallet, so wird er sich Eurer und Eurer Völker erbarmen, und das grimmige Heer der Finsterniß von Euren Gränzen zurückführen. Sein Zeughaus ist noch nicht leer, und an Kriegsmunition fehlts ihm nie; Ihm sind tausend Donner und Blitze noch eben so gehorsam wie vor mehreren tausend Jahren; die Kammern des Hagels sind noch voll, und die Behälter der nach Menschenblut lechzenden Seuchen sind

noch immer angefüllt. Ihre zwei und sechszigtausend
Kanonen sind wie Eiszapfen unter seinen Füßen, wenn
Er einherschreitet, um die große Kelter zu treten, und
ihre stolzen Vestungen sind wie Eierschalen in seiner
Hand.

Traut keinem Volk, das Gott und seinen Sohn
JEsum Christum vom Thron der Welten stürzen
will, und den Gesalbten des HErrn gemordet hat; kein
Friedenstractat wird ihre Wuth bändigen, da ihnen
Raub und Mord zum Bedürfniß ist.

Verbindet Euch alle unter einander zu Brudertreue,
und kehrt unter die Fahne des Kreuzes zurück, dann
macht einen Bund mit dem HErrn, Ihn nie zu ver=
lassen, Ihm zu dienen und seine Gebote zu halten, so
wird Er auch mit Euch seyn, Euch gegen alle Eure
Feinde schützen, und sie werden in ihr eigenes Schwert
fallen.

Er aber, der Edle, der über Land zog, wird bald
wieder kommen, mit vielen Diamanten gekrönt, wird
er über alle Feinde triumphiren, dann werden die Be=
drängten ihre Häupter aufheben, und nun sehen, daß
ihr Erlöser da ist. Selig ist, der diese Worte hört
und thut. Amen!

Gegeben in der Wüste den 30. Nov. 1794.

Theodor Usias. Ernst Uriel.

_____

Hier könnte ich nun mein Heimwehbuch schließen,
und meine bethränte Feder weglegen, aber es geht mir
wie einem, der eine weite Reise vor hat, und am Ab=
schiednehmen ist; er hat noch viel zu sagen, sein Herz
ist voll — er kann nicht alle Empfindungen mit Wor=
ten ausdrücken, eben weil sie unaussprechlich sind.

Dazu kommt noch Ein und Anderes, was ich mel=

nen Lesern wohl entdecken, worüber ich mein Herz gegen sie ausleeren könnte, allein sie möchten es jetzt wohl nicht tragen können.

Die Apostel glaubten immer, der Tag des HErrn sey nahe, und siebenzehn Jahrhunderte später ist er doch noch nicht gekommen. Christus ließ sie auch in dieser Ungewißheit, damit sie und die ganze Christenheit immer wachsam bleiben möchten.

Die Zeiten und die Stunde wußte Niemand, auch sogar der Sohn nicht: denn damals hatte er das Buch mit den sieben Siegeln noch nicht geöffnet.

Wenn aber doch je Zeit war, zu wachen, so ists jetzt, — der Tag des HErrn wird kommen wie ein Dieb in der Nacht — gerad dann, wenn ihn Niemand erwartet, und die schlagenden und quälenden Mitknechte sagen: Unser HErr kömmt noch lange nicht; ja er kommt, eh sie sichs versehen, und dann wehe ihnen!

Kommt, laßt uns hinaus aufs Herbstfeld gehen, Freunde! ich muß Euch noch ein paar Worte sagen, ehe mich mein Heimweh weiter treibt, und ehe ich von Euch scheide.

Ehmals gieng ein Prophet ins Blumenfeld, und fastete sieben Tage, dann ward er gewürdigt der hohen Gesichte — hier auf diesem Feld giebts keine Blumen mehr: der Frost hat sie gewelkt und die Herbstluft ausgedörret — ich erwarte aber auch hier keine Gesichter, die Seher haben genug gesehen, wir müssen nun erleben, was sie gesehen, und thun, was sie gelehrt haben.

Kindlein! es ist die letzte Stunde — in der ersten gabs Riesen, gewaltige Leute, jetzt aber giebts Genie's, die gewaltig herrschen, und mit Verachtung auf den Christen herabsehen; aber das Blatt wird sich bald wenden, und ihre weichen Sofa's, worauf es ihnen so wohl war, werden leer stehen, Flammen oder Motten werden sie verzehren.

Wo doch wohl die Herren geheimen Räthe Joseph und Nikodemus das Herz bernahmen, den erblaßten Körper des Erlösers so öffentlich vom Kreuz zu nehmen und zu begraben? — Im Grund hatten sie nichts zu fürchten: denn wenn nur Christus todt ist, so läßt man ihn hernach einen guten Mann seyn. Mit uns aber, meine Lieben! verhält sich ganz anders: wir behaupten kühn und frei seine Würde, und da möchten unsere Pharisäer, Sadduzäer und Schriftgelehrten aus der Haut fahren.

Daß Simon von Kyrene Professor an dem Collegium der Kyrener auf der hohen Schule zu Jerusalem war, scheint mir sehr wahrscheinlich zu seyn. Vermuthlich hatte er in Ansehung der Sache zwischen Christo und den Juden auf beiden Schultern getragen, letztere hätten ihn sonst wohl nicht gezwungen, dem Erlöser das Kreuztragen zu erleichtern, oder es wäre auch wohl kein Zwang bei ihm nöthig gewesen. Indessen mag dieses schimpfliche Kreuztragen seinen Nutzen gehabt haben: denn seine Söhne wurden namhafte Männer unter den ersten Christen. Wenn unsre Professoren der Gottesgelehrtheit von einem Spaziergang aus dem Feld der Wissenschaft zurückkommen, und der mit dem schweren Kreuz belastete Christus begegnet ihnen, o so mögen sie nur ohne Zwang zugreifen! — Jetzt trägt er wieder recht schwer, und so Viele gehen ungefühlig vorbei — manche muß man auch zum Kreuzanfassen zwingen. Ach wollte Gott! daß nur keine Professoren und Religionslehrer unter den Kreuzigern wären! —

Wenn es mit dem Volkssinn einmal dazu gekommen ist, daß es Barrabam für Christum losbitten kann, so ist der peremtorische Termin nahe; denn nun fängt der Geist des Ohnehosenthums an, herrschend zu werden. Hat man nicht schon eingefleischte Teufel canonisirt, und ihre Leichname auf den Altar des Pantheons elevirt? — dagegen aber die Symbole des gekreuzigten Erlösers von den Altären heruntergeschmissen? — Das heißt doch wohl recht den Greuel der Verwüstung an heiliger Stätte sehen.

Zu Speyer in der Rathsbibliothek liegt eine authentisch geschriebene Chronik von der Verwüstung dieser Stadt durch die Franzosen vor hundert Jahren; in dieser Chronik hab' ich selbst folgende Geschichte gelesen: Während der Plünderung gieng ein französischer Offizier mit einem Soldaten in die St. Germans Kirche, hier riß der Soldat ein großes silbernes Crucifix vom Altare herab, und indem er es auf seiner Schulter hinausschleppte, gieng der Offizier hinten drein, gab dem Bild des Erlösers einen Hieb mit der Reitpeitsche, und schäumte dabei die Worte aus: va t'en Bougre! Es ist unmöglich, daß man diese Worte deutsch sagen kann — das ist nur einem französischen Mund möglich. So hüpfte schon in dem Siècle de Louis XIV. das Kind des Verderbens im Mutterleibe — aber vor Wuth!

Jetzt sieht man überall, daß der eigentliche Groll des Fürsten der Finsterniß gegen Christum vorzüglich sein Königreich im Auge hat, er will überall selbst durch seine Diener herrschen; daß man aber die Menschen nie anders vollkommen beherrschen kann, als durch duldende Liebe, davon hat er keinen Begriff; folglich kann er auch nie siegen, und der von ihm und seinen Werkzeugen verspottete Christus ist und bleibt der König der Menschen, und trotz allen Fersenstichen, wird ihm doch endlich der Kopf zertreten.

Aus eben dieser Quelle entsteht auch der allmäl-

tende Haß gegen die Regenten; Satan will die Welt
regieren.

Der Deismus, der Naturalismus und der
Luxus besitzen jetzt die Richterstühle, vor welchen die
Sache Christi ausgemacht werden soll. Was dieses Sanhedrin, dieser Pilatus und dieser Herodes
für Urtheile sprechen werden, läßt sich leicht errathen.

Wenn es uns nun bald im Leiden schwül wird,
meine Lieben! und unsere Seelen nach Erquickung
lechzen; wenns mit der langen Reise durch die Wüste
kein Ende nehmen will, und man vor Hitze und Durst
verschmachten möchte; wenn man sich umschaut, und
dann nichts Grünes, sondern nur schroffe Felsen steht,
zwischen denen kein Bächlein rauscht, so bedenke man
nur, daß diese Felsen inwendig große Höhlen und Klüfte haben, die voller lebendigen Wassers sind, es kommt
nur darauf an, daß man versteht, diese Felsen zu spren-
gen; das unablässige Gebet, verbunden mit der
Gelassenheit und Reinheit des Wandels, sind
die Werkzeuge, womit man es kann.

Sollte es mit uns zum Leiden kommen, so dürfen
wir uns denen wohl entziehen, die wir, ohne der guten Sache zu schaden, vermeiden können; wo das aber
nicht möglich ist, da müssen wir uns willig hingeben,
auf daß die Schrift erfüllet werde; wir müssen auf
alle, auch die kleinsten Umstände merken, und sehen,
wo die Vorsehung hinaus will; diesen Fußstapfen müssen wir folgen, und wenn es auch zu Richterstühlen,
oder auch gar zum Tode gehen sollte; überall, wo sie
uns hinführt, werden wir ewiges Leben finden.

Heut zu Tage muß der rechtschaffene Mann, wo
die Religion JEsu wieder vor Gericht steht, eben so
verfahren wie ehmals Christus; er muß frei die Gottheit des Erlösers bezeugen, und sich Backenstreiche und

Verspottungen nichts anfechten lassen; dem Petrus
kostete seine Verläugnung bittre Thränen.

Es ist nun bald mit den Nationen der Christen in
der Cultur des sinnlichen Luxus aufs Höchste gekommen;
daher beginnen auch die göttlichen Gerichte in abgemes-
senen Stufen und Graden. Darum sollen wir auch nun
unsre Häupter aufheben, und aufmerken, und wir werden finden, daß das Criminalgericht des Weltbeherr-
schers nach den gerechtesten Gesetzen verfährt. Deswegen ist es nun auch Zeit, daß wir unsere Thürpfo-
sten mit dem Blut des Osterlamms bestreichen, damit
der Engel des Todes bei uns vorüber gehen möge —
und dann muß sich auch jeder zum Wegziehen nach
Solyma bereit halten, damit er nicht zurückbleibe,
und doch in den Egyptischen Plagen umkomme.

Nicht Alle aber, die in den göttlichen Strafge-
richten getroffen werden, sind deswegen vor Andern
Sünder; Einige werden in denselben vor größerem Unglück weggerafft, und als reife Garben geerndtet; Andere bedürfen noch stärkere Proben, um vollendet zu werden; bei noch Andern ist das Maß der Sünden voll;
wieder Andere würden die höheren Proben nicht ertragen, fernerhin nicht Glauben behalten haben, sie werden also abgepflückt, ehe sie vollends anfangen zu fau-
len, um sie noch benutzen zu können; und wenns dann
endlich zum Schluß kommt, so geht Pharao mit
seinen Wagen und Reutern ins rothe Meer, und sie
alle ertrinken; die Sieger aber stehen gegen über,
und singen dem HErrn ein neues Lied.

Der größte Theil der Leser meines Heimweh's
wird sagen: Stilling ist hypochondrisch, er sieht
den gegenwärtigen Gang der Dinge durch ein trübes
Glas, und er nimmt zu in der Schwärmerei; man hat
noch immer bei jedem beträchtlichen Krieg den großen

Kampf, und das bald darauf folgende Ende der Welt
vermuthet.

Zur Zeit Ludwigs des 14ten erschien ein Buch,
in welchem dieser König für den eigentlichen Antichrist
erklärt wurde; zum Beweis führte man an: daß der
Name Ludovicus die Zahl des Thieres, 666, enthalte. Heinrich Horch, der flüchtige Pater, und
andere mehr; haben geweissaget, und sind zu schanden
geworden, so wird es auch dem Heinrich Stilling
mit seinem Heimweh geben, u. s. w.

Lieben Brüder! ich weissage nicht — heißt das
denn geweissagt, wenn man jetzt in dieser Herbstzeit,
den nahen Winter und darauf das Frühjahr vermuthet? — wahrlich! die gegenwärtige Zeit und ihre Begebenheiten lassen sich mit keiner Zeit, und mit keinen
Begebenheiten, so weit wir die Geschichte kennen, vergleichen. — Merkt wohl auf, Freunde! und vergeßt
nie, was ich Euch auf diesem Herbstfelde, beim Abschied von Euch, gesagt habe.

Ich gerieth auf meiner Wanderschaft einmal in
eine abgelegene Gegend: dort gieng ich in den wilden
Wüsteneien in der Irre, und zweifelte, ob ich je wieder zurecht kommen würde. Endlich entdeckte ich vor
mir gegen Westen ein hohes Gebirge, ich gieng auf
dasselbe zu, und fand bald einen halbbetretenen Fußpfad, dem ich folgte, und der mich in ein paar Stunden über die Höhe hinüber führte.

Jetzt sahe ich nun vor mir gegen Westen in der
Tiefe eine große, aber mit einem stinkenden Duft ganz
bedeckte Stadt, die von Norden, Osten und Süden mit
hohen und steilen Bergen eingeschlossen war; an der
Westseite aber hatte sie einen schwarzen großen und
sehr unruhigen See, auf welchem Schiffe von aller
Art und Größe herumschauckelten.

Ob mir nun gleich die Luft sehr dick, erstickend
und ungesund vorkam, so dachte ich doch: es ist besser,
du herbergest dort über Nacht, als daß du Gefahr läufst,
im freien Felde zu verhungern und zu verschmachten.
Ich stieg also den Berg hinab, die untergehende Sonne
schien mir glühend roth ins Gesicht, und eine warme
übelriechende Luft, wie der Qualm einer Wirthsstube
im Winter, wo man säuft und zecht, wehte mir entgegen. Endlich kam ich ans Thor, wo ich hineingieng,
und nun auf den Gassen ein Menschengetümmel bemerkte, das mich in Erstaunen setzte. Alle Einwohner kamen mir vor, als Trunkene, die sich fast ohnmächtig
getobt haben; Alle hatten dicke aufgedunsene Körper,
und besonders waren die Köpfe ohne Verhältniß größer, als sie nach dem Ebenmaß der andern Glieder
hätten seyn sollen; alle sahen blaß und verstellt aus,
und ich bemerkte auch nicht Einen, der völlig vernünftig und menschlich ausgesehen hätte. Fast reute michs,
daß ich hier eingekehrt war, indessen ich war nun da,
und um bald aus dem Gewühl zu kommen, fragte ich
einen, wo ich wohl eine gute Herberge finden könnte?

Mit einer hohen Miene, die ihm aber zu Gesicht
stand, wie einem Trunkenen, wenn er seine Trunkenheit
vor einem rechtlichem Mann verbergen will, fieng er
eine lange Demonstration an, durch welche er mir
vernünftig beweisen wollte, daß das Haus da rechter
Hand mit dem großen Schild ein Wirthshaus sey,
worin man sehr bequem und wohlfeil logiren könne.

Ich hörte ihm eine Weile mit Ohren, Nase und
Mund zu, als es mir aber zu lang währte, so gieng
ich ohne weitere Umstände in den Gasthof, und ließ
den Mann fort demonstriren, er aber rief: Halt, warten Sie! Sie müssen ja erst vernünftig überführt seyn!
— ich aber brauchte der Ueberführung nicht, und gieng

ins Haus; hier tummelte und tobte nun Alles so
durcheinander, daß es mir bald anfieng schwindlich zu
werden.

Endlich kam ich denn doch so weit, daß ich den
Wirth um ein ruhiges einsames Zimmer bitten konnte;
nun fieng auch dieser an zu demonstriren, daß es mir
zuträglicher seyn würde, wenn ich hier unten in der
Gaststube bliebe: denn da könnte ich die Menschen
studiren, und mir viele Weltkenntniß verschaffen, die
mir als einem Reisenden doch Zweck seyn müßte.

Jetzt mußte ich aushalten, bis der Wirth aus
demonstrirt hatte; als ich aber darauf bestand, daß mir
ein ruhiges Zimmer zuträglich seyn würde, so wies er
mir eins an, welches zwei Stockwerk hoch und hinten
im Haus war. Hier fand ich nun einen alten Greis,
der mir ganz ordentlich schien, und nicht so aufgedunsen und großköpficht, wie die Anderen alle aussah.
Ich freute mich dieser Gesellschaft, und grüßte ihn daher sehr höflich: er schien sich aber meiner noch mehr
zu freuen, und bewillkommte mich mit ungemeiner
Herzlichkeit und mit Thränen in den Augen.

Es ist leicht zu denken, daß ich außerordentlich
neugierig seyn mußte, die sonderbare Beschaffenheit
dieser Stadt und ihrer Einwohner zu erfahren; ich wartete daher auch nicht lange, sondern sobald als es der
Wohlstand erlaubte, fragte ich den alten Mann um
die Geschichte dieser Stadt, und woher es käme, daß
alle ihre Einwohner trunken seyen, und so gar kränklich
aussähen?

Sehr gerne, antwortete der Greis, will ich Ihnen
von Allem Nachricht geben, und Ihnen die traurige
und höchstgefährliche Lage erklären, worin sich unsere
ganze Stadt befindet.

Diese Stadt mit ihrem Gebiet gehört einem gros-
sen

sen Monarchen, der weit von hier sein Reich hat, und ein
ganz vortrefflicher Regent ist; der alle seine Unterthanen
wie seine Kinder liebt und mit außerordentlicher Treue
für das Wohl eines Jeden Sorge trägt. Nun wohn=
ten aber unsre Vorfahren in einem herrlichen und sehr
gesunden Lande, wo an Allem Ueberfluß war; dort
verfielen sie in Trägheit, Ueppigkeit und Ungehorsam
gegen die Gesetze; so daß der König, um den Verfall
des ganzen Volks zu verhüten, die ganze Nation hie=
her in diese Wüste verbannte, wo sie sich mühselig mit
ihrer Hände Arbeit nähren, und so von ihrer üppigen
Lebensart abgewöhnt werden sollte. Diejenigen nun,
welche sich hier bessern, und wieder getreue und brauch=
bare Unterthanen werden würden, die wollte er dann
wieder zurückrufen, und in seinem Reich an gesegnete
Oerter verpflanzen.

Unsere Voreltern zogen also hieher; zu der Zeit
war die See an der Abendseite unserer Stadt eine sum=
pfigte Ebene, die mit leichter Mühe hätte ausgetrocknet,
und zu einem sehr fruchtbaren Lande gemacht werden
können; allein das versäumten unsere Vorfahren, sie
scheuten jede Mühe und Arbeit, sie bauten diese Stadt,
ließen allen Ackerbau ruhen, und legten sich auf den
Handel.

Damit nun dieses ihr Gewerbe erleichtert werden
möchte; so dämmten sie alle Abflüsse des Sumpfs, und
so ward nach und nach der schiffbare See daraus, der
nun unsern Handel mit den benachbarten Nationen
zwar erleichtert, aber dagegen durch seine schädliche
Ausdünstungen unsre Luft so vergiftet hat, daß wir
Alle an Leib und Seel in dem hohen Grad ausgeartet
sind, den Sie schon bemerkt haben werden.

O ja! erwiederte ich, ich hab ihn mit Erstaunen und Betrübniß bemerkt — aber hat denn der König weiter nichts für dieses Volk und diese Stadt gethan?

Ach er hat Alles gethan! fuhr der Alte fort, was nur immer gethan werden konnte: anfänglich schickte er Boten her, welche den Leuten Unterricht gaben, wie sie sich hier ihren Zustand erleichtern, und das Leben erträglich machen könnten; allein Wenige folgten ihren Lehren, und diese auch nur halb: mithin wuchs der See immer an, die Luft wurde immer giftiger, und nach und nach blieben diese Boten gar weg.

Darauf wählte sich der König hier eine Familie aus, mit welcher er sich in einen Briefwechsel einließ, und ihr alle die Regeln vorschrieb, die sie beobachten müßte, theils um den See auszutrocknen, dann die Luft zu reinigen, und durch eigene Produktion sich von den feindseligen Staaten, mit denen sie einen höchstschädlichen Handel trieb, unabhänig zu machen; hiedurch wollte der König ein lehrreiches Beispiel stiften, dem dann auch die Uebrigen folgen sollten. Etwas geschah auch freilich von jener Familie, es kamen gute Regeln und Vorschläge ins Publikum, die auch hin und wieder wohl Einzelne, doch aber nur schwach befolgten, im Ganzen aber wurde es immer schlimmer, gefährlicher und wir wurden immer abhängiger von der feindseligen und abscheulichen Nation jenseits des See's, die ehemals auch vom König abgefallen, und noch immer im Zustand der Rebellion ist; dahin gehen unsere Schiffe sehr fleißig, und holen ihre schädlichen und verderblichen Produkte, von denen wir hernach leben, und die unsern physischen, ökonomischen und sittlichen Zustand immermehr verschlimmern.

Können Sie wohl glauben, daß alle unsre Handelshäuser concursfähig sind? — und daß all unser Hab und Gut, und wir dazu, jener gottlosen und abscheulichen Nation eigenthümlich zugehören? — Das ist erschrecklich! versetzte ich, aber was geschah nun weiter?

Der Greis fuhr fort: jene Familie wurde bei allem dem endlich so schlimm, wie nur Eine unter uns zu finden war; dazu brüstete sie sich denn doch noch mit ihrer Connexion mit dem König, und behauptete immer, sie handele gerad nach seinen Grundsätzen; indessen hatte sie Hab und Gut an verschiedene hiesige Handelshäuser verschuldet, die ihr dann auch oft mit dem Concurs drohten, auch schon Miene machten, sie anzugreifen, doch hielt sie sich noch immer, indem sie hoffte, der König, mit dem sie ja in vertrauter Freundschaft lebe, würde sie wohl ranzioniren.

Gerade in dieser Zeit kam ein Fremder bei dieser Familie an, der sich durch ein Creditiv legitimirte, daß er der Sohn des Königs sey, und daß er zu dem Ende diese Gesandtschaft übernommen habe, der Familie wieder aufzuhelfen, und so viel als möglich sey, auch die zerrüttete Verfassung der Stadt wieder in Ordnung zu bringen. Dieser große Gesandte brachte eine vortreffliche Arznei mit, durch deren Gebrauch er sich vollkommen gesund erhielt, und wodurch auch alle, die sie ordentlich und nach der Vorschrift brauchten, gesund wurden. Wenn aber diese Medizin ihre Wirkung nicht verfehlen sollte, so mußte man eine sehr regelmäßige und strenge Diät dabei beobachten, und sich dann so viel möglich außerhalb der Stadt in der freien Luft eine starke Bewegung machen, deswegen wurde die Urbarmachung wilder Gegenden, die von Anfang an versäumt worden war, und die für uns so wohlthätig seyn würde, sehr ernstlich bei der Cur empfohlen.

Der große Gesandte fand bei Einigen Beifall, und Alle, die seinem Rath folgten, wurden gesunde, gute und fleißige Hausväter, und so bald als sie durch Proben hinlänglich bewährt waren, so würden sie wieder ins Vaterland versetzt; durchgehends aber wurde er nicht anerkannt, die Familie sogar, zu der er war gesandt worden, drückte und verfolgte ihn sehr. Er verordnete also verschiedene treue Männer, denen er die Verfertigung der Arznei, und die Cur derer, die geheilt werden wollten, ganz anvertraute, und ihnen auch versprach, Ihnen, so oft sie ihm deswegen schreiben würden, die nöthigen Ingredienzien zu senden. Bald darauf jagte ihn die Familie mit Schimpf und Schande fort; bei seiner Heimkunft aber wurde er von seinem Vater zum Mitregenten erklärt, um desto besser für uns sorgen, und durch seine treuen Diener zu unserm Besten wirken zu können.

Der Familie aber gings nun sehr übel; sie wurde von Haus und Hof verjagt, und lebt nun in der Stadt zerstreut, im größten Elend.

Anfänglich fanden die neuen Anhänger des Königs-Sohns, seiner Arzeney und überhaupt seiner Anstalten vielen Widerspruch, und sie wurden auch sehr verfolgt; endlich aber siegten sie doch und bekamen Ruhe. Jetzt legten sie nun Apotheken an, in denen die königliche Arznei im Großen verfertigt, und nun an sehr Viele ausgegeben wurde, allein sie that durchgehends die gehörige Wirkung nicht, denn man versäumte die Diät und die Bewegung in freier Luft ganz; so viele aber sie ordentlich gebrauchten, so viele wurden auch gesund.

Dann hatte auch der Prinz noch die wohlthätige Verordnung zurückgelassen, daß er Jedem, der sich durch eine gründliche Cur zum Unterthanen seines Reichs geschickt machen würde, alle seinen Schulden bezahlen, und ihm also einen freien Abzug aus unserer Stadt verschaffen wollte.

Aber auch unter den Anhängern des Königs riß allmählig wieder das Verderben ein; die Diät und die Arbeit war allen unerträglich, und ihre Weichlichkeit und Ueppigkeit wurde immer größer; daher fing man nun an, die königliche Arznei mit allerhand süssen und betäubenden Substanzen zu vermischen, so daß man endlich die Haupt-Ingredienzien gar nicht mehr schmeckte, und sie also ganz und gar keine Wirkung mehr that.

Noch einmal erbarmte sich Gott unsers Elends: es fanden sich Männer, die noch so viel bei Kräften waren, daß sie das Archiv, in welchem die ganze Correspondenz des Königs, seines Sohns und seiner Diener, mit jener Familie, verwahrt lag, durchsehen und prüfen konnten; diese brachten nun wieder die Wahre und eigentliche Zubereitung der Medicin, und die ganze Heilmethode ans Licht, und machten sie öffentlich bekannt.

Jetzt wurde diese wohlthätige Arznei nun wieder stärker gebraucht und es gab abermals Viele, die sich ihrer bedienten, und gesunde, gute und rechtschaffene Erwerber, und deswegen ins Vaterland versetzt wurden.

Im Ganzen aber nimmt noch immer der Luxus und die Ueppigkeit zu, der See wird immer trüber und stinkender, die Luft ungesunder, und der Geist der Nation immer zerrütteter.

Jetzt sind wir nun in der traurigsten und zugleich gefährlichsten Lage von der Welt: denn bis daher hatte man noch Zutrauen zur Arznei, und man nahm sie allgemein; ob man nun gleich die gehörige Diät nicht dabei beobachtete, folglich nicht vollkommen gesund wurde, so blieb man doch bei Verstand; Ruhe und Ordnung wurde erhalten, und unser Magistrat verwaltete auch Justiz und Polizei noch immer im Namen des Königs, unsers rechtmäßigen Landesherrn. Seit Kurzem aber haben sich einige ansehnliche Männer dran gemacht, die Zusammensetzung der Medicin, und sogar die Aechtheit des Archivs zu prüfen. Ob nun gleich unsre allgemeine Landeskrankheit eben darin besteht, daß sie den Kopf schwächt und betäubt, folglich alle vernünftige Prüfungen für uns eine sehr schwere Sache sind, so haben sie sich dennoch ganz überzeugt: daß die Arznei die Composition eines Scharlatans, und zu nichts brauchbar sey, daß es mit der Gerechtsame des Königs, in Ansehung der Landeshoheit über unsern Staat nicht richtig sey, und daß wir zu unsern Menschenrechten greifen, uns seiner Herrschaft entziehen, und eine demokratische Regierungsform einführen müßten. Wirklich hat sich auch schon eine Zunft in den Rebellionszustand versetzt, und diese hat nun so viele geheime Anhänger in der Stadt, daß einem, der noch in Etwas seine Besonnenheit hat, angst und bang dabei wird.

Jetzt bedenken Sie nun einmal unsern Zustand, — auf einer Seite nimmt die Wuth unserer Krankheit, und die aus ihr entstehende Räserei zu, weil der Gebrauch der Arznei ganz unterlassen wird; man taumelt wie in einer beständigen Trunkenheit, man fühlt nicht mehr, daß man krank ist, und wähnt sich vollkommen

Lightning Source UK Ltd.
Milton Keynes UK
UKHW030644070223
416609UK00013B/2931